新编普通话教程

主　编　郭素荣

副主编　曹瑞霞　王淑明

北京邮电大学出版社
www.buptpress.com

内 容 简 介

此教材是为适应国家改革开放、满足培养人才需求而编制的个性化教材。此教材共分为十一章，主要包括普通话语音、朗读、普通话测试、普通话与河南方言的辨证等内容；遵循了知识与训练相结合、理论与实践相结合的原则，既有系统、完整、明晰、简练的关于普通话的理论知识阐述，又有丰富多彩、新颖有趣的关于口才的实践训练设计；突出学生的主体地位，深入浅出，通俗易懂。所选训练材料既有思想性、知识性、新颖性，又有趣味性、实用性、可读性，富有时代气息，贴近学生的学习和生活实际。

图书在版编目（CIP）数据

新编普通话教程 / 郭素荣主编．--北京：北京邮电大学出版社，2017.8(2020.8重印)
ISBN 978-7-5635-5185-9

Ⅰ.①新… Ⅱ.①郭… Ⅲ.①普通话—教材 Ⅳ.①H102

中国版本图书馆 CIP 数据核字（2017）第 188427 号

书　　　　名：	新编普通话教程
著作责任者：	郭素荣　主编
责 任 编 辑：	徐振华　王　义
出 版 发 行：	北京邮电大学出版社
社　　　　址：	北京市海淀区西土城路 10 号（邮编：100876）
发 　行　 部：	电话：010-62282185　传真：010-62283578
E-mail：	publish@bupt.edu.cn
经　　　　销：	各地新华书店
印　　　　刷：	北京九州迅驰传媒文化有限公司
开　　　　本：	787 mm×1 092 mm　1/16
印　　　　张：	16.75
字　　　　数：	414 千字
版　　　　次：	2017 年 8 月第 1 版　2020 年 8 月第 2 次印刷

ISBN 978-7-5635-5185-9　　　　　　　　　　　　　　　　　　　　　　定　价：35.00 元
· 如有印装质量问题,请与北京邮电大学出版社发行部联系 ·

前 言

我国地域辽阔,方言众多,不利于沟通交流,推广普通话可以消除方言隔阂,促进社会交往,增强民族凝聚力;可以加快改革开放步伐,促进国内市场的健全统一,促进经济发展;可以促进信息处理技术在全民范围内的普及;可以促进精神文明建设,更好地继承和弘扬我国优秀传统文化,提高青年学生的文化修养,增强国家意识、法治意识和现代意识。普通话是中华民族的共同语,是形成良好口才的基础,是社会经济发展的需要。近些年来,我国对外交往日益扩大,在世界范围内形成了学习汉语的热潮,因此当代大学生学好普通话既有利于汉语的传播,也有利于大学生自身的发展。

普通话是交流的工具,同时也是一项必备的职业能力,作为高等院校的学生更应加强普通话的训练,讲一口流利的普通话,从而增强自己的就业竞争力。

鉴于以上原因,我们组织编写了这本教材。本教材共分为十一章,内容主要包括普通话语音、朗读、普通话测试等。为了增加教材的吸引力,让学生在轻松愉快的氛围中学好普通话,我们把枯燥的语音知识和丰富多彩的训练材料结合起来,形成了以下特点:

一是具有鲜明的思想性,让学生在训练过程中受到熏陶和教育,促使学生形成正确的人生观。

二是具有较强的趣味性和可读性,训练材料新颖别致,富有情趣,形式多样,浅显易懂,让学生能愉悦地学习普通话。

三是具有丰富的知识性,让学生练习普通话的同时达到积累知识的目的。

四是具有较强的实用性,在训练材料的选择上力求贴近社会生活和学生实际,力求与普通话测试相统一。

本教材由郭素荣老师任主编,负责拟定大纲并组织编写,曹瑞霞、王淑明老师任副主编,具体编写分工是:第一、二章由甘琼老师编写;第三、四、五章由张茜老师编写;第六、七章由张娜老师编写;第八章由王淑明老师编写;第九、十一章由曹瑞霞老师编写;第十章由孟令君老师编写。最后由郭素荣老师统稿。

在编写过程中,我们参阅和引用了一些书籍及有关材料。在此,对相关作者表示感谢。由于水平所限,再加上时间仓促,书中一定还有不足和疏漏之处,诚望各位专家学者和广大读者批评指正,在此表示诚挚的感谢。

编 者

目 录

第一章 绪论 ……………………………………………………………… 1

第一节 普通话的形成 …………………………………………………… 1
第二节 普通话的标准 …………………………………………………… 2
一、以北京语音为标准音 ………………………………………………… 2
二、以北方话为基础方言 ………………………………………………… 2
三、以典范的现代白话文著作为语法规范 ……………………………… 3
第三节 大力推广普通话 ………………………………………………… 3
一、推广和普及普通话的意义 …………………………………………… 3
二、推广和普及普通话是我国的一项重要基本国策 …………………… 4
第四节 怎样学好普通话 ………………………………………………… 4
一、克服心理障碍 ………………………………………………………… 4
二、创造良好的语言环境 ………………………………………………… 5
三、注意自己的学习方法 ………………………………………………… 5

第二章 语音 ……………………………………………………………… 6

第一节 语音的性质 ……………………………………………………… 6
一、生理属性 ……………………………………………………………… 6
二、物理属性 ……………………………………………………………… 7
三、社会属性 ……………………………………………………………… 9
第二节 语音的单位 ……………………………………………………… 9
一、音素 …………………………………………………………………… 9
二、音节 …………………………………………………………………… 11

三、声母、韵母、声调 …………………………………………… 11

　第三节　记音符号 ……………………………………………………… 11

　　一、国际音标 ……………………………………………………… 12

　　二、《汉语拼音方案》 ……………………………………………… 12

　　附录　汉语拼音字母、注音符号与国际音标对照表 …………… 17

第三章　声母 …………………………………………………………… 18

　第一节　声母的发音和分类 …………………………………………… 18

　　一、发音部位 ……………………………………………………… 18

　　二、发音方法 ……………………………………………………… 19

　第二节　声母辅音的发音 ……………………………………………… 20

　第三节　零声母的分类和发音 ………………………………………… 26

　第四节　声母辨正 ……………………………………………………… 27

　　一、n 和 l 的辨正 ………………………………………………… 27

　　二、z、c、s，zh、ch、sh，j、q、x 的辨正 …………………… 28

　　三、f 和 h 的辨正 ………………………………………………… 30

　　四、零声母的辨正 ………………………………………………… 31

　　五、尖音和团音的辨正 …………………………………………… 31

第四章　韵母 …………………………………………………………… 42

　第一节　韵母的构成 …………………………………………………… 42

　第二节　韵母的分类 …………………………………………………… 42

　　一、按照韵母结构来划分 ………………………………………… 42

　　二、按照韵母开头元音的发音口形来划分 ……………………… 43

　第三节　韵母的发音 …………………………………………………… 44

　　一、单韵母发音 …………………………………………………… 44

　　二、复韵母发音 …………………………………………………… 47

　　三、鼻韵母发音 …………………………………………………… 50

　第四节　韵母辨正 ……………………………………………………… 54

　　一、ü 和 i 的辨正 ………………………………………………… 54

　　二、o、e、uo 的辨正 ……………………………………………… 56

　　三、e 和 ê、ai 的辨正 …………………………………………… 57

　　四、ei 和 uei 的辨正 ……………………………………………… 58

　　五、üe 和 üo（yo）的辨正 ……………………………………… 58

　　六、u 发音辨正 …………………………………………………… 59

七、前后鼻音韵母的辨正 ……………………………………………………… 59
　　八、其他容易读错的韵母辨正 …………………………………………………… 65

第五章　声调 …………………………………………………………………… 73

第一节　声调的性质和作用 ……………………………………………………… 73
　　一、声调的性质 …………………………………………………………………… 73
　　二、声调的作用 …………………………………………………………………… 74
第二节　声调的调值、调类和调号 ……………………………………………… 74
　　一、调值 …………………………………………………………………………… 74
　　二、调类 …………………………………………………………………………… 75
　　三、调号 …………………………………………………………………………… 76
　　四、声调的训练方法 ……………………………………………………………… 76
第三节　声调辨正 ………………………………………………………………… 77

第六章　音节 …………………………………………………………………… 99

第一节　普通话的音节结构 ……………………………………………………… 99
　　一、音节的概念 …………………………………………………………………… 99
　　二、音节的结构及特点 …………………………………………………………… 99
第二节　普通话声、韵、调配合关系 …………………………………………… 100
　　一、声母、韵母的配合关系 …………………………………………………… 100
　　二、声母、韵母、声调的配合关系 …………………………………………… 102
　　三、音节的拼读和拼写 ………………………………………………………… 111
第三节　普通话声、韵、调配合关系辨正 ……………………………………… 114
　　一、bo、po、mo、fo 和 be、pe、me、fe 的辨正 ………………………… 114
　　二、beng、peng、meng、feng 和 bong、pong、mong、fong 的辨正 …… 115
　　三、fei 和 fi 的辨正 …………………………………………………………… 115
　　四、ji、qi、xi 和 gi、ki、hi 的辨正 ………………………………………… 116
第四节　"单音节字词、多音节词语"测试应试技巧 …………………………… 116
　　一、单音节字词测试应试技巧 ………………………………………………… 116
　　二、多音节词语测试应试技巧 ………………………………………………… 118

第七章　音变 …………………………………………………………………… 121

第一节　变调 ……………………………………………………………………… 121
　　一、上声的变调 ………………………………………………………………… 121
　　二、"一""不"的变调 ………………………………………………………… 122

　　三、重叠形容词的变调 ………………………………………………………… 123

　第二节　轻声 ……………………………………………………………………… 123

　　一、轻声的概念及实际读法 …………………………………………………… 123

　　二、轻声的作用 ………………………………………………………………… 124

　　三、变读轻声的规律 …………………………………………………………… 124

　第三节　语气词"啊"的音变 ……………………………………………………… 125

　第四节　儿化 ……………………………………………………………………… 126

　　一、儿化的作用 ………………………………………………………………… 126

　　二、儿化的音变规律 …………………………………………………………… 126

第八章　河南方言与普通话辨正 …………………………………………………… 129

　第一节　声母辨正 ………………………………………………………………… 129

　　一、唇音 f 和 h 的辨正 ………………………………………………………… 129

　　二、舌尖中音 n 和 l 的辨正 …………………………………………………… 131

　　三、舌尖前音和舌尖后音的辨正 ……………………………………………… 132

　　四、舌面音 ……………………………………………………………………… 137

　　五、舌根音 ……………………………………………………………………… 139

　　六、送气音与不送气音 ………………………………………………………… 139

　　七、零声母 ……………………………………………………………………… 141

　第二节　韵母辨正 ………………………………………………………………… 143

　　一、单韵母方音辨正 …………………………………………………………… 143

　　二、复韵母的方音辨正 ………………………………………………………… 145

　　三、鼻韵母方音辨正 …………………………………………………………… 148

　第三节　声调方音辨正 …………………………………………………………… 156

　第四节　河南方言语汇 …………………………………………………………… 161

第九章　朗读 ………………………………………………………………………… 170

　第一节　朗读的概述 ……………………………………………………………… 170

　　一、朗读的含义 ………………………………………………………………… 170

　　二、朗读与朗诵的区别 ………………………………………………………… 170

　第二节　朗读的基本要求 ………………………………………………………… 171

　　一、用普通话语音朗读 ………………………………………………………… 171

　　二、把握作品的基调 …………………………………………………………… 172

　第三节　朗读的技巧 ……………………………………………………………… 172

　　一、停连技巧 …………………………………………………………………… 172

二、重音技巧 ··· 174
　　三、节奏技巧 ··· 175
　　四、语调技巧 ··· 176
第四节 "文章朗读"测试应试技巧 ·· 176
　　一、重视正音 ··· 176
　　二、加强对文章的分析理解 ·· 176
　　三、针对难点，强化练习 ·· 177
　　四、克服不良的语言习惯 ·· 177
　　五、充分利用朗读示范录音磁带 ·· 177
附录 普通话水平测试 60 篇朗读作品 ·· 181

第十章 说话 ·· 224

第一节 说话的概述 ·· 224
　　一、说话的定义 ··· 224
　　二、说话的类型 ··· 224
第二节 "说话"测试应试技巧 ··· 225
　　一、普通话水平测试"说话"的基本要求 ································ 225
　　二、"说话"测试中常出现的问题和病因 ································ 226
　　三、解决"说话"测试中常见问题的方法和建议 ························· 227
第三节 说话的题目 ·· 230
附录 普通话测试说话 30 篇例文 ·· 232

第十一章 普通话水平测试 ·· 248

第一节 普通话水平测试大纲 ··· 248
　　一、测试的名称、性质、方式 ·· 248
　　二、测试内容和范围 ·· 248
　　三、试卷构成和评分 ·· 248
　　四、应试人普通话水平等级的确定 ····································· 251
第二节 普通话水平测试等级划分和评分标准 ································ 252
第三节 普通话水平测试的方式、程序要求及机测注意事项 ··················· 252
附录 普通话水平考试流程图 ··· 253

模拟测试题 ·· 255

参考文献 ·· 257

第一章

绪　论

第一节　普通话的形成

　　普通话是汉民族的共同语，是规范化的现代汉语，是我国的通用语言。它的科学定义是这样的：普通话是以北京语音为标准音，以北方话为基础方言，以典范的现代白话文著作为语法规范的现代汉民族共同语。所谓普通，不是"普普通通"，而是"普遍"和"共通"的意思。它既是我国各民族之间的交际用语，也是我国对外进行国际交流的标准语。

　　普通话成为汉民族的共同语，有它的历史渊源。早在汉代以前，人们就使用着一种在口语基础上形成的统一的书面语——文言文。到了唐宋时期，在北方方言的基础上又逐渐产生了一种接近口语的书面语——白话。宋元以来的白话文学使白话取得了书面语言的地位。同时，白话小说、戏曲、话本等文学作品形式的流传，大大加速了北方方言的推广。

　　金朝以后，全国历经战乱。元、明、清、民国都曾建都北京，北京成了政治、经济、文化的中心，各民族的交往融合促进了北京话的完善和发展。从元朝开始，北京话已作为"官话"在官方或非官方的交往中使用，元末音韵学家周德清著的《中原音韵》一书证明了这一点。到了明、清，由于政治力量的变化，经济文化的发展，白话小说、戏曲受北京话中词汇和语法的影响很大，"官话"随着白话文被传播到各地。至此，北京话在整个社会交往中已处于非常重要的地位。

　　到20世纪初，特别是五四运动以后，民族民主革命运动高涨，"国语运动"和"白话文运动"的浪潮被掀起，提倡白话文，反对文言文，大量优秀的白话文学作品涌现出来。在口语上，"国语"代替了"官话"。那时的国语实际上已经成为以北京语音为标准音的汉民族的共同语。

　　新中国成立以后，各民族之间加强了团结和交往，经济和文化不断向前发展，确立规范的民族共同语成了迫切的需要。在党和政府的领导下，20世纪50年代中后期，我国正式确定普通话为汉民族的共同语，并制定了方针和政策，采取了一系列的措施向全国推广普通话。

第二节　普通话的标准

一、以北京语音为标准音

普通话以北京语音为标准音，首先是因为北京自辽金以来一直是我国政治、经济、文化中心，其语音在全国各地传播的速度快、范围广，容易被大众广为接受。其次，北京语音本身的音素、声调和音节都比其他方言简单而且容易掌握，发音、语流显得清晰而具有韵律美。这两个条件使北京语音理所当然成为了普通话标准音。

二、以北方话为基础方言

普通话以北方话为基础方言，是指在词汇方面以北方词汇为标准词汇。这是因为北方话在汉语七大方言中分布地区最广，使用人口也最多，具有广泛性和普遍性。这样，普通话以大多数人惯用能懂的北方话词汇为主要来源、构成基础，自然也就很容易通行了。

根据方言形成和发展的历史与方言的结构特点，现代汉语的方言大体可以分为七个大类，即七个大的方言。每个大方言还可以分出若干次方言。方言之间的差异主要表现在语音方面，词汇次之，语法的差异最小。七大方言的概况如下：

（一）北方方言

北方方言，旧称"官话"，是现代汉民族共同语的基础方言，以北京话为代表，内部一致性较强。它在汉语各方言中分布地域最广，使用人口占汉族总人口的73%。

北方方言可分为四个次方言：

1. 华北、东北方言

分布在京、津两市以及河北、河南、山东、东北三省，还有内蒙古的部分地区。

2. 西北方言

分布在山西、陕西、甘肃等省以及青海、宁夏、新疆、内蒙古的部分地区。

3. 西南方言

分布在四川、云南、贵州等省及湖北省大部分地区（东南部、东部地区除外），广西西北部、湖南西北部等地。

4. 江淮方言

分布在安徽、江苏两省的长江以北地区（徐州、蚌埠一带属华北、东北方言除外），镇江以西、九江以东的长江南岸沿江一带。

（二）吴方言

即江浙方言，典型的吴方言以苏州话为代表，从发展的趋势看，也可以以上海话为代表。分布在上海市，江苏省长江以南、镇江以东地区（不包括镇江），及南通的小部分和浙江省的大部分地区。吴方言内部存在一些分歧现象。使用人口约占汉族总人口的7.2%。

（三）湘方言

即湖南话，以长沙话为代表，分布在湖南省大部分地区（西北部除外）。湘方言内部还存在新湘语和老湘语的差别。新湘语通行在长沙等较大城市，受北方方言的影响较大。使用人口约占汉族总人口的 3.2%。

（四）赣方言

即江西话，以南昌话为代表，分布在江西省大部分地区（东北沿长江地带和南部除外），使用人口约占汉族总人口的 3.3%。

（五）客家方言

以广东梅县话为代表。客家人分布在广东、福建、台湾、江西、广西、湖南、四川等省。历史上客家人从中原迁徙到南方，虽然居住分散，但客家方言仍自成系统，内部差别不太大，使用人口约占汉族总人口的 3.6%。

（六）闽方言

现代闽方言主要分布区域跨越六省，包括福建和海南的大部分地区、广东东部潮汕与雷州半岛部分地区、浙江南部温州地区的一部分、广西的少数地区、台湾省的大多数汉族人居住区。闽方言使用人口约占汉族总人口的 5.7%。

闽方言可分为闽东、闽南、闽北、闽中、莆仙五个次方言。其中最重要的是闽东方言，分布在福建东部闽江下游，以福州话为代表。闽南方言分布在闽南二十四县、台湾及广东的潮汕地区、雷州半岛、海南省及浙江南部，以厦门话为代表。

（七）粤方言

以广州话为代表，当地人叫"白话"，分布在广东中部、西南部和广西东部、南部的约一百个县。它也是香港、澳门同胞的主要交际工具。使用人口约占汉族总人口的 4%。

客家方言、闽方言、粤方言都随华侨传遍海外。

北方话虽然具有普遍性，但这并不是说，凡是北方话词汇都可以算是普通话。北方话词汇不等于普通话词汇，普通话词汇不包括北方话当中的土语。例如：北方话中的"老爷们""老姑娘""堂客"等，很难让其他方言区的人弄懂，所以不能进入普通话，不能作为普通话词汇加以推广。为了丰富词汇，普通话也要从方言、古代汉语和外来语中吸收一些必需的词语。

三、以典范的现代白话文著作为语法规范

现代白话文是以北京方言为基础的。在白话文著作里，由于书面语是经过作者反复推敲而提炼加工的比较成熟的语言，具有很强的普遍性、确定性和稳定性，不但语法有很明确的规范性，词汇有广泛的通用性，而且文字简练明白，修辞恰当，逻辑性强。

第三节 大力推广普通话

一、推广和普及普通话的意义

语言是人类最重要的交流工具，正确地使用语言，对于整个社会以及社会中的每个人都是十分重要的事情。对于我国而言，普通话不仅是汉族人民同其他兄弟民族人民交流的工具，也是兄弟民族人民经常使用的交流工具。在建设有中国特色社会主义现代化的历史

进程中,大力推广、积极普及全国通用的普通话,有利于消除语言隔阂,促进社会交往,对社会主义经济、政治、文化建设具有重要意义。随着改革开放和社会主义市场经济的发展,社会对普通话的需求日益迫切,推广普及普通话,营造良好的语言环境,有利于促进人员交流、商品流通和建立统一的市场。我国是一个多民族、多语言、多方言的国家,推广普及普通话有利于增进各民族各地区的交流,维护国家统一,增强中华民族凝聚力。语言文字是文化的重要载体。语言文字能力是文化素质的基本内容,推广普及普通话是各级各类学校素质教育的重要内容。推广普及普通话有利于贯彻教育面向现代化、面向世界、面向未来的战略方针,有利于弘扬祖国优秀传统文化和爱国主义精神,加强社会主义精神文明建设。信息技术水平是衡量国家科技水平的标志之一,语言是最主要的信息载体,语言文字规范化是提高中文信息处理水平的先决条件。推广普及普通话和推行《汉语拼音方案》,有利于推动中文信息处理技术的发展和应用。

二、推广和普及普通话是我国的一项重要基本国策

自新中国成立以来,党和政府就非常重视普通话的推广和普及工作,相继制定了一系列推广和普及普通话的规定和条例。1982年《中华人民共和国宪法》规定"国家推广全国通用的普通话",从而明确了普通话的法律地位。1992年国家提出了推广普通话的方针:"大力推行、积极普及、逐步提高",把重点放在了普及方面。1997年国家提出了推广普通话的新世纪目标,努力使普通话成为教学语言、宣传语言、工作语言、交际语言,并把每年9月份的第三周定为宣传周。2000年国家出台了我国第一部有关语言文字的专项法律《中华人民共和国通用语言文字法》,并从2001年1月1日起实施,确立了普通话规范汉字和《汉语拼音方案》的法律地位和使用范围。2003年国家语言文字工作委员会审定通过了《普通话水平测试大纲》,并由教育部正式公布,于2004年10月开始实施。

第四节 怎样学好普通话

21世纪的中国正日益强大,经济的崛起和强盛必然带动文化的交流与渗透。随着改革开放的不断扩大,汉语言越来越受到世界各国的重视和青睐。当今时代,说一口标准的普通话不仅是工作事业的需要,更是一个人素质与时尚的体现,语言面貌的好坏直接影响到一个人的气质和对外形象。那么,怎样才能学好普通话呢?

一、克服心理障碍

普通话并不难学,难的是对心理状态的调整和改善。许多同学在学习普通话时害怕自己因生硬别扭的发音出丑,或是畏惧长时间训练等困难,这些心理障碍常常使学习进步缓慢。针对这种情况,我们需要及时调节心理状态,放下心理包袱,大胆开口讲。任何学习都有一个从笨拙到熟练的过程,学习普通话也不例外,要尽早达到熟练程度,只有下苦功夫克服困难,战胜畏惧心理,才能成为学习中的胜利者。反之,如果在学习中过分顾及面子,不敢坦然面对自己的发音缺陷,更不能以顽强的意志和艰苦的努力去克服、改善它,一味退避畏缩,其结果不仅使自己付出了时间和精力却收效甚微,而且容易造成心理上的阴影,更会加重今后学习和生活的负担。总之,调整好心理状态,克服心理障碍,是学好

普通话的重要前提。

二、创造良好的语言环境

任何语言都离不开具体的语言环境，它直接影响和制约着语言的学习和应用。在学习普通话的过程中，我们一定要克服本地方言环境的负面影响，尽可能为自己创造一个有利的普通话环境。做好这一点，关键在于主观认识的加强。我们如果有了学好普通话的迫切需求，自然就容易对普通话产生特别的兴趣和高度的自觉性，自觉寻找各种可以接触普通话的机会。对普通话学习的强烈愿望还可以促使自己自觉地运用普通话进行阅读和思维，这样做会有力地促进普通话的口语表达。

三、注意自己的学习方法

我们学习普通话的目的是能听、能说标准的普通话。这就要求我们要改变多年以来形成对方言的听说习惯，建立一种全新的听说能力，这并非一朝一夕的易事。一方面我们要花大力气，下苦功夫，老老实实地学习；另一方面也应该采用恰当的学习方法。例如：河南地区方言的调值和普通话的调值就有很大的差别，在普通话中调值55阴平的字，在河南方言中调值却是24；普通话中调值为35阳平的字，在河南方言中调值却是42，等等，不一而足。针对这种情况，我们可以找出规律，有针对性地进行发音训练，找出普通话和方言的对应规律来巧学巧记，使我们的学习收到事半功倍的效果。总之，学习普通话是一项长期而艰苦的活动，我们只有全身心地投入进去，做到"耳到""口到""心到"，才能取得良好的效果。

综合训练

1. 普通话的定义是什么？
2. 为什么要推广普通话？
3. 你打算如何学习普通话？

第二章

语　　音

第一节　语音的性质

　　语音是由人的发音器官发出来的、用来表示一定意义的声音。语音是语言的物质外壳，是语言的表现形式。语言只有通过声波才能传递到听话者的耳内，刺激听觉神经，使人听到声音，从而达到交际的目的。学习语言首先要了解这种形成语言的语音系统。

　　语音不同于自然界的风声、雨声等声音。这些自然界的声音不是由生理器官发出的，也不能表示意义，它们只有物理属性，而没有生理属性和社会属性。语音也不同于其他动物发出的叫声。动物的叫声虽然具有物理属性和生理属性，但没有社会属性。语音也不同于人类发出的咳嗽声、鼾声等声音。咳嗽声和鼾声虽然是由人类的发音器官发出的，但不能表达意义，不能进行交际。语音的社会属性是它区别于其他声音的本质属性。

一、生理属性

　　人的发音器官及其活动情况是语音产生的生理基础，发音器官的活动部位和活动方式不同，发出的语音就不同。人的发音器官如图2-1所示，它可以分为三部分，即呼吸器官、发声器官和共鸣器官。

　　(一) 呼吸器官——肺和气管

　　肺是重要的呼吸器官，同时也作为发音器官，通过呼出和吸入气流为发音提供原动力。气管和支气管是气流经过的通道，起着输送气流的作用。人类发出的声音一般是通过呼出气流完成的，也有极少的语言中有吸气音，即通过吸入气流发音。汉语中没有吸气音。

　　(二) 发声器官——喉头和声带

　　喉头由甲状软骨、环状软骨和两块杓状软骨组成，

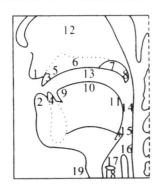

图2-1　发音器官示意
1、2.上下唇　3、4.上下齿
5.齿根　6.硬腭　7.软腭
8.小舌　9.舌尖　10.舌面
11.舌根　12.鼻腔　13.口腔
14.咽头　15.喉盖　16.食管
17.气管　18.声带　19.喉头

呈圆筒形,下接气管,上通咽腔。声带是两片富有弹性的薄膜,长 13～17 毫米,前后两端黏附在软骨上,中间的通路叫声门。

由于肌肉和软骨的活动,声带可以放松或拉紧,声门可以打开或闭拢。当人们呼吸或发清音(不带音,如 h、f、sh)时,声门大开,气流自由流出,声带不颤动;而发声音响亮的元音(如 a、u)和浊辅音(如 m、n、l)等浊音(带音)时,声门先闭拢,气流由肺部呼出,冲击声门,使声门打开一条缝隙,气流从中流出,同时声带发生颤动。声带在气流通过时,可以开,可以闭,可以振动,也可以不振动,还可以调节松紧,从而发出清浊不同、高低有异的声音,如图 2-2 所示。

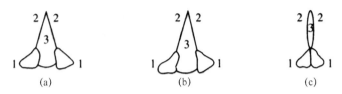

图 2-2 声带活动示意
(a) 1. 构状软骨 2. 声带 3. 声门;(b) 呼吸及发噪声时;(c) 发乐声时

(三) 共鸣器官——口腔和鼻腔

口腔和鼻腔是发音的共鸣器。不同的声音都是气流在口腔和鼻腔受到节制形成不同共鸣的结果。口腔的部位很多,其中最灵活的部位是舌头。口腔与鼻腔之间有上腭相隔。软腭上升贴住咽壁,让气流冲出口腔,可发口音;软腭下垂堵住口腔通道,让气流从鼻腔冲出,可发鼻音;若软腭不动,让气流同时从口腔和鼻腔冲出,可发口鼻音,也叫鼻化音,或叫半鼻音。

二、物理属性

发音体振动,作用于空气或其他介质,形成音波,并通过耳膜的接收、听觉神经的传导,到达人的大脑,就形成了声音的感觉。语音属于一种物理的运动,所以具有物理属性。任何一个声音都具有四个方面的基本特征:

(一) 音高

音高指声音音调的高低。

1. 音高取决于发音体振动的快慢

振动得快,音高就高;反之音高就低。

2. 物体振动快慢由发音体的形状决定

其表现如下:

大的、粗的、厚的、长的、松的物体:振动慢,音高低。

小的、细的、薄的、短的、紧的物体:振动快,音高高。

一般来说,儿童和女性的声带比较短,比较薄,所以发音比较高;而成年男性的声带比较长,比较厚,所以发音比较低。

3. 音高是由频率决定的

频率是指单位时间内物体振动的次数,其单位是赫兹。一秒钟振动一次是一赫兹,而一秒钟振动一百次是一百赫兹。频率越高则音高越高,频率越低则音高越低。人耳朵能够感知的声音频率为20～20 000赫兹，低于或者高于这一范围的声音，我们都无法感知到。

一块黑板，我们敲击它可以让它发出声音。无论我们怎么敲，黑板发音的频率都相同，即音高相同。歌唱家能发出很高的音，除了他们声带的先天条件之外，还因为他们受过控制声带松紧的专业训练。

4. 人可以通过调节声带的松紧改变音高

人的声带可以发出不同频率的声音，原因就在于人具有调节声带松紧的能力。声带松时发音较低，而声带紧时发音较高。但是，发音时如果用力不当，可能会造成声带的损伤。所以，我们发高音时，喉部肌肉不要过于用力，以免导致声带拉伤。

（二）音强

音强指声音的强弱，取决于发音体发音时振幅的大小。振幅越大，声音越强，反之则越弱。振幅是指发音时物体振动的幅度。振幅的单位是分贝。同一个发音体，用大小不同的力量去敲击，则发音的振幅不一样。因此，声音的强弱由发音时用力大小所决定：用力大，则振幅大，音强就强；用力小，则振幅小，音强就弱。振幅小的音不能对人的听觉器官造成损害，而振幅大的音则容易对听觉器官造成损害。

音强有时可以用来区分词语意义。汉语中的轻重音就是以音强作为其主要特征来区分意义的。例如："孙子"重音在前，轻声在后，则表示"儿子的儿子"；而前后都读重音，则指古代的军事家孙武（或孙膑）。

（三）音长

音长是指声音的长短，由发音时物体振动持续时间的长短所决定。发音体振动时间长，音长就长，否则就短。汉语中一般不用音长作为区别意义的主要手段，但音长作为发音中的一个自然属性，经常以伴随性的特征出现。例如重读音节以音强作为主要特征，音强较强，音长也比较长，而轻声音节音强较弱，音长也比较短。例如："不辨东西"中"西"的发音音长较长，而"不是东西"中"西"的发音音长较短。汉语中的音长也与音高有着一定的联系。普通话的声调以音高为主要特征，音长只作为伴随性特征出现。上声调值为214，音长较长，去声调值为51，音长较短。

（四）音质

音质也叫音色，指声音的本质特征，是一个音与其他音互相区别的最根本的特征。

音质取决于发音时的音波形式，音波形式不同，音质就不同；而音波形式取决于三个方面：发音体、发音方法、共鸣器形状。根据音质的不同，我们可以对各种声音加以区分：

1. 纯音与复合音

所有的音都可以根据音质分为两种，即纯音和复合音。纯音为只有一个单纯频率的音；复合音由许多不同频率、不同振幅的音混合而成。纯音很少见，比如音乐中使用的音叉，可以发出纯音；而一般的音多是复合音。

2. 基音与陪音

复合音中，有一个频率最低的音，叫基音，其他的音都是陪音。

3. 乐音与噪音

乐音是基音与陪音的频率成整数倍关系的复合音。乐音的声波有周期性，听起来和谐悦耳；噪音是基音与陪音在频率上没有整数倍关系的复合音。噪音的声波杂乱，没有规律，缺少周期性，听起来比较刺耳。一般来说，语音中的元音都是乐音，而辅音则大多是噪音。

三、社会属性

语音都是含有一定意义、作为意义的载体而起交际作用的，这就决定了语音具有社会属性。这也是语音区别于自然界其他声音的最根本的性质。

语音与意义的结合是由社会决定的。语音作为一种符号，与它所代表的意义相联系，但这种联系并不是必然的。一个语音表达一个什么样的意义，是由使用这种语言的社会在使用中约定俗成地固定下来的。所以，一个意义可以用不同的语音形式表示。例如："太阳"，汉语中有的方言叫 tài yáng（太阳），有的方言叫 rì tou（日头），有的方言叫 lǎo yé zi（老爷子），英语叫 sun，日语叫 hi（日）。同一个音也可以表示不同的意义。例如：[i]，汉语中表示"衣""医""一""依"等多种意义，日语则表示"胃""井""意"等意义。同时，语音与意义的结合由社会约定俗成之后，个人不能任意更改，这也是语音具有社会属性的表现。

语音的系统也是由社会决定的。任何语言或方言都有其独特的语音系统。比如有哪些音或没有哪些音；音与音之间的组合关系；等等。这些语音系统上的特点没有生理的、物理的或其他方面的原因，只是由使用这种语言的社会约定俗成的。比如汉语中有 zh、ch、sh 等卷舌音，而英语中没有，英语中有 b、d、g 等浊塞音，而汉语大部分方言中没有。这并不是因为汉、英两个民族的发音器官有什么不同，也不是由于地理的原因，而仅仅是由于汉、英两个民族各自约定俗成地选择了各自的语音系统。

由于自幼受特定语音系统的熏陶，一个人在听觉上往往对母语中具有的语音特征比较敏感，发起来也容易，对母语中所没有的语音特征则不易听出，也不容易发出。如西方人对汉语的四声和汉族人对西方语言的颤音、浊塞音都是不易分辨和难以准确发音的。但是，经过训练，一个人可以掌握各种语音系统。这说明语音系统与生理、地理等非社会因素无关，而只是社会习惯的产物。

语音以人的发音器官为其必不可缺的生理基础，又同其他声音一样，具有物理属性，但最根本的是它具有社会属性。它与意义紧密结合，成为语言的物质存在形式。

第二节 语音的单位

一、音素

（一）音素的定义

音素是按照音质的不同划分出的最小的语音单位。音素与音高、音长和音强没有关系。

音素是最小的语音单位，不能再加以分解。例如："汉语"中"汉"的读音 [han] 是由三个单位组成的：[h]、[a]、[n]。这三个单位各自具有不同的音质，并且不能再划分成更小的单位，这就是三个音素。"汉"的声调（去声）属于音高范畴，不能作为音素，普通话音素如表 2-1 所示。

表 2-1　普通话音素表

书写方法	音素符号
一个字母代表一个音素	a o e i u b p m f d t n l g k h j q x r z c s
一个字母加一个符号代表两个音素	-i（zi 的 i、zhi 的 i）
两个字母代表一个音素	er ng zh ch sh
一个字母加一个符号代表一个音素	ê ü

（二）音素的分类

音素可以分为元音和辅音两类。

1. 元音

气流振动声带，在口腔、咽腔不受阻碍而形成的音叫元音。元音又叫"母音"。例如：汉语中的"八"[ba] 中的 [a]，发音时气流经过喉头并振动声带，舌头自然平放于口腔下部，各部分发音器官都保持均衡紧张，气流在口腔内不受阻碍。汉语中每一个音节中都含有元音，所以汉语是元音占优势的语言。元音的发音特点：

（1）发元音时，气流由咽腔到口腔自由流出，不受阻碍。发元音时，可以通过舌和唇位置、形状的变化，改变口腔共鸣的大小、形状，从而发出不同的元音。如舌头可前可后、可高可低；嘴唇可开可闭、可展可圆。例如：发 [a] 时，舌头位置较低，口较开；发 [i] 时，舌头位置较高，口较闭。即使在发舌位较高、口形较闭的元音时，尽管气流通道较为狭窄，但仍没有形成阻碍的部位，气流可以自由地流出。

（2）发元音时，发音器官的各部位肌肉均衡紧张。

（3）发元音时，声带颤动。所以，元音都比较响亮。

（4）发元音时，由于气流主要用于冲击声带并使之振动，所以流出的气流较弱。

2. 辅音

辅音又叫"子音"，是发音时气流受到阻碍而形成的音。如"点"[dian] 中的 [d] 和 [n]。

辅音的发音特点是：

（1）发辅音时，气流在发音器官的某一部分受到明显的阻碍。人们可以通过调整口腔内的牙、舌、小舌以及唇、喉壁、声带等器官的相对位置形成对气流的阻碍。有的相互接触，堵塞气流通道，使气流受到阻碍；有的相互靠拢但不接触，使气流通道变窄，气流受阻后摩擦而出；有的则以其他方式对气流加以阻碍，气流需要冲破阻碍或摩擦阻碍的部位才能冲出。

（2）发辅音时，发音器官各部分肌肉紧张程度不均衡，构成阻碍的部分特别紧张，而其他部分则比较松弛。例如：发 [p] 时，双唇构成阻碍，特别紧张，其他部分（如舌）则不紧张；发 [t] 时，舌尖上抵上齿龈，舌尖紧张，而其他部分（如唇、舌面、舌根）则不紧张。

（3）发辅音时，有的颤动声带，有的不颤动声带。声带不颤动的辅音不响亮，如 [p]；声带颤动的辅音响亮，如 [m]。

（4）与元音相比，发辅音时气流比较强。不同的辅音之间也有气流强弱的区别，气流强的如送气辅音，气流弱的如不送气辅音。但一般而言，辅音比元音的气流强。

二、音节

音节是说话时自然发出、听话时自然感到的最小的语音片断。例如：汉语中"历史"（lì shǐ）一词，我们是作为两个单位来发出的，听到的也只是两个单位，而不是"l、i、sh、i"四个单位。只有语音学家在分析语音时，才会把它们分成四个更小的单位（音素），一般人都是把它们作为两个单位来说和听的。所以，它们是两个音节。

一般来说，汉语中用一个汉字来代表一个音节。只有"花儿"之类的儿化韵常在后面加一个"儿"表示儿化，其实"花儿"两个汉字只记录一个音节。

音节是语音结构的基本单位。汉语的音节可由几个音素组合而成，例如："屋"[u]，一个音素；"大"[da]，两个音素；"半"[ban]，三个音素；"交"[jiao]，四个音素。汉语的音节最少有一个音素，如"阿""俄"；最多由四个音素组成，如"庄"，虽然使用了"z、h、u、a、n、g"六个字母，但是仍然只有四个音素，即"zh、u、a、ng"。类似的例子还有"创""双""黄"等。

三、声母、韵母、声调

传统的语音学研究把汉语的一个音节分成声母、韵母和声调三个部分。

（一）声母

声母指音节开头的辅音，如果音节开头没有辅音，则称为零声母。例如：汉语的"村庄"cūn zhuāng，其声母分别是"c"和"zh"，而"昂"áng 则没有开头辅音，即为零声母。

辅音和声母是从不同的角度分析得出来的，是不同的两个概念。辅音经常充当声母，它也可以充当韵尾，如"难"nán 中，n 在前充当声母，在后充当韵尾。

（二）韵母

韵母是指音节中声母后边的音素，它可以是一个元音，也可以是元音的组合，也可以是元音和辅音的组合，例如："八"bā 韵母是 a，单元音；"叫"jiào 韵母是 iao，元音的组合；"行"xíng 韵母是 ing，元音和辅音的组合。

（三）声调

声调指音节的高低升降变化。声调的变化，附着于整个音节。普通话中"闪"shǎn 是上声调，调值是 214，即先降后升，由 2 降到 1，再上升到 4。

第三节 记音符号

记音符号是记录语音的符号。因为汉字不是拼音文字，不能从字形中看出读音来，所以需要用记音符号给汉字注音。传统的汉字注音方式主要有直音法、反切法、字母注音法三种。

直音法为最古老的注音法，即用一个汉字给另一个汉字注音，如"难，音南"。

反切法是使用两个汉字给一个汉字注音。反切法的规则是：反切上字与被切字同声母，反切下字与被切字同韵母和声调。例如："唐，徒郎切"，反切上字"徒"与被切字"唐"同为 t 声母（古代同为"定"母）；反切下字"郎"与被切字"唐"同为 ang 韵母阳平（古代同为"唐"韵平声）。

字母注音法是使用专门设计的表音字母来给汉字注音，比如五四运动时期的"注音字母""国语罗马字拼音法式"等。我们现在最常用的记音符号系统主要有以下两种。

一、国际音标

国际音标是国际语音学会制定的一套标音符号，1888 年首次公布。国际音标是一套比较科学的记音工具，能记录世界上任何语言的语音。国际音标的特点是采用拉丁字母符号及其各种变化形式记录各种音素，在国际上通行很广，遵循"一个音素一个符号，一个符号一个音素"的原则，符号与音素之间呈一对一的关系，不会出现混淆。可根据需要，用变形或增加符号等方式进行扩充，形成严整缜密的记音符号系统。

二、《汉语拼音方案》

我国古代用直音法和反切法给汉字注音。五四运动前后改用注音字母（1930 年起改称为注音符号）给汉字注音。这三种方法都有一定的缺点。1956 年 2 月，中国文字改革委员会组织专家拟定了《汉语拼音方案（草案）》；1958 年 2 月通过一届二次人大的批准，正式颁行。《汉语拼音方案》是在过去各种拼音方案的基础上发展而成的，比较完善。《汉语拼音方案》采用 26 个拉丁字母记音，并做了适当的调整加工，准确地反映了现代汉语语音系统。

（一）内容

《汉语拼音方案》是根据普通话语音系统制定的一个给汉字注音和拼写普通话语音的方案，由以下五个部分组成：

1. 字母表（表 2-2）

表 2-2 字母表

字母名称	Aa ㄚ	Bb ㄅㄝ	Cc ㄘㄝ	Dd ㄉㄝ	Ee ㄜ	Ff ㄝㄈ	Gg ㄍㄝ
	Hh ㄏㄚ	Ii ㄧ	Jj ㄐㄧㄝ	Kk ㄎㄝ	Ll ㄝㄌ	Mm ㄝㄇ	Nn ㄋㄝ
	Oo ㄛ	Pp ㄆㄝ	Qq ㄑㄧㄡ	Rr ㄚㄦ	Ss ㄝㄙ	Tt ㄊㄝ	
	Uu ㄨ	Vv 万ㄝ	Ww ㄨㄚ	Xx ㄒㄧ	Yy ㄧㄚ	Zz ㄗㄝ	

v 只用来拼写外来语、少数民族语言和方言。

字母的手写体依照拉丁字母的一般书写习惯。

2. 声母表（表2-3）

表2-3　声母表

字母名称	b ㄅ玻	p ㄆ坡	m ㄇ摸	f ㄈ佛	d ㄉ得	t ㄊ特	n ㄋ讷	l ㄌ勒
	g ㄍ哥	k ㄎ科	h ㄏ喝		j ㄐ基	q ㄑ欺	x ㄒ希	
	zh ㄓ知	ch ㄔ蚩	sh ㄕ诗	r ㄖ日	z ㄗ资	c ㄘ雌	s ㄙ思	

在给汉字注音的时候，为了使拼式简短，zh、ch、sh可以省作ẑ、ĉ、ŝ。

3. 韵母表（表2-4）

(1)"知、蚩、诗、日、资、雌、思"等七个音节的韵母用i，即知、蚩、诗、日、资、雌、思等字拼作zhi，chi，shi，ri，zi，ci，si。

(2)韵母儿写成er，用作韵尾的时候写成r。例如："儿童"拼作ér tóng，"花儿"拼作huār。

(3)韵母ㄝ单用的时候写成ê。

(4)i列的韵母，前面没有声母的时候，写成yi（衣），ya（呀），ye（耶），yao（腰），you（忧），yan（烟），yin（因），yang（央），ying（英），yong（雍）。

表2-4　韵母表

	i ㄧ　衣	u ㄨ　乌	ü ㄩ　迂
a ㄚ　啊	ia ㄧㄚ　呀	ua ㄨㄚ　蛙	
o ㄛ　喔		uo ㄨㄛ　窝	
e ㄜ　鹅	ie ㄧㄝ　耶		üe ㄩㄝ　约
ai ㄞ　哀		uai ㄨㄞ　歪	
ei ㄟ　欸		uei ㄨㄟ　威	
ao ㄠ　熬	iao ㄧㄠ　腰		
ou ㄡ　欧	iou ㄧㄡ　忧		

续表

an ㄢ 安	ian 丨ㄢ 烟	uan ㄨㄢ 弯	üan ㄩㄢ 冤
en ㄣ 恩	in 丨ㄣ 因	uen ㄨㄣ 温	ün ㄩㄣ 晕
ang ㄤ 昂	iang 丨ㄤ 央	uang ㄨㄤ 汪	
eng ㄥ 亨的韵母	ing 丨ㄥ 英	ueng ㄨㄥ 翁	
ong （ㄨㄥ） 轰的韵母	iong ㄩㄥ 雍		

（5）u 列的韵母，前面没有声母的时候，写成 wu（乌），wa（蛙），wo（窝），wai（歪），wei（威），wan（弯），wen（温），wang（汪），weng（翁）。

（6）ü 列的韵母，前面没有声母的时候，写成 yu（迂），yue（约），yuan（冤），yun（晕）；ü 上两点省略。

（7）ü 列的韵母跟声母 j、q、x 拼的时候，写成 ju（居），qu（区），xu（虚），ü 上两点也省略；但是跟声母 n、l 拼的时候，仍然写成 nü（女），lü（吕）。

（8）iou, uei, uen 前面加声母的时候，写成 iu, ui, un, 例如：niu（牛），gui（归），lun（论）。

（9）在给汉字注音的时候，为了使拼式简短，ng 可以省作 ŋ。

4. 声调符号

阴平　阳平　上声　去声
ˉ　　ˊ　　ˇ　　ˋ

声调符号标在音节的主要母音上，轻声不标。例如：

妈 mā　麻 má　马 mǎ　骂 mà　吗 ma
（阴平）（阳平）（上声）（去声）（轻声）

5. 隔音符号

a、o、e 开头的音节连接在其他音节后面的时候，如果音节的界限发生混淆，用隔音符号（'）隔开，例如：pí'ǎo（皮袄）。

（二）用途

（1）给汉字注音。

给汉字注标准读音、编注音读物，对儿童识字、成人扫盲、少数民族和外国朋友学习汉语都有很大帮助。

（2）推广普通话。

学普通话光靠口耳传授，容易忘记。掌握了《汉语拼音方案》，就可以随时查考、反复练习、矫正发音，加速学普通话的进程。

（3）作为各少数民族创造和改革文字的共同基础。

目前，我国已有十几个少数民族以汉语拼音方案为基础，创造或改革了本民族的文字。

（4）音译中外的人名、地名和一些科技术语，编制索引，用于电报、旗语、工业产生代号、盲字及聋哑人"汉语手指字母"等。

（5）作为汉语拼音的国际标准。

（6）用于电脑中文输入。

综合训练

1. 什么是语音，语音具有哪些特性？
2. 发音器官分哪些部分，各有什么功能？
3. 语音的基本单位有哪些？举例说明。
4. 读一读下面的音节，想一想你在发音上有哪些困难。

星 水 特 惊 首 绿 铅 立 串 古 挂 推 段 挎 国 姓 吨 铸
生 让 搜 案 亲 呕 浆 略 穷 亮 灰 索 秧 扔 子 尊 黄 蹭
虐 瞟 秦 润 挠 嘭 旅 捐 旋 琼 池 给 怎 坏 要 象 画 窜
女 觉 熏 群 动 铝 兄

5. 读一读下面的词语，注意它们的正确发音。

穷苦 性质 产量 兄弟 军队 百货 摧残 挂号 捐款 群众 选择 坏处
抓紧 书记 请帖 女子 壮大 配合 标题 敏捷 觉得 语音 谋求 迫切
拐弯 能够 飘扬 思绪 广场 摸索 肯定 毛病 风力 钻石 被窝 赛马
下凡 愣神 鸭绒 裁剪 孙子 混血 牛皮 天平 让座 温和 坏蛋 把手
隆重 军舰 确切 雄关 纽扣 老头 窘况 学生 宽裕 困难 女儿 佳境
铁树 拐卖 黑体 回想 裙子 全面 酗酒 存身 冤枉 冰棍 归结 罪人
虽然 红色 早操 从事 平常 彩霞 所有 真正 违心

6. 朗读下面两篇文章，找出自己的发音难点。

失去也是一种幸福

或许生活就是这样："失之东隅，收之桑榆。"生活没有永远的一帆风顺，正如古人说的那样："人生不如意者十之八九。"在漫长的岁月里，顺境与逆境、得意与失意、快乐与痛苦，无处不在，无时不困扰着我们。于是，生命里留下了许许多多的遗憾印迹，生活里有了无数声长吁短叹。遭遇坎坷，面对困境，我们总是在利与弊之间取舍，在失去与得到的交替之中成长。

一时间想不起是谁说过："如果你因为失去太阳而流泪，那你也将失去群星了。"乍一看去，这不经意的一句话深深地触动了我，让我尝试换一种思维，换一种角度来思索失去与得到之间的区别和差距。于是不难发现获得是一种幸福，失去是另一种幸福。明白"在拥有的同时也有可能失去"的道理。这句话很有哲理，生活中，既有失望也有希望，既有痛苦也有快乐。因此，我们要明白失去是痛苦的，但不能因此失去对生活的信心与希望，不能陷在焦虑与遗憾的泥沼里自暴自弃。

世间万物都是一分为二的，有其利必有其弊。十全十美的事情是不可能存在的。俗话说得好：金无足赤，人无完人。当你遇到遗憾和失败时，重要的是看你怎样去面对和接受这个现实，而不是低头叹息任由其意志消沉。我们要走好人生的每一步，必须要有坚强的意志、脚踏实地的精神。即使前方道路是泥泞的、崎岖的，充满着危机。尽管你战战兢兢地向前走，仍不可能避免偶尔会摔上一跤，甚至还会摔得头破血流。但只要你能勇敢地爬起来，重新振作起来，继续地往前走，最终胜利总是属于你的。

人生的道路是漫长的，如果你只会一味地感伤失去的，那么你将一无所有，只有有能力去享受失去的"乐趣"的人，才能真正品尝到人生的幸福。让自己承受失去的东西，也许你会感到很痛苦，那也要自己去承受，别人是代替不了你的。伤和痛是有的，这就证明你已经长大了，成熟了。失去的时候，你可以哭，可以发泄，可以找朋友倾诉……过后，你的世界就会充满阳光。

生活中，我们既要享受收获的喜悦，也要享受"失去"的乐趣。失去是一种痛苦，也是一种幸福。因为失去的同时你也在得到。失去了太阳，我们可以欣赏到满天的繁星；失去了绿色，我们可以得到丰硕的金秋；失去了青春岁月，我们走进了成熟的人生……朋友，别因为失去了而感到遗憾，勇敢地去面对，做生活的强者！

春

盼望着，盼望着，东风来了，春天的脚步近了。

一切都像刚睡醒的样子，欣欣然张开了眼。山朗润起来了，水涨起来了，太阳的脸红起来了。

小草偷偷地从土里钻出来，嫩嫩的，绿绿的。园子里，田野里，瞧去，一大片一大片满是的。坐着，趟着，打两个滚，踢几脚球，赛几趟跑，捉几回迷藏。风轻悄悄的，草软绵绵的。

桃树、杏树、梨树，你不让我，我不让你，都开满了花赶趟儿。红的像火，粉的像霞，白的像雪。花里带着甜味儿，闭了眼，树上仿佛已经满是桃儿、杏儿、梨儿！花下成千成百的蜜蜂嗡嗡地闹着，大小的蝴蝶飞来飞去。野花遍地是：杂样儿，有名字的，没名字的，散在草丛里像眼睛，像星星，还眨呀眨的。

"吹面不寒杨柳风"，不错的，像母亲的手抚摸着你。风里带来些新翻的泥土气息，混着青草味儿，还有各种花的香都在微微润湿的空气里酝酿。鸟儿将窠巢安在繁花嫩叶当中，高兴起来了，呼朋引伴地卖弄清脆的喉咙，唱出宛转的曲子，与轻风流水应和着。牛背上牧童的短笛，这时候也成天嘹亮地响。

雨是最寻常的，一下就是两三天。可别恼。看，像牛毛，像花针，像细丝，密密地斜织着，人家屋顶上全笼着一层薄烟。树叶子却绿得发亮，小草儿也青得逼你的眼。傍晚时候，上灯了，一点点黄晕的光，烘托出一片安静而和平的夜。乡下去，小路上，石桥边，有撑起伞慢慢走着的人；还有地里工作的农夫，披着蓑，戴着笠。他们的房屋，稀稀疏疏的，在雨里静默着。

天上风筝渐渐多了，地上孩子也多了。城里乡下，家家户户，老老小小，也赶趟儿似的，一个个都出来了。舒活舒活筋骨，抖擞精神，各做各的一份儿事去了。"一年之计在于春"；刚起头儿，有的是工夫，有的是希望。

春天像刚落地的娃娃，从头里脚是新的，它生长着。

春天像小姑娘，花枝招展的，笑着，走着。

春天像健壮的青年，有铁一般的胳膊和腰脚，领着我们上前去。

附录 汉语拼音字母、注音符号与国际音标对照表

拼音字母	注音符号	国际音标	拼音字母	注音符号	国际音标	拼音字母	注音符号	国际音标
b	ㄅ	[p]	z	ㄗ	[ts]	ia	ㄧㄚ	[ia]
p	ㄆ	[p']	c	ㄘ	[ts']	ie	ㄧㄝ	[iɛ]
m	ㄇ	[m]	s	ㄙ	[s]	iao	ㄧㄠ	[iau]
f	ㄈ	[f]	a	ㄚ	[A]	iou	ㄧㄡ	[iou]
v	ㄪ	[v]	o	ㄛ	[o]	ian	ㄧㄢ	[iæn]
d	ㄉ	[t]	e	ㄜ	[ɣ]	in	ㄧㄣ	[in]
t	ㄊ	[t'ɛ]	ê	ㄝ	[ɛ]	iang	ㄧㄤ	[iaŋ]
n	ㄋ	[n]	i	ㄧ	[i]	ing	ㄧㄥ	[iŋ]
l	ㄌ	[l]	-i（前）	ㄭ	[ɿ]	ua	ㄨㄚ	[ua]
g	ㄍ	[k]	-i（后）	ㄭ	[ʅ]	uo	ㄨㄛ	[uo]
k	ㄎ	[k']	u	ㄨ	[u]	uai	ㄨㄞ	[uai]
(ng)	ㄫ	[ŋ]	ü	ㄩ	[y]	uei	ㄨㄟ	[uei]
h	ㄏ	[x]	er	ㄦ	[ər]	uan	ㄨㄢ	[uan]
j	ㄐ	[tɕ]	ai	ㄞ	[ai]	uen	ㄨㄣ	[uən]
q	ㄑ	[tɕ']	ei	ㄟ	[ei]	uang	ㄨㄤ	[uaŋ]
			ao	ㄠ	[au]	ueng	ㄨㄥ	[uəŋ]
x	ㄒ	[ɕ]	ou	ㄡ	[ou]	ong	ㄨㄥ	[uŋ]
zh	ㄓ	[tʂ]	an	ㄢ	[an]	üe	ㄩㄝ	[yɛ]
ch	ㄔ	[tʂ']	en	ㄣ	[ən]	üan	ㄩㄢ	[yæn]
sh	ㄕ	[ʂ]	ang	ㄤ	[aŋ]	ün	ㄩㄣ	[yn]
r	ㄖ	[ʐ]	eng	ㄥ	[əŋ]	iong	ㄩㄥ	[yŋ]

声　母

第一节　声母的发音和分类

普通话里有 21 个辅音声母和 1 个零声母。辅音声母的发音是由发音部位和发音方法决定的。下面将根据不同的发音部位和发音方法来对它们进行分类和描述。

一、发音部位

发辅音时一般表现为发音器官局部紧张，气流在口腔内受到阻碍。形成阻碍、特别紧张的位置就是发音部位。按发音部位分，普通话声母可以分为七类：

1. 双唇音 b、p、m

上唇和下唇紧闭，形成阻碍，然后除阻。如：步兵、批评、迷茫。

2. 唇齿音 f

下唇接近上齿，留一条细缝，气流从细缝擦出。如：非凡。

3. 舌尖前音 z、c、s

舌尖顶住上齿背或形成细缝造成阻碍，然后除阻。如：自尊、参差、思索。

4. 舌尖中音 d、t、n、l

舌尖抵住上齿龈，形成阻碍，然后除阻。如：探讨、道德、牛奶。

5. 舌尖后音 zh、ch、sh、r

舌尖翘起，抵住或接近硬腭前部，形成阻碍，然后除阻或气流擦出。如：长城、山水、茁壮、荣辱。

6. 舌面音 j、q、x

舌面前部抵住或接近硬腭前部，形成阻碍，然后除阻或气流擦出。如：铅球、雄心、积极。

7. 舌根音 g、k、h

舌根顶住或接近软腭，形成阻碍，然后除阻或气流擦出。如：刻苦、欢呼、改革。

二、发音方法

发音方法指发音时气流在喉头、口腔和鼻腔内受到节制的情况，可从三个方面来区分：

（一）阻碍方式

声母发音，气流通过发音器官受阻，一般可以分为三个阶段：成阻——发音部位开始闭合或接近，形成阻碍，是作势阶段；持阻——发音器官紧张，气流受到不同程度的阻碍，阻碍持续，是持阻阶段；除阻——发音器官恢复原来的位置，阻碍解除，是结束阶段。

根据成阻、持阻和除阻方式的不同，可把普通话的声母分成：塞音、擦音、塞擦音、鼻音、边音。

1. 塞音 b、p、d、t、g、k

发音时，发音部位闭住，小舌和软腭上升，堵住气流通往鼻腔的通路，气流冲破阻碍，从口腔中爆破而出，又称爆破音。

2. 擦音 f、h、x、s、sh、r

发音时，形成阻碍的发音器官相互接近，形成一条缝隙，软腭和小舌上升，堵住气流通往鼻腔的通路，气流从缝隙中流出，摩擦成声，又称摩擦音。

3. 塞擦音 j、q、zh、ch、z、c

发音时，发音部位先闭住，软腭和小舌上升，堵住通往鼻腔的气流。然后，形成阻碍的发音器官中间张开，形成一条缝隙，气流从缝隙中摩擦而出，形成一个前半部分像塞音、后半部分像擦音的音。但它只有一个成阻、持阻、除阻的过程，是一个单辅音。

4. 鼻音 m、n

发音时，口腔闭住，软腭和小舌下降，气流从鼻腔流出，一般的鼻音发音时声带要颤动。

5. 边音 l

发音时，舌尖顶住上齿龈，软腭和小舌上升，堵住气流通往鼻腔的通路，气流从舌头的两边流出，一般的边音发音时声带要颤动。

（二）声带颤动

按照声带是否颤动，辅音可以分为两种，即清音和浊音。

1. 清音 b、p、f、d、t、g、k、h、j、q、x、zh、ch、sh、z、c、s

发音时，声带不颤动的音。

2. 浊音 m、n、l、r

发音时，声带颤动的音。

现代汉语普通话中，鼻音（m、n）、边音（l）都是浊音，另有一个擦音 r 也是浊音，其余的塞音、塞擦音、擦音都是清音。

（三）气流强弱

按照发音时气流的强弱，可把塞音和塞擦音分成送气音和不送气音，鼻音、边音、擦音等没有送气不送气的区别。

1. 送气音 p、t、k、q、ch、c

发音时,气流比较强的塞音和塞擦音。

2. 不送气音 b、d、g、j、zh、z

发音时,气流比较弱的塞音和塞擦音。

总的说来,普通话声母的类别可以用表 3-1 来概括。

表 3-1 普通话声母表

发音部位 \ 发音方法	塞音 清音		塞擦音 清音		鼻音 浊音	擦音 清音	擦音 浊音	边音 浊音
	不送气	送气	不送气	送气				
双唇音(上唇下唇)	b	p			m			
唇齿音(上齿下唇)						f	(v)	
舌尖前音(舌尖上齿背)			z	c		s		
舌尖中音(舌尖上齿龈)	d	t			n			l
舌尖后音(舌尖硬腭前)			zh	ch		sh	r	
舌面音(舌面硬腭前)			j	q		x		
舌根音(舌根软腭)	g	k			(ng)	h		

第二节 声母辅音的发音

1. b 双唇、不送气,清、塞音

双唇紧闭,声带不振动,较弱的气流冲破双唇的阻塞,爆发成声,如图 3-1 (a) 所示。例如:

| bì bào | 壁报 | bēi bāo | 背包 |
| bēn bō | 奔波 | bīng báo | 冰雹 |

2. p 双唇、送气,清、塞音

发音的情况与 b 大体相同,只是用一股较强的气流冲破双唇的阻塞,如图 3-1 (a) 所示。例如:

| piān páng | 偏旁 | péng pài | 澎湃 |
| pí pa | 琵琶 | pī píng | 批评 |

3. m 双唇,浊、鼻音

双唇紧闭,软腭下降,声带振动,气流从鼻腔流出,如图 3-1 (b) 所示。例如:

| míng mèi | 明媚 | máng mù | 盲目 |
| mài miáo | 麦苗 | mì mì | 秘密 |

4. f 唇齿,清、擦音

上齿挨着下唇内缘,形成窄缝,声带不振动,气流从唇齿形成的窄缝中挤出,摩擦成声,如图 3-1 (c) 所示。例如:

| fāng fǎ | 方法 | fēn fāng | 芬芳 |
| fèi fǔ | 肺腑 | fā fèn | 发奋 |

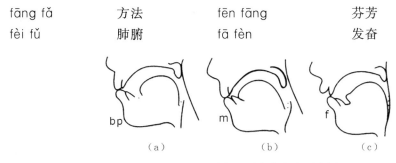

图 3-1　双唇音、唇齿音发音示意图

【辨音训练】

读准下列词语的声母。

b—p	编排	biān pái	爆破	bào pò	半票	bàn piào
b—m	蓖麻	bì má	饱满	bǎo mǎn	表面	biǎo miàn
b—f	缤纷	bīn fēn	北方	běi fāng	爆发	bào fā
p—b	旁边	páng biān	派别	pài bié	普遍	pǔ biàn
p—m	缥缈	piāo miǎo	篇目	piān mù	皮毛	pí máo
p—f	平凡	píng fán	屏风	píng fēng	佩服	pèi fú
m—b	棉被	mián bèi	漫笔	màn bǐ	蒙蔽	méng bì
m—f	模范	mó fàn	蜜蜂	mì fēng	萌发	méng fā

5．z　舌尖前、不送气，清、塞擦音

舌尖抵住上齿背，声带不振动，较弱的气流冲开阻塞，形成一条窄缝，摩擦成声，如图 3-2（a）所示。例如：

| zǒng zé | 总则 | zǒu zú | 走卒 |
| zēng zǔ | 曾祖 | zōng zú | 宗族 |

6．c　舌尖前、送气，清、塞擦音

发音情况与 z 大体相同，只是冲出的气流较强，如图 3-2（a）所示。例如：

| cāng cuì | 苍翠 | cū cāo | 粗糙 |
| cēn cī | 参差 | cuī cù | 催促 |

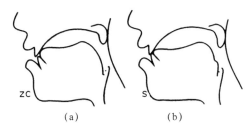

图 3-2　舌尖前音发音示意

7．s　舌尖前，清、擦音

舌尖靠近上齿背。留出窄缝，声带不振动，气流从窄缝中挤出，摩擦成声，如图 3-2（b）所示。例如：

| suǒ suì | 琐碎 | sù sòng | 诉讼 |
| sōng sǎn | 松散 | sè sù | 色素 |

【辨音训练】

读准下列词语的声母。

z—c	早操 zǎo cāo	遵从 zūn cóng	紫菜 zǐ cài
z—s	赠送 zèng sòng	棕色 zōng sè	阻塞 zǔ sè
c—z	错综 cuò zōng	才子 cái zǐ	操作 cāo zuò
c—s	彩色 cǎi sè	沧桑 cāng sāng	蚕丝 cán sī
s—c	颂词 sòng cí	素菜 sù cài	随从 suí cóng

8. d 舌尖中、不送气，清、塞音

舌尖抵住上齿龈，声带不振动，较弱的气流冲破舌尖的阻塞，迸裂而出，爆发成声，如图 3-3（a）所示。例如：

| dào dé | 道德 | dà dòu | 大豆 |
| diàn dēng | 电灯 | děng dài | 等待 |

9. t 舌尖中、送气，清、塞音

发音情况与 d 大体相同，只是冲出的气流较强，如图 3-3（a）所示。例如：

| tī tián | 梯田 | tān tú | 贪图 |
| tuán tǐ | 团体 | tán tiào | 弹跳 |

10. n 舌尖中，浊、鼻音

舌尖抵住上齿龈，软腭下降，开放鼻腔通道，声带振动，气流从鼻腔出来，如图 3-3（b）所示。例如：

| niú nǎi | 牛奶 | nǎo nù | 恼怒 |
| niǎo nuó | 袅娜 | nán nǚ | 男女 |

11. l 舌尖中，浊、边音

舌尖抵住上齿龈，软腭上升，堵住鼻腔通道，声带振动，气流从舌头两边出来，如图 3-3（c）所示。例如：

| luó liè | 罗列 | lǐ lùn | 理论 |
| lì liàng | 力量 | líng lóng | 玲珑 |

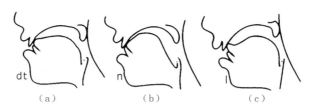

图 3-3 舌尖中音发音示意

【辨音训练】

读准下列词语的声母。

d—t　代替 dài tì　稻田 dào tián　灯塔 dēng tǎ

d—n	叮咛	dīng níng	大娘	dà niáng	当年	dāng nián
d—l	胆略	dǎn lüè	打捞	dǎ lāo	带领	dài lǐng
t—d	台灯	tái dēng	特点	tè diǎn	跳动	tiào dòng
t—n	鸵鸟	tuó niǎo	体念	tǐ niàn	童年	tóng nián
t—l	铁路	tiě lù	桃李	táo lǐ	提炼	tí liàn
n—d	纽带	niǔ dài	难得	nán dé	浓淡	nóng dàn
n—t	黏土	nián tǔ	内胎	nèi tāi	农田	nóng tián
l—d	朗读	lǎng dú	劳动	láo dòng	连队	lián duì
l—t	旅途	lǚ tú	蓝天	lán tiān	礼堂	lǐ táng
l—n	冷暖	lěng nuǎn	岭南	lǐng nán	留念	liú niàn

12. zh 舌尖后、不送气，清、塞擦音

舌尖后缩，抵住硬腭前部，声带不振动，较弱的气流冲开阻塞，形成一窄缝，摩擦成声，如图3-4所示。例如：

图 3-4 舌尖后音发音示意图

| zhèng zhí | 正直 | zhuàng zhì | 壮志 |
| zhuǎn zhé | 转折 | zhù zhái | 住宅 |

13. ch 舌尖后、送气，清、塞擦音

发音情况与 zh 大体相同，只是冲出的气流较强，如图3-4所示。例如：

| chí chěng | 驰骋 | chē chuáng | 车床 |
| chū chǎn | 出产 | chūn cháo | 春潮 |

14. sh 舌尖后，清、擦音

舌尖后缩，靠近硬腭前部，留出窄缝，声带不振动，气流从窄缝中挤出，摩擦成声，如图3-4所示。例如：

| shén shèng | 神圣 | shǎn shuò | 闪烁 |
| shí shì | 时事 | shuō shū | 说书 |

15. r 舌尖后，浊、擦音

发音情况与 sh 大体相同，只是声带要振动，如图3-4所示。例如：

| réng rán | 仍然 | róng rǔ | 荣辱 |
| rùn rì | 闰日 | róng rù | 融入 |

【辨音训练】

1）读准下列词语的声母。

zh—ch   侦察 zhēn chá   展出 zhǎn chū   章程 zhāng chéng

zh—sh	照射	zhào shè	扎手	zhā shǒu	真实	zhēn shí
zh—r	阵容	zhèn róng	侏儒	zhū rú	值日	zhí rì
ch—zh	长征	cháng zhēng	春装	chūn zhuāng	船长	chuán zhǎng
ch—sh	尝试	cháng shì	昌盛	chāng shèng	衬衫	chèn shān
sh—zh	始终	shǐ zhōng	神州	shén zhōu	使者	shǐ zhě
sh—ch	商场	shāng chǎng	纱窗	shā chuāng	水产	shuǐ chǎn
sh—r	胜任	shèng rèn	衰弱	shuāi ruò	深入	shēn rù
r—zh	熔铸	róng zhù	人证	rén zhèng	染指	rǎn zhǐ
r—ch	日程	rì chéng	热潮	rè cháo	人称	rén chēng
r—sh	如实	rú shí	燃烧	rán shāo	榕树	róng shù

2）朗读《游击队歌》歌词，先念准字音，后演唱。

我们都是神(shì)枪手(shǒu)，每一颗子弹消灭一个敌人(rén)，我们都是(shì)飞行军，哪怕那山(shān)高水(shuǐ)又深(shēn)！在那密密的树(shù)林里，到处(chù)都安排同志们的宿营地；在那高高的山(shān)冈上，有我们无数(shù)的好兄弟。没有吃(chī)，没有穿(chuān)，自有那敌人(rén)送上前；没有枪，没有炮，敌人(rén)给我们造。我们生长(shēng zhǎng)在这(zhè)里，每一寸土地都是(shì)我们自己的，无论谁(shéi)要强占(zhàn)去，我们就和他拼到底！

16. j 舌面、不送气，清、塞擦音

舌面前部抵住硬腭前部，声带不振动，较弱的气流冲开阻塞，形成一条窄缝，摩擦成声，如图 3-5（a）所示。例如：

jiān jué　　　　坚决　　　　jīng jì　　　　经济
jiāo jì　　　　交际　　　　jī jí　　　　积极

17. q 舌面、送气，清、塞擦音

发音情况同 j 大体相同，只是冲出的气流较强，如图 3-5（a）所示。例如：

qí qū　　　　崎岖　　　　què qiè　　　　确切
quán qū　　　　蜷曲　　　　qiáng quán　　　　强权

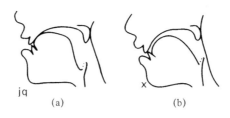

图 3-5　舌面音发音示意图

18. x 舌面，清、擦音

舌面前部靠近硬腭前部，留出窄缝，声带不振动，气流从窄缝中挤出，摩擦成声，如

图 3-5（b）所示。例如：

| xué xí | 学习 | xíng xiàng | 形象 |
| xiāng xìn | 相信 | xīn xiān | 新鲜 |

【辨音训练】

读准下列词语的声母。

j—q	健全 jiàn quán	机器 jī qì	坚强 jiān qiáng
j—x	家乡 jiā xiāng	教训 jiào xùn	觉醒 jué xǐng
q—j	浅近 qiǎn jìn	巧计 qiǎo jì	勤俭 qín jiǎn
q—x	谦虚 qiān xū	倾向 qīng xiàng	情形 qíng xíng
x—j	胸襟 xiōng jīn	夏季 xià jì	喜剧 xǐ jù
x—q	吸取 xī qǔ	向前 xiàng qián	先驱 xiān qū

19. g 舌根、不送气，清、塞音

舌根抵住软腭，声带不振动，较弱的气流冲破舌根的阻碍，爆发成声，如图 3-6（a）所示。例如：

| gǒng gù | 巩固 | guàn gài | 灌溉 |
| guó gē | 国歌 | gǔ gàn | 骨干 |

20. k 舌根、送气，清、塞音

发音情况同 g 大体相同，只是冲出的气流较强，如图 3-6（a）所示。例如：

| kuān kuò | 宽阔 | kāi kěn | 开垦 |
| kě kào | 可靠 | kǎn kě | 坎坷 |

21. h 舌根，清、擦音

舌根靠近软腭，留出窄缝，声带不振动，气流从窄缝中挤出，摩擦成声，如图 3-6（b）所示。例如：

| háng hǎi | 航海 | huī huáng | 辉煌 |
| huì huà | 绘画 | huáng hé | 黄河 |

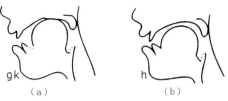

图 3-6 舌根音发音示意图

【辨音训练】

读准下列词语的声母：

g—k	港口 gǎng kǒu	概括 gài kuò	功课 gōng kè
g—h	工会 gōng huì	蛊惑 gǔ huò	钢花 gāng huā
k—g	客观 kè guān	凯歌 kǎi gē	苦瓜 kǔ guā

k—h	葵花	kuí huā	考核	kǎo hé	括号	kuò hào
h—g	红果	hóng guǒ	海关	hǎi guān	焊工	hàn gōng
h—k	火坑	huǒ kēng	好看	hǎo kàn	欢快	huān kuài

第三节　零声母的分类和发音

普通话的零声母大致可分为两类，一类是以 a、o、e 开头的。有的人发这类零声母的音时，前面带有不同程度的喉塞音（[ʔ]），而有的人的发音则没有喉塞音。当以 a、o、e 开头的音节连接在其他音节后面的时候，如果有发生混淆的可能，书写时中间可用隔音符号"'"隔开。另一类零声母是以 i、u、ü 开头的。通常，这些以 i、u、ü 开头的声母发音时，舌面离上腭的距离比发平常的元音 i、u、ü 时更近，带有轻微的摩擦。语音学上把这种带有轻微摩擦的 i、u、ü 叫作半元音，并分别用 y 和 w 来代替它们：用 y 代表 i 和 ü，用 w 代表 u。同时，y 和 w 还有隔音符号的作用，在书写时，当这些以 i、u、ü 起头的音节跟在 i、u 结尾的音节后面的时候，使用 y 和 w 隔开，就可以避免音节之间的混淆。

【辨音训练】

1）读准下列词语。

(1) a、o、e 起头的零声母字。

a
艾叶　ài yè　　　傲骨　ào gǔ　　　棉袄　mián ǎo

o
偶然　ǒu rán　　　藕粉　ǒu fěn　　　耦合　ǒu hé

e
定额　dìng'é　　　扼要　è yào　　　恩爱　ēn'ài

(2) i、u、ü 起头的零声母字。

i（y, yi）
严寒　yán hán　　　遗物　yí wù　　　移用　yí yòng

u（w）
味精　wèi jīng　　　尾巴　wěi bā　　　文艺　wén yì

ü（yu）
语言　yǔ yán　　　元月　yuán yuè　　　岳父　yuè fù

2）朗读下面这首诗，注意带点字的读音。

咬定青山不放松，　　Yǎo dìng qīng shān bú fàng sōng,
立根原在破岩中。　　Lì gēn yuán zài pò yán zhōng。
千磨万击还坚劲，　　Qiān mó wàn jī hái jiān jìn,
任尔东西南北风。　　Rèn ěr dōng xī nán běi fēng。
（清·郑燮《竹石》）

第四节 声母辨正

普通话是以北京语音为标准音的。各个方言的声韵调系统同普通话不尽相同，因此学习普通话，要进行方音辨正，找出普通话同方音的声母、韵母、声调的对应规律，纠正自己的方音，说准普通话标准音。下面先举例说明需要分辨的几组声母，举一反三，帮助方言区的人学习普通话。

一、n 和 l 的辨正

普通话里，n 是鼻音，l 是边音，分得很清楚。而在有些方言里，n 和 l 不分，例如：闽方言、北方方言中的西南话、部分江淮话等，把"老人"说成"恼人"，"年长"说成"连长"。方言区的人首先要读准 n、l。n 和 l 都是舌尖抵住上齿龈发出的音，区别在于：n 有鼻音，因为发音时软腭下降，气流从鼻孔流出；l 无鼻音，因为发音时软腭上升，堵塞鼻腔，气流从舌头两边流出。其次，还要分清普通话中哪些字的声母是 n，哪些字的声母是 l。

怎样记住 n、l 作声母的字呢？

1. 形声字偏旁类推法

形声字有两个部分，一部分表示意义，叫形旁，一部分表示读音，叫声旁。如"狸"字，左边的"犭"表示与兽类有关，是形旁，右边的"里"表示"狸"的读音，是声旁。由"里"这个声旁构成的汉字有"厘、狸、鲤、哩、俚、娌"等，它们的声旁相同，声母也相同，都是 l。又如声旁是"内"的字，声母常常是 n，如"纳、呐、衲、钠"等。我们可以利用形声字的这一特点来辨别记忆一些属于同一声母或同一韵母的字。

2. 只记单边法

方言的一类音在普通话里分为两类音，这两类音中经常出现一边字数较少、一边字数较多的情况。如果需要硬记的时候，就可以记住字数少的一边，另一边也就记住了。在汉字中，n 声母字比 l 声母字少得多，有的韵母结尾的字，例如：以 un 韵母结尾的字，没有一个以 n 作声母的。有的韵母，如 ü、ei、u、ou、uan、ang、iang、in 等结尾的字，以 n 作声母的也很少，而相应的以 l 作声母的字却比较多。因此，只要记住 n 声母这一边的字，l 声母的字也就记住了。

【辨音训练】

1) 读准下列词语。

n—l　耐劳　nài láo　　　鸟类　niǎo lèi　　　奴隶　nú lì
l—n　老年　lǎo nián　　　凌虐　líng nüè　　　留难　liú nàn

2) 对比辨音。

年年　nián nián　　　连年　lián nián
男裤　nán kù　　　　蓝裤　lán kù

3) 朗读下面的诗，注意带点字的声母。

绿蚁新醅酒，　　　Lǜ yǐ xīn pēi jiǔ,

红泥小火炉。　　　　　Hóng ní xiǎo huǒ lú。
晚来天欲雪，　　　　　Wǎn lái tiān yù xuě,
能饮一杯无？　　　　　Néng yǐn yì bēi wú?
（唐·白居易《问刘十九》）

4）朗读下列诗文，读准加点的字词。

相见时难别亦难，　　　Xiāng jiàn shí nán bié yì nán,
东风无力百花残。　　　Dōng fēng wú lì bǎi huā cán。
春蚕到死丝方尽，　　　Chūn cán dào sǐ sī fāng jìn,
蜡炬成灰泪始干。　　　Là jù chéng huī lèi shǐ gān。
（唐·李商隐《无题》）

5）朗读下面绕口令，注意加点字的声母。

六十六头牛，驮六十六个篓，　　liù shí liù tóu niú, tuó liù shí liù gè lǒu,
每篓装着六十六斤油。　　　　　měi lǒu zhuāng zhe liù shí liù jīn yóu。
老牛扭着走，油篓漏了油，　　　lǎo niú niǔ zhe zǒu, yóu lǒu lòu le yóu。
漏出来的油比篓里的油　　　　　lòu chū lái de yóu bǐ lǒu lǐ de yóu
还多六斤油。　　　　　　　　　hái duō liù jīn yóu。
你算算：　　　　　　　　　　　nǐ suàn suàn:
六十六头牛驮的六十六个篓里还有多少油？
liù shí liù tóu niú tuó de liù shí liù gè lǒu lǐ hái yǒu duō shǎo yóu？

二、z、c、s，zh、ch、sh，j、q、x 的辨正

普通话里，舌尖前音 z、c、s，舌尖后音 zh、ch、sh，舌面音 j、q、x 分得很清楚。有些方言区，如吴方言、闽方言、客家方言和粤方言的人，把"诗人"说成"西人"，把"少数"说成"小数"。因此，这些方言区的人学习普通话时，必须注意辨别自己说 z、c、s 或 j、q、x 的字中，哪些在普通话里说 z、c、s 或 j、q、x，哪些说 zh、ch、sh。怎样来辨别呢？

1. 形声字偏旁类推法

（略）。

2. 只记单边法

这个方法对于辨别舌尖前音和舌尖后音也很有用处。例如：以 a、e、ou、en、eng、ang 等作韵母的字很少以舌尖前音作声母，而以舌尖后音作声母的较多。如 ca，只有几个字，而 cha 则有"叉、查、插、诧"等 30 多个字。又如 zen，只有两个汉字"怎、谮"，而 zhen 却有"真、珍、镇"等 40 个字左右。再如 sen，只代表一个汉字"森"，而 shen 却有"身、神、审、甚"等 40 个字左右。像这样只需记住少数几个字，就可以记住一大批字了。

3. 利用普通话声韵的配合规律类推

例如：ua、uai、uang 这三个韵母只能同舌尖后音相拼，而不能跟舌尖前音相拼。所以"抓、拽、庄"等字，它们的声母肯定是舌尖后音。又如 ong 韵母，它只跟 s 相拼，而不能同 sh 相拼，所以"松、耸、送"等字，它们的声母只能是舌尖前音。

【辨音训练】

1）读准下列词语。

zh—z
  制造 zhì zào   职责 zhí zé   种族 zhǒng zú
  铸造 zhù zào   追踪 zhuī zōng 准则 zhǔn zé

z—zh
  增长 zēng zhǎng 自传 zì zhuàn   宗旨 zōng zhǐ
  总之 zǒng zhī   作者 zuò zhě   座钟 zuò zhōng

ch—c
  揣测 chuǎi cè   船舱 chuán cāng 春蚕 chūn cán
  储存 chǔ cún   冲刺 chōng cì   蠢材 chǔn cái

c—ch
  残春 cán chūn   仓储 cāng chǔ   操持 cāo chí
  草创 cǎo chuàng 磁场 cí chǎng   辞呈 cí chéng

sh—s
  生丝 shēng sī   胜诉 shèng sù   绳索 shéng suǒ
  神色 shén sè   深思 shēn sī   伸缩 shēn suō

s—sh
  松鼠 sōng shǔ   算术 suàn shù   私塾 sī shú
  岁数 suì shu   损伤 sǔn shāng 唆使 suō shǐ

2）对比辨音。

支援 zhī yuán	资源 zī yuán
造就 zào jiù	照旧 zhào jiù
杂技 zá jì	札记 zhá jì
初步 chū bù	粗布 cū bù
春装 chūn zhuāng	村庄 cūn zhuāng
推辞 tuī cí	推迟 tuī chí
桑叶 sāng yè	商业 shāng yè
三角 sān jiǎo	山脚 shān jiǎo
急性 jí xìng	即兴 jí xìng
国计 guó jì	国际 guó jì
计量 jì liàng	剂量 jì liàng
记事 jì shì	济事 jì shì
戏目 xì mù	细目 xì mù
交点 jiāo diǎn	焦点 jiāo diǎn
休业 xiū yè	修业 xiū yè
欢欣 huān xīn	欢心 huān xīn

3）朗读下面两首诗歌，注意带点字的声母。

独怜幽草涧边生，　　　　　Dú lián yōu cǎo jiàn biān shēng,
上有黄鹂深树鸣。　　　　　Shàng yǒu huáng lí shēn shù míng。
春潮带雨晚来急，　　　　　Chūn cháo dài yǔ wǎn lái jí,
野渡无人舟自横。　　　　　Yě dù wú rén zhōu zì héng。
（唐·韦应物《滁州西涧》）

君问归期未有期，　　　　　Jūn wèn guī qī wèi yǒu qī,
巴山夜雨涨秋池。　　　　　Bā shān yè yǔ zhǎng qiū chí。
何当共剪西窗烛，　　　　　Hé dāng gòng jiǎn xī chuāng zhú,
却话巴山夜雨时。　　　　　Què huà bā shān yè yǔ shí。
（唐·李商隐《夜雨寄北》）

三、f 和 h 的辨正

普通话里唇齿音 f 和舌根音 h 分得很清楚，而有些方言（如湘方言、客家方言、粤方言等）却有相混的情形。有的有 f 没有 h，有的有 h 没有 f，也有的 f、h 不分，如这些方言区的人"开发"和"开花""公费"和"工会"不分。这些方言区的人除了要学会 f 和 h 的正确发音外，还要花一些气力记住普通话里哪些是 f 声母字、哪些是 h 声母字。这里也可以运用前面介绍过的一些方法帮助辨别记忆。

1. 形声字偏旁类推法

（略）。

2. 利用普通话声韵的配合规律类推

例如：f 不跟 ai 相拼，方言中含 fai 的，普通话中都念 huai，如"怀、坏"等字；f 与 o 相拼组成音节，只有相应的"佛"字。因此，方言中念成 fo 的，普通话都念 huo，如"活、火、货"等字。

【辨音训练】

1）读准下列词语。

f—h

防护	fáng hù	返航	fǎn háng	饭盒	fàn hé
繁华	fán huá	绯红	fēi hóng	风寒	fēng hán

h—f

合法	hé fǎ	何妨	hé fáng	横幅	héng fú
后方	hòu fāng	化肥	huà féi	焕发	huàn fā

2）对比辨音。

防空	fáng kōng	航空	háng kōng
飞鱼	fēi yú	黑色	hēi sè
工会	gōng huì	公费	gōng fèi

3）练读下列各句。

（1）化肥会挥发。

（2）黑化肥发灰，灰化肥发黑。

（3）黑化肥发灰会挥发，灰化肥挥发会发黑。

（4）黑化肥挥发发灰会花飞，灰化肥挥发发黑会飞花。

（5）黑灰化肥会挥发发灰黑会为花飞，灰黑化肥会挥发发黑灰为会飞花。

（6）黑灰化肥灰会挥发发灰黑会为黑灰花会飞，灰黑化肥会会挥发发黑灰为会飞花化为灰。

四、零声母的辨正

普通话里有一部分零声母的字，有些方言说成了有声母的字。例如：韵母不是 i、u、ü，也不以 i、u、ü 起头的，有些方言加声母 n，如天津话"爱"；有些方言加 ng，如西安、广州话的"额"。韵母是 u，或以 u 起头的，有些方言说成了［v］（唇齿浊擦音），如宁夏话的"文"；有的方言说成了"m"，如广州话的"文"。这些方言区的人要记住读该零声母的字时，要去掉自己方言加上的声母。

五、尖音和团音的辨正

声母 z、c、s 同 i、ü 或以 i、ü 开头的韵母相拼，叫尖音。声母 j、q、x 同 i、ü 或以 i、ü 开头的韵母相拼，叫团音。

普通话声母 z、c、s 不能同 i、ü 或以 i、ü 开头的韵母相拼，所以普通话里没有尖音。而普通话声母 j、q、x 却可以同 i、ü 或以 i、ü 起头的韵母相拼，所以普通话里有团音。北方方言的青岛话、吴方言的苏州话、湘方言的长沙话有尖音，如"酒、秋、修"读尖音，而"九、丘、休"读团音。可是，这些字普通话都读成团音，酒＝九，秋＝丘，修＝休，不分尖团音。因此，有尖音的方言地区的人说普通话时，应把尖音改读成团音，即读成 j、q、x 开头的音节。

综合训练

1. 平翘舌音词语训练。

Z

杂技 zá jì	杂质 zá zhì	栽培 zāi péi	灾害 zāi hài
灾难 zāi nàn	载重 zài zhòng	再见 zài jiàn	再三 zài sān
再说 zài shuō	在于 zài yú	在座 zài zuò	暂且 zàn qiě
暂时 zàn shí	赞成 zàn chéng	赞赏 zàn shǎng	赞助 zàn zhù
葬礼 zàn lǐ	遭受 zāo shòu	遭殃 zāo yāng	糟糕 zāo gāo
糟蹋 zāo ta	噪音 zào yīn	造价 zào jià	造型 zào xíng
责备 zé bèi	责任 zé rèn	增产 zēng chǎn	增进 zàng jìn
咂嘴 zā zuǐ	砸锅 zá guō	杂凑 zá còu	杂烩 zá huì
杂居 zá jū	杂色 zá sè	杂耍 zá shuǎ	杂税 zá shuì
杂碎 zá suì	杂沓 zá tà	杂种 zá zhǒng	灾患 zāi huàn

灾情 zāi qíng	灾星 zāi xīng	栽绒 zāi róng	栽赃 zāi zāng
栽植 zāi zhí	栽种 zāi zhòng	载波 zài bō	载荷 zài hè
载体 zài tǐ	再审 zài shěn	再生 zài shēng	再造 zài zào
在场 zài chǎng	在行 zài háng	在即 zài jí	在世 zài shì
在握 zài wò	在先 zài xiān	在心 zài xīn	在职 zài zhí
暂行 zàn xíng	赞颂 zàn sòng	赞许 zàn xǔ	赃物 zāng wù
脏土 zāng tǔ	脏字 zāng zì	葬身 zàng shēn	葬送 zàng sòng
藏青 zàng qīng	藏族 zàng zú	脏腑 zàng fǔ	糟粕 zāo pò
遭劫 zāo jié	遭罪 zāo zuì	灶神 zào shén	躁动 zào dòng
造次 zào cì	造福 zào fú	造就 zào jiù	造林 zào lín
造孽 zào niè	造物 zào wù	造诣 zào yì	造作 zào zuò
皂白 zào bái	责成 zé chéng	责令 zé lìng	择交 zé jiāo
贼心 zéi xīn	贼星 zéi xīng	曾孙 zēng sūn	憎恶 zēng wù
曾祖 zēng zǔ	增订 zēng dìng	增刊 zēng kān	增生 zēng shēng
赠言 zèng yán	赠阅 zèng yuè	资产 zī chǎn	资历 zī lì
姿容 zī róng	姿色 zī sè	滋补 zī bǔ	滋润 zī rùn
滋生 zī shēng	滋事 zī shì	辎重 zī zhòng	字迹 zì jì
字模 zì mú	字帖 zì tiè	字纸 zì zhǐ	自称 zì chēng
自持 zì chí	自焚 zì fén	自给 zì jǐ	自尽 zì jìn
自居 zì jū	自绝 zì jué	自立 zì lì	自燃 zì rán
自若 zì ruò	自恃 zì shì	自视 zì shì	自首 zì shǒu
自述 zì shù	自诉 zì sù	自刎 zì wěn	自习 zì xí
自新 zì xīn	自修 zì xiū	自序 zì xù	自缢 zì yì
自用 zì yòng	自制 zì zhì	自重 zì zhòng	自转 zì zhuàn
自传 zì zhuàn	自尊 zì zūn	宗祠 zōng cí	宗法 zōng fǎ
宗师 zōng shī	棕绷 zōng bēng	综榈 zōng lú	宗述 zōng shù
粽子 zòng zǐ	纵目 zòng mù	纵然 zòng rán	纵容 zòng róng
纵深 zòng shēn	纵身 zòng shēn	纵欲 zòng yù	奏乐 zòu yuè

C

才子 cái zǐ	财神 cái shén	财势 cái shì	财团 cái tuán
财物 cái wù	财主 cái zhǔ	菜市 cài shì	菜肴 cài yáo
菜园 cài yuán	菜籽 cài zǐ	餐巾 cān jīn	餐具 cān jù
参拜 cān bài	参校 cān jiào	参量 cān liàng	参数 cān shù
参谒 cān yè	参战 cān zhàn	参政 cān zhèng	蚕沙 cán shā
蚕食 cán shí	蚕丝 cán sī	蚕蛹 cán yǒng	蚕子 cán zǐ
残喘 cán chuǎn	残骸 cán hái	残害 cán hài	残缺 cán quē
残生 cán shēng	残杀 cán shā	残月 cán yuè	仓储 cāng chǔ
仓房 cāng fáng	沧桑 cāng sāng	苍翠 cāng cuì	苍耳 cāng ěr
苍劲 cāng jìn	苍穹 cāng qióng	苍生 cāng shēng	苍术 cāng shù

舱位 cāng wèi	藏匿 cáng nì	藏身 cáng shēn	藏书 cáng shū
藏掖 cáng yē	藏拙 cáng zhuō	糙米 cāo mǐ	操持 cāo chí
漕河 cáo hé	槽床 cáo chuáng	槽头 cáo tóu	测度 cè dù
测绘 cè huì	测字 cè zì	恻隐 cè yǐn	侧摆 cè bǎi
侧目 cè mù	侧翼 cè yì	侧泳 cè yǒng	侧重 cè zhòng
策反 cè fǎn	策应 cè yìng	参差 cēn cī	瓷砖 cí zhuān
糍粑 cí bā	慈善 cí shàn	磁场 cí chǎng	磁石 cí shí
磁性 cí xìng	雌蕊 cí ruǐ	雌雄 cí xióng	辞呈 cí chéng
辞赋 cí fù	辞书 cí shū	辞岁 cí suì	词法 cí fǎ
词类 cí lèi	词素 cí sù	词缀 cí zhuì	词组 cí zǔ
祠堂 cí táng	刺耳 cì ěr	刺骨 cì gǔ	刺客 cì kè
刺杀 cì shā	刺绣 cì xiù	赐予 cì yǔ	聪颖 cōng yǐng
葱翠 cōng cuì	葱绿 cōng lǜ	从师 cóng shī	从属 cóng shǔ
从速 cóng sù	丛刊 cóng kān	丛林 cóng lín	丛生 cóng shēng
丛书 cóng shū	凑数 còu shù	粗劣 cū liè	粗略 cū lüè
粗浅 cū qiǎn	粗俗 cū sú	粗壮 cū zhuàng	簇拥 cù yōng
促成 cù chéng	攒聚 cuán jù	窜犯 cuàn fàn	篡夺 cuàn duó
篡位 cuàn wèi	催促 cuī cù	淬火 cuì huǒ	翠鸟 cuì niǎo
脆骨 cuì gǔ	村落 cūn luò	存档 cún dàng	存身 cún shēn
存心 cún xīn	存折 cún zhé	寸阴 cùn yīn	搓板 cuō bǎn
撮合 cuō hé	撮弄 cuō nòng	痤疮 cuó chuāng	措辞 cuò cí
错觉 cuò jué	错落 cuò luò	错综 cuò zōng	挫伤 cuò shāng

S

思想 sī xiǎng	私人 sī rén	私自 sī zì	司法 sī fǎ
司令 sī lìng	丝毫 sī háo	四处 sì chù	四肢 sì zhī
四周 sì zhōu	似乎 sì hū	饲料 sì liào	饲养 sì yǎng
松树 sōng shù	送死 sòng sǐ	送行 sòng xíng	搜查 sōu chá
搜索 sōu suǒ	苏醒 sū xǐng	俗话 sú huà	素质 sù zhì
速成 sù chéng	速度 sù dù	塑料 sù liào	塑造 sù zào
宿舍 sù shè	诉讼 sù sòng	肃清 sù qīng	算是 suàn shì
算术 suàn shù	算数 suàn shù	虽然 suī rán	虽说 suī shuō
随即 suí jí	随时 suí shí	随手 suí shǒu	岁月 suì yuè
隧道 suì dào	孙女 sūn nǚ	缩短 suō duǎn	缩小 suō xiǎo
撕毁 sī huǐ	撕票 sī piào	嘶哑 sī yǎ	思忖 sī cǔn
思谋 sī móu	私产 sī chǎn	私仇 sī chóu	私了 sī liǎo
私囊 sī náng	私情 sī qíng	私事 sī shì	私欲 sī yù
司炉 sī lú	司马 sī mǎ	司徒 sī tú	司仪 sī yí
丝绵 sī mián	丝弦 sī xián	丝竹 sī zhú	肆虐 sì nüè
肆意 sì yì	寺院 sì yuàn	四邻 sì lín	四处 sì chù

四则 sì zé 松弛 sōng chí 松散 sōng sǎn 松手 sōng shǒu
松鼠 sōng shǔ 送死 sòng sǐ 送葬 sòng zàng 送终 sòng zhōng
诵读 sòng dú 颂词 sòng cí 颂歌 sòng gē 颂扬 sòng yáng
搜捕 sōu bǔ 搜刮 sōu guā 搜罗 sōu luó 搜身 sōu shēn
搜寻 sōu xún 苏打 sū dǎ 苏丹 sū dān 苏区 sū qū
苏绣 sū xiù 酥脆 sū cuì 酥软 sū ruǎn 俗名 sú míng
俗气 sú qì 俗字 sú zì 宿疾 sù jí 宿营 sù yíng

Zh

支持 zhī chí 支出 zhī chū 支柱 zhī zhù 知觉 zhī jué
蜘蛛 zhī zhū 脂肪 zhī fáng 职称 zhí chēng 职业 zhí yè
直接 zhí jiē 直径 zhí jìng 直至 zhí zhì 植物 zhí wù
执法 zhí fǎ 值勤 zhí qín 值班 zhí bān 志气 zhì qì
志愿 zhì yuàn 至少 zhì shǎo 至于 zhì yú 致辞 zhì cí
致使 zhì shǐ 制裁 zhì cái 制订 zhì dìng 制约 zhì yuē
制造 zhì zào 制止 zhì zhǐ 制作 zhì zuò 智慧 zhì huì
智力 zhì lì 质变 zhì biàn 质量 zhì liàng 质朴 zhì pǔ
治安 zhì ān 治理 zhì lǐ 治疗 zhì liáo 中学 zhōng xué
中旬 zhōng xún 中药 zhōng yào 忠诚 zhōng chéng 忠实 zhōng shí
忠于 zhōng yú 忠贞 zhōng zhēn 钟表 zhōng biǎo 中点 zhōng diǎn
钟头 zhōng tóu 衷心 zhōng xīn 终点 zhōng diǎn 终身 zhōng shēn
终于 zhōng yú 终止 zhōng zhǐ 种植 zhòng zhí 重视 zhòng shì
重心 zhòng xīn 众多 zhòng duō 众人 zhòng rén 周密 zhōu mì
周末 zhōu mò 周转 zhōu zhuǎn 皱纹 zhòu wén 昼夜 zhòu yè
诸位 zhū wèi 逐步 zhú bù 逐渐 zhú jiàn 逐年 zhú nián
嘱托 zhǔ tuō 著名 zhù míng 著作 zhù zuò 助长 zhù zhǎng
助理 zhù lǐ 助手 zhù shǒu 铸造 zhù zào 住房 zhù fáng
住所 zhù suǒ 住院 zhù yuàn 住宅 zhù zhái 注册 zhù cè
注目 zhù mù 注射 zhù shè 注释 zhù shì 注视 zhù shì
市府 shì fǔ 祝贺 zhù hè 驻扎 zhù zhā 抓紧 zhuā jǐn
专长 zhuān cháng 专人 zhuān rén 专题 zhuān tí 专业 zhuān yè
专用 zhuān yòng 专政 zhuān zhèng 专制 zhuān zhì 传记 zhuàn jì
转动 zhuàn dòng 庄严 zhuāng yán 庄重 zhuāng zhòng 装备 zhuāng bèi
装配 zhuāng pèi 装饰 zhuāng shì 装卸 zhuāng xiè 装置 zhuāng zhì
战时 zhàn shí 战事 zhàn shì 战栗 zhàn lì 章法 zhāng fǎ
章节 zhāng jié 樟脑 zhāng nǎo 蟑螂 zhāng láng 张目 zhāng mù
张贴 zhāng tiē 张扬 zhāng yáng 瘴气 zhàng qì 丈量 zhàng liáng
仗势 zhàng shì 账本 zhàng běn 账簿 zhàng bù 账册 zhàng cè
账单 zhàng dān 账房 zhàng fáng 账目 zhàng mù 着数 zhāo shù
朝晖 zhāo huī 朝露 zhāo lù 朝日 zhāo rì 朝阳 zhāo yáng

招认 zhāo rèn	招数 zhāo shù	招贴 zhāo tiē	招引 zhāo yǐn
招展 zhāo zhǎn	招致 zhāo zhì	昭然 zhāo rán	昭雪 zhāo xuě
昭彰 zhāo zhāng	着火 zháo huǒ	着忙 zháo máng	着迷 zháo mí
罩衣 zhào yī	笊篱 zhào lí	召唤 zhào huàn	召见 zhào jiàn
诏书 zhào shū	照管 zhào guǎn	照看 zhào kàn	遮蔽 zhē bì
遮藏 zhē cáng	遮掩 zhē yǎn	遮阳 zhē yáng	折半 zhé bàn
折叠 zhé dié	折服 zhé fú	折扇 zhé shàn	折纸 zhé zhǐ
正座 zhèng zuò	证券 zhèng quàn	证人 zhèng rén	政法 zhèng fǎ
政绩 zhèng jī	政客 zhèng kè	诤言 zhèng yán	诤友 zhèng yǒu
证明 zhèng míng	支脉 zhī mài	支书 zhī shū	支线 zhī xiàn
支应 zhī yìng	枝权 zhī quán	枝节 zhī jié	枝蔓 zhī màn
枝条 zhī tiáo	枝叶 zhī yè	肢体 zhī tǐ	只身 zhī shēn
织补 zhī bǔ	织女 zhī nǚ	知交 zhī jiāo	知了 zhī liǎo
知足 zhī zú	脂粉 zhī fěn	职衔 zhí xián	职责 zhí zé
株距 zhū jù	株连 zhū lián	蛛网 zhū wǎng	蜘蛛 zhī zhū
侏儒 zhū rú	烛光 zhú guāng	烛台 zhú tái	逐个 zhú gè
逐日 zhú rì	逐一 zhú yī	竹简 zhú jiǎn	竹竿 zhú gān
竹器 zhú qì	竹笋 zhú sǔn	贮藏 zhù cáng	贮存 zhù cún
注定 zhù dìng	注脚 zhù jiǎo	柱石 zhù shí	蛀齿 zhù chǐ
蛀虫 zhù chóng	住持 zhù chí	助手 zhù shǒu	住宿 zhù sù
住址 zhù zhǐ	驻地 zhù dì	驻防 zhù fáng	驻军 zhù jūn
驻守 zhù shǒu	祝词 zhù cí	祝捷 zhù jié	著述 zhù shù
著者 zhù zhě	助燃 zhù rán	助威 zhù wēi	助兴 zhù xìng
助战 zhù zhàn	铸件 zhù jiàn	铸铁 zhù tiě	铸字 zhù zì
抓举 zhuā jǔ	抓瞎 zhuā xiā	抓药 zhuā yào	专案 zhuān àn
专场 zhuān chǎng	专车 zhuān chē	专电 zhuān diàn	专横 zhuān héng

Ch

超过 chāo guò	超级 chāo jí	超越 chāo yuè	抄写 chāo xiě
钞票 chāo piào	朝代 cháo dài	嘲笑 cháo xiào	潮流 cháo liú
潮湿 cháo shī	车床 chē chuáng	车间 chē jiān	车辆 chē liàng
车厢 chē xiāng	车站 chē zhàn	撤退 chè tuì	撤销 chè xiāo
彻底 chè dǐ	尘土 chén tǔ	沉闷 chén mèn	沉默 chén mò
沉思 chén sī	沉痛 chén tòng	沉重 chén zhòng	沉着 chén zhuó
陈旧 chén jiù	陈列 chén liè	陈述 chén shù	衬衫 chèn shān
衬衣 chèn yī	称心 chèng xīn	城市 chéng shì	成绩 chéng jī
成人 chéng rén	成熟 chéng shú	乘客 chéng kè	程度 chéng dù
程序 chéng xù	惩办 chéng bàn	惩罚 chéng fá	澄清 chéng qīng
诚恳 chéng kěn	诚实 chéng shí	诚意 chéng yì	诚挚 chéng zhì
承认 chéng rèn	承受 chéng shòu	吃惊 chī jīng	吃苦 chī kǔ

吃亏 chī kuī	吃力 chī lì	持久 chí jiǔ	持续 chí xù
池塘 chí táng	迟缓 chí huǎn	迟疑 chí yí	赤道 chì dào
赤字 chì zì	翅膀 chì bǎng	充当 chōng dāng	充分 chōng fèn
充实 chōng shí	充足 chōng zú	冲锋 chōng fēng	冲击 chōng jī
重叠 chóng dié	重复 chóng fù	重申 chóng shēn	重新 chóng xīn
崇拜 chóng bài	崇高 chóng gāo	崇敬 chóng jìng	抽空 chōu kòng
抽象 chōu xiàng	稠密 chóu mì	筹备 chóu bèi	筹建 chóu jiàn
仇恨 chóu hèn	初步 chū bù	初级 chū jí	初期 chū qī
插座 chā zuò	叉车 chā chē	叉腰 chā yāo	察访 chá fǎng
察觉 chá jué	察看 chá kàn	茬口 chá kǒu	茶匙 chá chí
茶色 chá sè	茶水 chá shuǐ	茶汤 chá tāng	茶锈 chá xiù
茶砖 chá zhuān	茶座 chá zuò	查禁 chá jìn	查勘 chá kān
查收 chá shōu	差劲 chà jìn	岔口 chà kǒu	岔流 chà liú
岔路 chà lù	岔气 chà qì	差遣 chāi qiǎn	差使 chāi shǐ
拆除 chāi chú	拆穿 chāi chuān	拆毁 chāi huǐ	拆卖 chāi mài
拆散 chāi sàn	拆卸 chāi xiè	柴胡 chái hú	柴米 chái mǐ
豺狼 chái láng	掺兑 chān duì	搀扶 chān fú	掺假 chān jiǎ
掺杂 chān zá	觇标 chān biāo	缠绵 chán mián	缠绕 chán rào
禅房 chán fáng	禅师 chán shī	禅宗 chán zōng	蝉联 chán lián
蝉蜕 chán tuì	婵娟 chán juān	蟾蜍 chán chú	孱弱 chán ruò
潺潺 chán chán	颤音 chàn yīn	忏悔 chàn huǐ	昌明 chāng míng
成药 chéng yào	诚然 chéng rán	诚心 chéng xīn	城堡 chéng bǎo
城池 chéng chí	城防 chéng fáng	城关 chéng guān	城楼 chéng lóu
城墙 chéng qiáng	城区 chéng qū	呈报 chéng bào	呈请 chéng qǐng
呈献 chéng xiàn	程式 chéng shì	乘除 chéng chú	乘法 chéng fǎ
乘方 chéng fāng	乘数 chéng shù	乘兴 chéng xìng	乘虚 chéng xū
惩处 chéng chù	惩戒 chéng jiè	惩治 chéng zhì	澄澈 chéng chè
橙黄 chéng huáng	承接 chéng jiē	承揽 chéng lǎn	承蒙 chéng méng
承诺 chéng nuò	承望 chéng wàng	承袭 chéng xí	承载 chéng zài
承转 chéng zhuǎn	丞相 chéng xiàng	秤星 chèng xīng	痴呆 chī dāi
除尘 chú chén	除法 chú fǎ	除根 chú gēn	除号 chú hào
除开 chú kāi	除名 chú míng	除数 chú shù	刍议 chú yì
雏形 chú xíng	畜肥 chù féi	畜力 chù lì	畜生 chù sheng
触动 chù dòng	矗立 chù lì	处所 chù suǒ	触礁 chù jiāo
触角 chù jiǎo	触觉 chù jué	触目 chù mù	触怒 chù nù
穿插 chuān chā	穿刺 chuān cì	穿戴 chuān dài	穿梭 chuān suō
穿孝 chuān xiào	穿针 chuān zhēn	穿着 chuān zhuó	穿凿 chuān záo
川贝 chuān bèi	传人 chuán rén	传神 chuán shén	传世 chuán shì
传述 chuán shù	传阅 chuán yuè	船帮 chuán bāng	船埠 chuán bù
船坞 chuán wù	船舷 chuán xián	船员 chuán yuán	船闸 chuán zhá

Sh

社员 shè yuán	设备 shè bèi	设法 shè fǎ	设计 shè jì
设立 shè lì	设施 shè shī	设想 shè xiǎng	设置 shè zhì
申报 shēn bào	申请 shēn qǐng	申述 shēn shù	呻吟 shēn yín
伸手 shēn shǒu	身体 shēn tǐ	深切 shēn qiè	绅士 shēn shì
神情 shén qíng	甚至 shèn zhì	生词 shēng cí	生疏 shēng shū
生殖 shēng zhí	盛大 shèng dà	剩余 shèng yú	失学 shī xué
施展 shī zhǎn	诗人 shī rén	石灰 shí huī	伸展 shēn zhǎn
深奥 shēn ào	深情 shēn qíng	神经 shén jīng	神色 shén sè
肾炎 shèn yán	声音 shēng yīn	生态 shēng tài	牲畜 shēng chù
盛开 shèng kāi	胜利 shèng lì	失业 shī yè	湿度 shī dù
尸体 shī tǐ	石油 shí yóu	身边 shēn biān	深刻 shēn kè
深入 shēn rù	神秘 shén mì	神圣 shén shèng	声誉 shēng yù
生人 shēng rén	生物 shēng wù	升学 shēng xué	盛情 shèng qíng
师范 shī fàn	失约 shī yuē	湿润 shī rùn	十分 shí fēn
时而 shí ér	身材 shēn cái	深浅 shēn qiǎn	深信 shēn xìn
神奇 shén qí	神态 shén tài	生产 shēng chǎn	生日 shēng rì
生长 shēng zhǎng	盛产 shèng chǎn	盛行 shèng xíng	师长 shī zhǎng
失踪 shī zōng	诗歌 shī gē	十足 shí zú	时光 shí guāng
时机 shí jī	时间 shí jiān	时节 shí jié	时刻 shí kè
时髦 shí máo	时期 shí qī	时时 shí shí	时事 shí shì
授予 shòu yǔ	蔬菜 shū cài	输出 shū chū	输入 shū rù
输送 shū sòng	舒畅 shū chàng	舒适 shū shì	舒展 shū zhǎn
书包 shū bāo	书本 shū běn	书店 shū diàn	书法 shū fǎ
书籍 shū jí	书刊 shū kān	熟练 shú liàn	熟悉 shú xī
树干 shù gàn	树立 shù lì	树林 shù lín	树木 shù mù
束缚 shù fù	数额 shù é	数据 shù jù	数量 shù liàng
数目 shù mù	数学 shù xué	数字 shù zì	衰老 shuāi lǎo
衰弱 shuāi ruò	衰退 shuāi tuì	率领 shuài lǐng	双方 shuāng fāng
睡觉 shuì jiào	睡眠 shuì mián	税收 shuì shōu	顺便 shùn biàn
顺利 shùn lì	顺手 shùn shǒu	顺序 shùn xù	说谎 shuō huǎng
杉篙 shā gāo	杉木 shā mù	沙场 shā chǎng	沙砾 shā lì
抒情 shū qíng	舒心 shū xīn	书生 shū shēng	书斋 shū zhāi
书桌 shū zhuō	熟客 shú kè	熟路 shú lù	熟人 shú rén
熟睡 shú shuì	熟知 shú zhī	熟字 shú zì	赎身 shú shēn
赎罪 shú zuì	秫秸 shú jiē	树丛 shù cóng	树敌 shù dí
数值 shù zhí	术语 shù yǔ	述评 shù píng	述说 shù shuō
述职 shù zhí	束手 shù shǒu	竖立 shù lì	竖琴 shù qín
刷洗 shuā xǐ	刷新 shuā xīn	衰败 shuāi bài	衰竭 shuāi jié

2. 尖、团音对比练习。

(z) j　迹—基　捷—杰　焦—交　酒—九　箭—见
　　　　尽—劲　浆—姜　精—京　聚—剧　绝—决
(c) q　妻—期　窃—怯　瞧—桥　秋—丘　钱—钳
　　　　秦—琴　墙—强　清—轻　趣—去　全—拳
(s) x　西—吸　邪—鞋　笑—效　休—羞　线—献
　　　　新—欣　想—响　姓—杏　须—虚　𧿹—学
(z) j　积压—鸡鸭　接头—街头　节余—结余
　　　　焦点—交点　就地—旧地　奖售—讲授
(c) q　七次—其次　签字—铅字　前程—虔诚
　　　　墙报—强暴　清油—轻油　全力—权利
(S) x　见笑—见效　性质—兴致　线形—现行
　　　　惜时—吸食　西周—稀粥　斜面—鞋面

3. 词语练习。

J

焦炭 jiāo tàn	介绍 jiè shào	尽量 jǐn liàng	进化 jìn huà
进修 jìn xiū	精华 jīng huá	精密 jīng mì	精通 jīng tōng
净化 jìng huà	就餐 jiù cān	就算 jiù suàn	歼灭 jiān miè
将近 jiāng jìn	奖金 jiǎng jīn	酱油 jiàng yóu	借鉴 jiè jiàn
津贴 jīn tiē	进步 jìn bù	进军 jìn jūn	进展 jìn zhǎn
精简 jīng jiǎn	精确 jīng què	精细 jīng xì	酒店 jiǔ diàn
就地 jiù dì	就业 jiù yè	尖端 jiān duān	将军 jiāng jūn
奖励 jiǎng lì	焦点 jiāo diǎn	借口 jiè kǒu	尽管 jǐn guǎn
进程 jìn chéng	进入 jìn rù	晋升 jìn shēng	精力 jīng lì
精神 jīng shén	精心 jīng xīn	酒会 jiǔ huì	就近 jiù jìn
就职 jiù zhí	尖锐 jiān ruì	将来 jiāng lái	奖品 jiǎng pǐn
焦急 jiāo jí	借助 jiè zhù	尽快 jìn kuài	进而 jìn ér
进行 jìn xíng	精彩 jīng cǎi	精美 jīng měi	精深 jīng shēn

Q

前程 qián chéng	前景 qián jǐng	前人 qián rén	前往 qián wǎng
枪毙 qiāng bì	悄悄 qiāo qiāo	侵略 qīn lüè	亲爱 qīn ài
亲热 qīn rè	亲手 qīn shǒu	青菜 qīng cài	凄惨 qī cǎn
千瓦 qiān wǎ	签发 qiān fā	签字 qiān zì	前方 qián fāng
前列 qián liè	前提 qián tí	前线 qián xiàn	墙壁 qiáng bì
且慢 qiě màn	侵入 qīn rù	亲笔 qīn bǐ	亲人 qīn rén
亲眼 qīn yǎn	青春 qīng chūn	凄凉 qī liáng	千万 qiān wàn
签名 qiān míng	前辈 qián bèi	前后 qián hòu	前年 qián nián
前天 qián tiān	潜伏 qián fú	抢劫 qiǎng jié	侵犯 qīn fàn
侵蚀 qīn shí	亲密 qīn mì	亲身 qīn shēn	亲友 qīn yǒu

青年 qīng nián	齐全 qí quán	迁就 qiān jiù	签署 qiān shǔ
前边 qián biān	前进 qián jìn	前期 qián qī	前途 qián tú
潜力 qián lì	抢救 qiǎng jiù	侵害 qīn hài	侵占 qīn zhàn
亲切 qīn qiē	亲生 qīn shēng	亲自 qīn zì	青蛙 qīng wā
蜻蜓 qīng yán	清查 qīng chá	晴朗 qíng lǎng	晴天 qíng tiān
情报 qíng bào	情感 qíng gǎn	情节 qíng jié	情景 qíng jǐng
情况 qíng kuàng	情理 qíng lǐ	情绪 qíng xù	请假 qǐng jià

X

细菌 xì jūn	细小 xì xiǎo	细心 xì xīn	先锋 xiān fēng
先后 xiān hòu	先进 xiān jìn	先前 xiān qián	仙女 xiān nǔ
鲜红 xiān hóng	鲜花 xiān huā	鲜明 xiān míng	鲜血 xiān xuè
鲜艳 xiān yàn	纤维 xiān wéi	羡慕 xiàn mù	线路 xiàn lù
线索 xiàn suǒ	相比 xiāng bǐ	相差 xiāng chà	相当 xiāng dāng
相等 xiāng děng	相对 xiāng duì	相反 xiāng fǎn	相符 xiāng fú
相关 xiāng guān	相互 xiāng hù	相继 xiāng jì	相识 xiāng shí
相似 xiāng sì	相通 xiāng tōng	相同 xiāng tóng	相信 xiāng xìn
相应 xiāng yìng	详细 xiáng xì	想法 xiǎng fǎ	想念 xiǎng niàn
信贷 xìn dài	信念 xìn niàn	信任 xìn rèn	信息 xìn xī
信心 xìn xīn	信仰 xìn yǎng	信用 xìn yòng	信誉 xìn yù
星期 xīng qī	性别 xìng bié	性格 xìng gé	性命 xìng mìng
性能 xìng néng	性情 xìng qíng	性质 xìng zhì	姓名 xìng míng
修订 xiū dìng	修复 xiū fù	修改 xiū gǎi	修建 xiū jiàn
修理 xiū lǐ	修养 xiū yǎng	修正 xiū zhèng	修筑 xiū zhù
羞耻 xiū chǐ	需求 xū qiú	需要 xū yào	须知 xū zhī
徐徐 xú xú	叙谈 xù tán	序言 xù yán	宣布 xuān bù
宣称 xuān chēng	宣传 xuān chuán	宣读 xuān dú	宣告 xuān gào
宣誓 xuān shì	宣言 xuān yán	宣扬 xuān yáng	旋律 xuán lǜ
旋转 xuán zhuǎn	选拔 xuǎn bá	选定 xuǎn dìng	选集 xuǎn jí
选举 xuǎn jǔ	选民 xuǎn mín	选取 xuǎn qǔ	选手 xuǎn shǒu
选修 xuǎn xiū	选用 xuǎn yòng	选择 xuǎn zé	循环 xún huán
询问 xún wèn	巡逻 xún luó	寻求 xún qiú	寻找 xún zhǎo
迅速 xùn sù	想象 xiǎng xiàng	消费 xiāo fèi	消灭 xiāo miè
销售 xiāo shòu	小时 xiǎo shí	小型 xiǎo xíng	笑话 xiào huà
新房 xīn fáng	新娘 xīn niáng	新闻 xīn wén	新颖 xīn yǐng
心理 xīn lǐ	心事 xīn shì	心意 xīn yì	橡胶 xiàng jiāo
象征 xiàng zhēng	消耗 xiāo hào	消失 xiāo shī	小鬼 xiǎo guǐ
小数 xiǎo shù	小学 xiǎo xué	笑容 xiào róng	新近 xīn jìn
新人 xīn rén	新鲜 xīn xiān	薪金 xīn jīn	心灵 xīn líng
心疼 xīn téng	心愿 xīn yuàn	橡皮 xiàng pí	消除 xiāo chú

4. 把下列三组字中声母相同的排列成组,并说明各组声母发音的异同。
(1) 自 遮 己 将 找 最 朱 正 紧 渣 揪 衷
(2) 恼 留 农 凉 兰 虑 宁 捏 隆 乱 劳 泥
(3) 罚 欢 火 翻 昏 晦 帆 扶 逢 佛 淮 晃

5. 听读下列词语,写出它们的声母。
俯视—忽视   胡同—浮筒   胡想—浮想
芬芳—昏黄   护养—抚养   凡是—环视
反击—还击   发生—花生   劳力—脑力
闹灾—涝灾   连夜—年夜   废话—会话

6. 先用自己的方言读下面各组字,体会它们的发音,然后注上普通话声母再读一读。

{将—姜   {秋—丘   {齐—旗
{节—结   {趣—去   {聚—具

{小—晓   {羡—现   {精—京
{须—虚   {象—项   {青—轻

{借—介   {千—牵   {线—献
{酒—久   {枪—腔   {心—欣

7. 绕口令练习。

b—p

八百标兵奔北坡,北坡炮兵并排跑,
炮兵怕把标兵碰,标兵怕碰炮兵炮。

f—h

粉红墙上画凤凰,凤凰画在粉红墙,
红凤凰,黄凤凰,粉红凤凰花凤凰。

f—h

风吹灰飞,灰飞花上花堆灰。
风吹花灰灰飞去,灰在风里飞又飞。

n—l

牛郎年年恋刘娘,刘娘连连念牛郎,
牛郎恋刘娘,刘娘念牛郎,
郎恋娘来娘念郎。

尖音

想象是想象,现象是现象,
不能把想象当现象,也不能把现象说成想象。

z—zh

小蜘蛛张着嘴,大蜘蛛后头追,
绕着砖堆左右转,转来转去钻砖堆。

s—sh

四十是四十,十四是十四,
说话不要似是而非,计数一定要实事求是。

s—sh

狮子山上狮山寺，山寺门前四狮子。
山寺是禅寺，狮子是石狮。
狮子看守狮山寺，禅寺保护石狮子。

8. 下面是一首声母诗，22个字，代表22个声母。请将它们的声母标在汉字下面，反复吟诵。

声母诗（《采桑》）

春日起每早，
采桑惊啼鸟。
风过碧空飘幽香，
花落知多少。

9. 朗读下面这首诗。

赋得古原草送别

（唐·白居易）

离离原上草，
一岁一枯荣。
野火烧不尽，
春风吹又生。
远芳侵古道，
晴翠接荒城。
又送王孙去，
萋萋满别情。

第四章

韵　　母

第一节　韵母的构成

韵母是汉字音节声母后面的部分，普通话韵母共有 39 个。普通话的韵母主要是由元音构成的，但是元音并不等于韵母，因为元音都是最小的语音单位，是不能再分割的，而韵母有的是由一个元音构成，有的则是由两个甚至三个元音构成，有的是元音加上辅音构成，所以对韵母的结构还可以进行进一步分析。

根据构成韵母的音素的位置特点，一般把韵母分为韵头、韵腹和韵尾三个组成部分。只有 i、u、ü 三个元音可以充当韵头。所有的元音都可以充当韵腹，但是在一个韵母有几个元音的情况下，只有开口度最大的那个元音是韵腹，辅音不能充当韵腹。韵尾出现在韵腹的后面，元音中充当韵尾的有两个高元音 i 和 u，此外还有两个鼻辅音 n 和 ng。例如：韵母 uai，其中 u 是韵头，a 是韵腹，i 是韵尾。

第二节　韵母的分类

韵母可以从两个不同角度进行分类：

一、按照韵母结构来划分

韵母可分为：单韵母、复韵母、鼻韵母三类。

1. 单韵母

由一个元音音素构成的韵母叫单韵母，又叫单元音韵母，也就是由单元音构成的韵母。普通话里共有 10 个单韵母，分别是：a, o, e, ê, i, u, ü, -i（前），-i（后），er。

2. 复韵母

由两个或三个元音复合而成的韵母叫复韵母。构成复韵母的元音音素全部是单韵母元音音素，其中 3 个单韵母 er, -i（前），-i（后），不能构成复韵母。普通话中共有 13 个复韵母。如：ai, ei, ao, ou, ia, ie, ua, uo, üe, iao, iou, uai, uei。

3. 鼻韵母

在元音之后带有鼻辅音收尾的韵母叫鼻韵母。它是由一个或两个元音后面带有鼻辅音 n 或 ng 构成的。鼻辅音 n 通常称作前鼻音,鼻辅音 ng 通常称作后鼻音。前鼻音韵母数量:带 n 韵尾的叫前鼻韵母,共有 8 个,分别是 an,ian,uan,üan,en,in,uen,ün。后鼻音韵母数量:带 ng 韵尾的叫后鼻韵母,共有 8 个,分别是 ang,iang,uang,eng,ing,ueng,ong,iong。

二、按照韵母开头元音的发音口形来划分

韵母可分为:开口呼、齐齿呼、合口呼、撮口呼,简称"四呼",如表 4-1 所示。

表 4-1 普通话韵母表

按结构分 \ 按韵头分	开口呼	齐齿呼	合口呼	撮口呼
单韵母	-i [ɿ] -i [ʅ]	i	u	ü
单韵母	a			
单韵母	o			
单韵母	e			
单韵母	ê			
单韵母	er			
复韵母		ia	ua	
复韵母			uo	
复韵母		ie		üe
复韵母	ai		uai	
复韵母	ei		uei	
复韵母	ao	iao		
复韵母	ou	iou		
鼻韵母	an	ian	uan	üan
鼻韵母	en	in	uen	ün
鼻韵母	ang	iang	uang	
鼻韵母	eng	ing	ueng	
鼻韵母	ong	iong		

1. 开口呼

发音时,口腔开度较大,所以叫开口呼。凡是不以 i,u,ü 开头的韵母,统称为开口

呼韵母，也就是没有韵头（介音），而韵腹又不是 i，u，ü 的韵母。

2. 齐齿呼

凡是用 i 开头的韵母均称为齐齿呼韵母。发音时，上下齿几乎是对齐的，所以叫齐齿呼。如：i，ia，ie，iao，iou，ian，ing 等。

3. 合口呼

凡是用 u 开头的韵母均称为合口呼韵母。发音时，双唇合拢，呈圆形，所以叫合口呼。如：u，ua，uo，uai，uei，uan，uang，ueng。

4. 撮口呼

凡是用 ü 开头的韵母均称为撮口呼韵母。发音时，双唇撮拢，呈圆形，所以叫撮口呼。如：ü，üe，üan，ün。

第三节　韵母的发音

韵母发音时要注意口腔、舌位及唇形的配合。

舌位的前、央、后，是指发音时舌头隆起部分在口腔中所居的前后位置。

舌位的高、半高、半低、低，是指发音时舌头隆起部分的最高点同上腭距离的大小而言。

舌位的降低或抬高与口腔的开合有关，舌位越高，开口度越小，舌位越低，开口度越大。

一、单韵母发音

单韵母的发音，除 er 外，都是一个单纯的动作，即舌位、唇形及开口度按发音要求维持发音状态，始终不变，没有动程。

普通话单韵母有 10 个，根据发音时舌头的部位和状态可分为三类：舌面韵母、舌尖韵母、卷舌韵母。

（一）舌面韵母

舌面韵母发音时，舌面起主要作用。舌面韵母的不同音色，取决于不同形状的口腔共鸣器对音波的调节。共鸣器的不同，具体地说，由以下三方面造成：

第一，舌位的高低。元音发音时，舌位的高低一般可划分为高、半高、半低和低四度。舌面的高低和口的开闭有直接关系：舌位高，开口度小；舌位低，开口度大。口腔的开闭也相应地分为闭、半闭、半开、开四度。

第二，舌位的前后。元音发音时，舌位的前后位置一般划分为前、央、后三种。

第三，唇形的圆展。元音发音时，唇形的差别一般划分为圆唇、不圆唇两类。

因此，描绘元音韵母的发音特点，就必须从上述三个方面去说明。现将舌面元音韵母的发音分述如下：

1. a　舌面、中、低、不圆唇元音

发音时，口腔大开，舌头居中，舌位低，唇呈自然状态。如"沙发""打靶"的韵母。

（1）词语练习：

发芽　fā yá　　　大妈　dà mā　　　喇嘛　lǎ ma　　　马达　mǎ dá

蛤蟆　há ma　　　邋遢　lā ta　　　刹那　chà nà　　　大厦　dà shà

（2）绕口令练习：

南边的哑巴和北边的喇嘛

打南边来了个哑巴，腰里别了个喇叭；
打北边来了个喇嘛，手里提了个獭犸。
提着獭犸的喇嘛要拿獭犸换别着喇叭的哑巴的喇叭；
别着喇叭的哑巴不愿拿喇叭换提着獭犸的喇嘛的獭犸。
不知是别着喇叭的哑巴打了提着獭犸的喇嘛一喇叭；
还是提着獭犸的喇嘛打了别着喇叭的哑巴一獭犸。
喇嘛回家炖獭犸；
哑巴滴滴答答吹喇叭。

2．o　舌面、后、半高、圆唇元音

发音时，口腔半闭，舌位半高，舌头后缩，嘴唇拢圆。如"波""泼"的韵母。

（1）词语练习：

磨破　mó pò　　　泼墨　pō mò　　　伯伯　bó bo　　　薄膜　bó mó
勃勃　bó bó　　　默默　mò mò　　　摸佛　mō fó　　　伯婆　bó pó

（2）绕口令练习：

拔萝卜

白须白伯伯，
白发白婆婆。
伯伯扶婆婆，
婆婆扶伯伯，
上了山坡拔萝卜。
白萝卜，红萝卜，
红、白萝卜营养多。

3．e　舌面、后、半高、不圆唇元音

发音状况大体与 o 相同，只是双唇自然展开成扁形。如"歌""苛""喝"的韵母。

（1）词语练习：

客车　kè chē　　　合格　hé gé　　　色泽　sè zé　　　折合　zhé hé
野鸽　yě gē　　　割舍　gē shě　　　隔夜　gé yè　　　车辙　chē zhé

（2）绕口令练习：

鹅

坡上立着一只鹅，坡下就是一条河。
宽宽的河，肥肥的鹅，鹅要过河，河要渡鹅。
不知是鹅过河，还是河渡鹅。

4. i 舌面、前、半低、不圆唇元音

发音时，口腔开度很小，舌头前伸，前舌面上升接近硬腭，气流通路狭窄，但不发生摩擦，嘴唇向两边展开，呈扁平状。如"低""体"的韵母。

(1) 词语练习：

激励 jī lì	立即 lì jí	迟疑 chí yí	集体 jí tǐ
寄递 jì dì	离奇 lí qí	谜底 mí dǐ	利益 lì yì

(2) 绕口令练习：

编细席

一席地里编细席，
编得细席细又密。
编好细席戏细席，
细席脏了洗细席。

5. u 舌面、后、高、圆唇元音

发音时，口腔开度很小，舌头后缩，后舌面上升接近硬腭，气流通路狭窄，但不发生摩擦，嘴唇拢圆成一小孔。如"图书""互助"的韵母。

词语练习：

出租 chū zū	瀑布 pù bù	姑苏 gū sū	幕府 mù fǔ
督促 dū cù	初步 chū bù	互助 hù zhù	古物 gǔ wù

6. ü 舌面、前、高、圆唇元音

发音时，口腔开度很小，舌头前伸，前舌面上升接近硬腭，但气流通过时不发生摩擦，嘴唇拢圆成一小孔。发音情况和 i 基本相同，区别是 ü 嘴唇是圆的，i 嘴唇是扁的。如"语句""盱眙"的韵母。

词语练习：

雨具 yǔ jù	区域 qū yù	絮语 xù yǔ	旅居 lǚ jū
曲剧 qǔ jù	须臾 xū yú	豫剧 yù jù	女婿 nǚ xù

7. ê 舌面、前、半低、不圆唇元音

发音时，口腔半开，舌位半低，舌头前伸，舌尖抵住下齿背，嘴角向两边自然展开，唇形不圆。如"欸"的读音。在普通话里，e 很少单独使用，经常出现在 i、ü 的后面，在 i、ü 后面时，书写要省去符号"^"。

词语练习：

灭绝 miè jué	喋血 dié xuè	姐姐 jiě jie	解约 jiě yuē
决裂 jué liè	猎猎 liè liè	雀跃 què yuè	缺略 quē lüè

(二) 舌尖韵母

1. -i [ɿ] 舌尖、前、高、不圆唇元音

发音时，舌尖前伸，对着上齿背形成狭窄的通道，气流通过时不发生摩擦，嘴唇向两边展开，唇形不圆。用普通话念"私"并延长，字音后面的部分便是-i [ɿ]。这个韵母只跟 z、c、s 配合，不和任何其他声母相拼，也不能自成音节。如"字词""自私""此次"的韵母。

词语练习：

| 自私 zì sī | 次子 cì zǐ | 此次 cǐ cì | 私自 sī zì |
| 自诉 zì sù | 赐死 cì sǐ | 在此 zài cǐ | 字词 zì cí |

2. -i [ʅ]　舌尖、后、高、不圆唇元音

发音时，舌尖上翘，对着硬腭形成狭窄的通道，气流通过时不发生摩擦，嘴角向两边展开，唇形不圆。用普通话念"师"并延长，字音后面的部分便是-i [ʅ]。这个韵母只跟 zh、ch、sh、r 配合，不与其他声母相拼，也不能自成音节。如"知识""史诗""值日"的韵母。

词语练习：

| 实质 shí zhì | 迟滞 chí zhì | 志士 zhì shì | 指使 zhǐ shǐ |
| 致使 zhì shǐ | 失职 shī zhí | 值日 zhí rì | 支持 zhī chí |

（三）卷舌韵母 er

er　卷舌、央、中、不圆唇元音

发音时，在发 e 的同时，舌尖向硬腭卷起，嘴唇略展。"er"中的 r 不代表音素，只是表示卷舌动作的符号。er 不和其他声母相拼，只能自成音节。如"儿""耳""二"等字的韵母。er 可以同其他韵母结合起来，用作儿化韵。书面上写作"r"，如"花儿"huar。

词语练习：

儿 ér　而 ér　二 èr　尔 ěr　耳 ěr

二、复韵母发音

复韵母的发音有以下特点：有明显的动程；由一个元音到另一个元音的舌位，是滑动的，自然连贯；其中的韵腹受前后音素的影响，实际音值与单元音不同，发音时不要拘泥于单元音的舌位、唇形；其中一个音（韵腹）较响亮，是复韵母的重心。

普通话中复韵母总共有 13 个。根据韵腹位置的不同，可把复韵母分为三类：前响复韵母、后响复韵母和中响复韵母。

（一）前响复韵母

前响复韵母由两个元音组成，前面的一个是韵腹，后面一个是韵尾，发音特点是前响后轻，即开头的元音音素响亮清晰，收尾的元音音素轻短模糊。发音时，舌位由低到高，口腔由大到小。

1. ai　由单元音 a 和 i 合成

发音时唇形开而不圆，先是舌位放低发出 a 音，紧接着舌位渐升，唇形扁，最后发出轻短含混的 i 音。

词语练习：

| 彩排 cǎi pái | 爱戴 ài dài | 开采 kāi cǎi |
| 债台 zhài tái | 海带 hǎi dài | 晒台 shài tái |

2. ei　由单韵母 e 和 i 合成

发音时，从 e 音的舌位开始向 i 音的舌位移动。e 音清晰、响亮，i 音轻短、

含混。

词语练习：

| 肥美 féi měi | 配备 pèi bèi | 卑微 bēi wēi |
| 蓓蕾 bèi lěi | 非得 fēi děi | 魏碑 wèi bēi |

3. ao　由 a 和 o 合成

发音时，舌位放低，唇形开而不圆，发出响而长的 a 音，然后舌位逐渐升高，唇形逐渐变圆，最后发出轻短含混的 o 音。

词语练习：

| 号召 hào zhào | 高潮 gāo cháo | 稻草 dào cǎo |
| 讨饶 tǎo ráo | 跑道 pǎo dào | 操劳 cāo láo |

4. ou　由 o 和 u 合成

发音时，从 o 音的舌位开始向 u 音的舌位、唇形移动，o 音响而长，u 音轻短含混。

词语练习：

| 收购 shōu gòu | 欧洲 ōu zhōu | 兜售 dōu shòu |
| 漏斗 lòu dǒu | 佝偻 gōu lóu | 丑陋 chǒu lòu |

（二）后响复韵母

后响复韵母也是由两个元音组成的。前一个是韵头，后一个是韵腹。发音特点是前轻后响，即开头的元音 i、u、ü 发音不太响亮，比较短促，收尾的元音音素响亮清晰。发音时，舌位由高到低，口腔由小到大。

1. ia　由单元音 i 和 a 合成

发音时，先是舌位高，唇形扁，发出轻短的 i 音，接着舌位逐渐降低，唇形变成开而不圆，发出响而长的 a 音。

词语练习：

| 假牙 jiǎ yá | 下嫁 xià jià | 家鸭 jiā yā |
| 掐下 qiā xià | 恰恰 qià qià | 加价 jiā jià |

2. ie　由 i 和 e 合成

发音时，先发轻短的 i 音，然后舌位逐渐降到半低，发出较响、较长的 ê 音。

词语练习：

| 贴切 tiē qiè | 结业 jié yè | 趔趄 liè jie |
| 节烈 jié liè | 歇业 xiē yè | 窃窃 qiè qiè |

3. ua　由 u 和 a 合成

发音时，先是舌位高，唇形圆，发出轻短的 u 音，接着舌位降低，唇形变成开而不圆，发出响而长的 a 音。

（1）词语练习：

| 画花 huà huā | 挂花 guà huā | 耍滑 shuǎ huá |
| 挂画 guà huà | 呱呱 guā guā | 挎挂 kuà guà |

(2) 绕口令练习：

一个胖娃娃，
捉了三个大花活河蛤蟆。
三个胖娃娃，
捉了一个大花活河蛤蟆。
捉了一个大花活河蛤蟆的三个胖娃娃，
真不如抓了三个大花活河蛤蟆的一个胖娃娃。

4. uo 由 u 和 o 合成

发音时，先是舌位高，唇形圆，发出轻短的 u 音，接着舌位略低，唇形比 u 音大一些，发出 o 音。

词语练习：

硕果　shuò guǒ　　堕落　duò luò　　骆驼　luò tuo　　火锅　huǒ guō
阔绰　kuò chuò　　哆嗦　duō suo　　蹉跎　cuō tuó　　错过　cuò guò

5. üe 由 ü 和 ê 合成

发音时，先双唇收圆撮起，舌头前伸抬高，发出轻短的 ü 音，接着唇形逐渐展开，舌位降到半低，发出响而长的 e 音。

(1) 词语练习：

雪月　xuě yuè　　绝学　jué xué　　决绝　jué jué
雀跃　què yuè　　约略　yuē lüè　　略缺　lüè quē

(2) 绕口令练习：

南边来了个瘸子，
手里托着个碟子，
碟子里装个茄子，
地上钉着个橛子。
地上的橛子绊倒了瘸子，
洒了碟子里的茄子，
气的瘸子撇了碟子，
拔了橛子，踩了茄子。

（三）中响复韵母

中响复韵母由三个元音组成。前面的元音是韵头，中间的元音是韵腹，后面的元音是韵尾。发音时，韵头轻而短，韵腹清晰响亮，韵尾仅表示舌位移动的方向，发音轻短、模糊。

1. iao 由单韵母 i、a、o 合成

发音时，舌位由 i 音降到 a 音，再由 a 音升到 o 音。

(1) 词语练习：

萧条　xiāo tiáo　　苗条　miáo tiáo　　小鸟　xiǎo niǎo
巧妙　qiǎo miào　　调笑　tiáo xiào　　逍遥　xiāo yáo

（2）绕口令练习：

巧巧和乔乔

有个小孩叫巧巧，
巧巧哥哥叫乔乔，
乔乔划船带巧巧，
巧巧乔乔看姥姥。

2. iou 由单韵母 i、o、u 合成

发音时，舌位由 i 音降到 o 音，再由 o 音升向 u 音。

词语练习：

| 悠久 | yōu jiǔ | 求救 | qiú jiù | 优秀 | yōu xiù | 舅舅 | jiù jiu |
| 久留 | jiǔ liú | 牛油 | niú yóu | 幽幽 | yōu yōu | 优游 | yōu yóu |

3. uai 由 u、a、i 合成

发音时，由 u 音降到 a 音，再由 a 音升向 i 音。

词语练习：

| 摔坏 | shuāi huài | 拐坏 | guǎi huài | 外快 | wài kuài |
| 外踝 | wài huái | 怀揣 | huái chuāi | 乖乖 | guāi guāi |

4. uei 由 u、e、i 合成

发音时，舌位由 u 音降到 e 音，再由 e 音升向 i 音。iou、uei 同声母相拼时，中间的 o、e 可以省略，简写为 iu、ui。

词语练习：

| 回归 | huí guī | 追随 | zhuī suí | 归队 | guī duì |
| 汇兑 | huì duì | 归罪 | guī zuì | 会水 | huì shuǐ |

三、鼻韵母发音

鼻韵母的发音特点是由元音过渡到鼻音。作韵尾的鼻音 n 和 ng，这两个音的发音部位不同：发 n 时，舌尖抵住上齿龈；发 ng 时，舌根抵住软腭（像发 g 时一样）。发音方法是相同的，都是软腭下垂，打开鼻腔通道，气流从鼻腔出来，同时声带振动。练习发 n 时，舌尖不要离开上齿龈；练习发 ng 时，舌根不要离开软腭。

普通话的鼻韵母有 16 个，接韵尾的不同可分为两类：以 n 作韵尾的韵母有 an、en、in、ün、ian、uan、üan、uen 8 个，称为前鼻韵母；以 ng 作韵尾的韵母有 ang、eng、ong、ing、iang、iong、uang、ueng 8 个，称为后鼻韵母。

（一）前鼻韵母

1. an 由元音 a 和辅音 n 合成

发音时，舌位放低，口大开，唇不圆，发出 a 音。接着舌位渐升，最后舌尖抵住齿龈，气流改从鼻腔而出，发出鼻音 n。

（1）词语练习：

| 善感 | shàn gǎn | 完善 | wán shàn | 晚饭 | wǎn fàn | 严寒 | yán hán |
| 肝胆 | gān dǎn | 泛滥 | fàn làn | 灿烂 | càn làn | 谈判 | tán pàn |

(2) 绕口令练习：

谭老汉买蛋和炭

谭家谭老汉，挑担到蛋摊，买了半担蛋，
挑担到炭摊，买了半担炭，满担是蛋炭。
老汉忙回赶，回家炒蛋饭。
进门跨门槛，脚下绊一绊，
跌了谭老汉，破了半担蛋，
翻了半担炭，脏了木门槛。
老汉看一看，急得满头汗，
连说怎么办，蛋炭完了蛋，
怎吃蛋炒饭。

2. en 由 e 和辅音 n 合成

发音时，e 的舌位比单发时略靠前，然后舌位升高，舌尖抵住下齿龈，同时软腭下垂，口腔通路封闭，鼻腔通路打开，气流从鼻腔出来，发出鼻音 n。

(1) 词语练习：

审问 shěn wèn	深沉 shēn chén	认真 rèn zhēn
振奋 zhèn fèn	门诊 mén zhěn	根本 gēn běn
分神 fēn shén	珍本 zhēn běn	

(2) 绕口令练习：

小陈和小沈

小陈去买针，
小沈去卖盆。
俩人挑着担，
一起出了门。
小陈喊卖针，
小沈喊卖盆。

3. in 由 i 和辅音 n 合成

发音时，舌尖抵到下齿背，舌面抬起接近硬腭，发出 i 音，然后舌尖从下齿背升到上齿龈，气流改从鼻腔而出，发出鼻音 n。

词语练习：

| 亲近 qīn jìn | 贫民 pín mín | 拼音 pīn yīn | 民心 mín xīn |
| 引进 yǐn jìn | 信心 xìn xīn | 辛勤 xīn qín | 林阴 lín yīn |

4. ün 由 ü 和辅音 n 合成

发音时，舌面接近硬腭，唇形撮起，发出 ü 音，然后舌尖从齿背升到上齿龈，气流从鼻腔出来，发出鼻音 n。

词语练习：

| 均匀 jūn yún | 军训 jūn xùn | 纭纭 yún yún | 逡巡 qūn xún |

5. ian 由元音 i、a 和辅音 n 合成

发音时，先发舌位高、唇形扁的 i 音，然后舌位逐渐降低，发出舌位靠前的 a 音，再升高，舌尖抵住下齿龈，气流从鼻腔出来发出鼻音 n。

词语练习：

| 连绵 | lián mián | 脸面 | liǎn miàn | 片面 | piàn miàn | 前线 | qián xiàn |
| 艰险 | jiān xiǎn | 面前 | miàn qián | 棉线 | mián xiàn | 腼腆 | miǎn tiǎn |

6. uan 由元音 u、a 和辅音 n 合成

发音时，先发舌位高、唇形圆的 u 音，然后舌位渐降，发出舌位靠前的 a 音，再升高，舌尖抵住下齿龈，气流从鼻腔出来发出鼻音 n。

词语练习：

| 传唤 | chuán huàn | 船员 | chuán yuán | 贯穿 | guàn chuān | 还原 | huán yuán |
| 宦官 | huàn guān | 转换 | zhuǎn huàn | 专断 | zhuān duàn | 专款 | zhuān kuǎn |

7. üan 由元音 ü、a 和辅音 n 合成

发音时，先发舌位前、高、嘴唇撮圆的 ü 音，接着舌位降低，发出舌位靠前的 a 音，然后舌位再升高，舌尖抵住下齿龈，鼻腔出气，发出鼻音 n。

（1）词语练习：

| 轩辕 | xuān yuán | 全权 | quán quán | 渊源 | yuān yuán |
| 源泉 | yuán quán | 圆圈 | yuán quān | 眷眷 | juàn juàn |

（2）绕口令练习：

山岩出山泉

山岩出山泉，

山泉源山岩，

山泉抱山岩，

山岩依山泉，

山泉冲山岩。

8. uen 由元音 u、e 和辅音 n 合成

发音时，舌位抬高接近软腭，发出轻短的 u 音，接着舌位降低，发位处于中间的 e 音，然后舌位升高，舌尖抵住齿龈，气流从鼻腔出来，发出鼻音 n。同声母相拼时，中间的 e 可以省略，简写为 un。

（1）词语练习：

| 春笋 | chūn sǔn | 温顺 | wēn shùn | 昆仑 | kūn lún |
| 伦敦 | lún dūn | 混沌 | hùn dùn | 馄饨 | hún tun |

（2）绕口令练习：

孙伦打靶

孙伦打靶真叫准，

半蹲射击特别神，

本是半路出家人，

摸爬滚打练成神。

（二）后鼻韵母

1. ang 由元音 a 和鼻辅音 ng 合成

发音时，舌头稍后缩，唇形不圆，发出 a 音，然后舌根接触软腭，气流改从鼻腔而出，发出鼻音 ng。

词语练习：

蟑螂	zhāng láng	张望	zhāng wàng	账房	zhàng fáng
厂房	chǎng fáng	苍茫	cāng máng	沧桑	cāng sāng
长廊	cháng láng	张榜	zhāng bǎng		

2. eng 由元音 e 和鼻辅音 ng 合成

发音时，先发稍低、稍前的 e 音，然后舌根抬起抵住软腭，气流从鼻腔出来，发出鼻音 ng。

（1）词语练习：

风筝	fēng zheng	冷风	lěng fēng	丰盛	fēng shèng
更正	gēng zhèng	征程	zhēng chéng	整风	zhěng fēng
声称	shēng chēng	升腾	shēng téng		

（2）绕口令练习：

台灯和屏风

郑政捧着盏台灯，
彭澎扛着架屏风，
彭澎让郑政扛屏风，
郑政让彭澎捧台灯。

3. ong 由元音 o 和鼻辅音 ng 合成

发音时，舌位半高，唇形圆，发出舌位介于 o、u 之音的 o 音，然后舌根接触软腭，气流改从鼻腔出，发出鼻音 ng。

（1）词语练习：

从容	cóng róng	隆重	lóng zhòng	通红	tōng hóng
空洞	kōng dòng	恐龙	kǒng lóng	轰动	hōng dòng
红松	hóng sōng				

（2）绕口令练习：

栽葱和栽松

冲冲栽了十畦葱，松松栽了十棵松。
冲冲说栽松不如栽葱，松松说栽葱不如栽松。
是栽松不如栽葱，还是栽葱不如栽松？

4. ing 由元音 i 和鼻辅音 ng 合成

发音时，舌面接近硬腭，唇形扁，发出 i 音，然后舌头后缩，舌根抬起抵住软腭，气流从鼻腔出来，发出鼻音 ng。

词语练习：

叮咛	dīng níng	听凭	tīng píng	倾听	qīng tīng
姓名	xìng míng	行营	xíng yíng	清明	qīng míng
命令	mìng lìng	性命	xìng mìng		

5. iang 由单元音 i、a 和鼻辅音 ng 合成

发音时，舌面接近硬腭，唇扁，发出轻轻的 i 音，然后发音动作和 ang 相同。

词语练习：

踉跄	liàng qiàng	强项	qiáng xiàng	想象	xiǎng xiàng
响亮	xiǎng liàng	湘江	xiāng jiāng	亮相	liàng xiāng
粮饷	liáng xiǎng	酱香	jiàng xiāng		

6. iong 由元音 i、o 和鼻辅音 ng 合成

发音时，先发一个轻短、唇形不太扁的 i 音，然后发音动作和 ong 相同。

词语练习：

| 熊熊 | xióng xióng | 茕茕 | qióng qióng |
| 汹涌 | xiōng yǒng | 炯炯 | jiǒng jiǒng |

7. uang 由元音 u、a 和鼻辅音 ng 合成

发音时，舌面隆起接近软腭，唇拢圆，发出轻短的 u 音，然后发音动作和 ang 相同。

词语练习：

矿床	kuàng chuáng	状况	zhuàng kuàng
装潢	zhuāng huáng	双簧	shuāng huáng
黄庄	huáng zhuāng	狂妄	kuáng wàng

8. ueng 由元音 u、e 和鼻辅音 ng 合成

发音时，先念轻短的 u 音，然后的发音动作和 eng 相同。这个韵母不跟其他声母相拼，只有一个自成音节，写作 weng。

词语练习：

渔翁	yú wēng	嗡嗡叫	wēng wēng jiào
翁婿	wēng xù	瓮城	wèng chéng
蓊郁	wěng yù	蕹菜	wèng cài

第四节　韵母辨正

一、ü 和 i 的辨正

普通话舌面音声母 j、q、x 能与齐齿呼、撮口呼韵母拼合，有些方言没有撮口呼韵母 ü，而是把 ü 念成 i，把 üe、üan、ün 念成 ie、ian、in，"区域"读出来像是"七亿"，"遇见"说成"意见"，"确实"说成"切实"，"拳头"说成"前头"，"白云"说成"白银"。

i 和 ü 都是舌面元音中的前元音、高元音，舌位是相同的，只是发音时唇形有区别。ü 是圆唇音，i 不是圆唇音。不会发 ü 的人可采取用 i 带出 ü 的方法，先发 i，舌头不要动，慢慢地把嘴唇拢圆，就是 ü。练好发音，多做辨音练习，还要知道哪些字音的韵母是 i、哪些字音的韵母是 ü。

容易混淆的 i 和 ü 两韵的常用字有 460 多个，其中 i 韵字约 330 个，ü 韵字约 130 个。根据记少不记多的原则，我们只要记住下边这些 ü 韵字（126 个）就可以了：

ju—jū 居、拘、鞠；jú 局、菊、橘、桔；jǔ 举；jù 巨、拒、距、炬、句、具、俱、惧、据、锯、聚、剧。

qu—qū 区、驱、躯、趋、曲（弯～）、屈、蛆；qú 渠；qǔ 取、娶、曲（歌～）；qù 去、趣。

xu—xū 须、需、虚、墟；xú 徐；xǔ 许；xù 序、婿、叙、绪、絮、续、畜（～牧）、蓄、恤、旭。

jue—juē 撅；jué 决、诀、抉、觉（～醒）、绝、掘、崛、爵、嚼（咀～）、蹶。

que—quē 缺；qué 瘸；què 却、确、雀、鹊、阙。

xue—xuē 靴、削（剥～）、薛；xué 学、穴；xuě 雪；xuè 血（～压）。

juan—juān 捐；juǎn 卷（～烟）；juàn 卷（第几～）、倦、圈（羊～）、眷、绢。

quan—juān 圈（～画）；quán 全、泉、拳、权；quǎn 犬；quàn 劝、券（入场～）。

xuan—xuān 宣、喧、暄；xuán 玄、旋（～转）、悬；xuǎn 选；xuàn 旋（风）、绚。

jun—jūn 军、均、君、菌（病～）；jùn 菌（香～）、俊、峻、竣、骏、浚。

qun—qún 群、裙。

xun—xūn 熏、勋；xún 旬、询、循、巡、寻；xùn 训、迅、汛、讯、逊、殉、驯。

【辨音训练】

1）词语练习：

i—ü

  器具　qì jù　　　纪律　jì lǜ
  起居　qǐ jū　　　戏剧　xì jù

u—i

  曲笔　qū bǐ　　　曲艺　qǔ yì
  举例　jǔ lì　　　聚集　jù jí

2）绕口令练习：

女小吕和女老李

体育局穿绿雨衣的女小吕，
去找穿绿运动衣的女老李。
穿绿雨衣的女小吕，
没找到穿绿运动衣的女老李，
穿绿运动衣的女老李，
也没见着穿绿雨衣的女小吕。

3）谜语：

（1）远看芝麻撒地，近看黑驴运米，不怕山高道路陡，只怕跌进热锅里。

（i、ü）（打一动物）

（2）没眼有眼力，不问东和西，带它走四海，方向永不迷。　　　（i）（打一物）

二、o、e、uo 的辨正

这几个韵母发音有些相近，有些方言中，o 和 e 分不清，或 o 和 uo 分不清。纠正的办法是利用普通话声韵拼合规律。普通话 b、p、m、f 不能与 e、uo 相拼合，只能与 o 相拼合，在普通话里 be、pe、me、fe、buo、puo、muo、fuo 之类的音节是不存在的。普通话舌根音 g、k、h 能与 e、uo 相拼，但不与 o 相拼，所以在普通话中，也不存在 go、ko、ho 之类的音节。另外，普通话 bo、po、mo、fo 和 ge、ke、he、guo、kuo、huo 之类的常用字也不多，列举如下：

bo—bō 玻、波、菠、播、拨、剥；bó 伯、泊、舶、脖、勃、搏、薄、驳、帛；bǒ 簸（～米）；bò 薄（～荷）、簸（～箕）。

po—pō 坡、颇、泼；pó 婆；pǒ 叵；pò 迫、破、魄、粕。

mo—mō 摸；mó 模、摹、磨、魔、膜；mǒ 抹；mò 磨（～面）、沫、末、陌、莫、漠、默、墨、没（～落）。

fo—fó 佛。

ge—gē 哥、歌、鸽、割、胳、疙；gé 格、阁、革、隔、膈；gě 葛；gè 个、各、铬。

ke—kē 科、棵、蝌、苛、颗；ké 咳；kě 可、渴；kè 客、课、刻、克。

he—hē 喝；hé 禾、和、河、何、合、核、涸；hè 贺、赫、鹤、喝（～采）。

guo—guō 锅、郭；guó 国、帼；guǒ 果、裹；guò 过。

kuo—kuò 阔、括、扩、廓。

huo—huō 豁；huó 活；huǒ 火；huò 祸、货、或、惑、获、霍、豁（～亮）。

【辨音训练】

1）词语练习：

o－e

　　墨色（mò sè）　波折（bō zhé）　破格（pò gé）　薄荷（bò he）

e－o

　　刻薄（kè bó）　胳膊（gē bo）　隔膜（gé mó）　折磨（zhé mó）

2）绕口令练习：

小何和小郭

小何养八哥，小郭逮蝈蝈。

小何说八哥比蝈蝈会唱歌，

小郭说蝈蝈比八哥会唱歌。

不知是八哥胜蝈蝈，还是蝈蝈胜八哥？

3) 谜语：
(1) 此物骨节多，天旱才下河，手摇或脚踩，它都会唱歌。　　　(e、uo)（打一家具）
(2) 兄弟生来三十多，先生弟弟后生哥，平常事情弟弟办，大事一来请哥哥。

(e、uo)（打一人体器官）

三、e 和 ê、ai 的辨正

当 e 与声母 zh、ch、sh、r、z、c、s、d、t、g、k、l 相拼时，不少地区把 e 发成 ê 或 ei。例如：

zhe—zhē 遮；zhé 折（～扣）、蛰、谪、辙、哲；zhě 褶、者；zhè 浙、蔗、这、柘。
che—chē 车；chě 扯；chè 澈、撤、彻、掣。
she—shē 奢、赊；shé 折（～本）、蛇、舌；shě 舍；shè 涉、社、设、赦、慑、摄、射、麝。
re—rě 惹；rè 热。
ze—zé 责、啧、则、泽、择；zè 仄。
ce—cè 策、测、侧、册、厕。
se—sè 涩、瑟、色、啬。
de—dé 得、德。
te—tè 特。
ge—gē 疙；gé 革、隔。
ke—kè 刻、克、客。
le—lè 勒。

【辨音训练】

1) 拼读下列词语，注意区分 e 与 ai。

德育 dé yù —待遇 dài yù　　　　测量 cè liáng —菜凉 cài liáng
上策 shàng cè —上菜 shàng cài　　特务 tè wù —态度 tài dù
得到 dé dào —带到 dài dào　　　侧重 cè zhòng —菜种 cài zhǒng
男客 nán kè —南开 nán kāi　　　革命 gé mìng —改名 gǎi míng
沼泽 zhǎo zé —遭灾 zāo zāi　　　攻克 gōng kè —公开 gōng kāi
刻章 kè zhāng —开张 kāi zhāng　折树 zhé shù —栽树 zāi shù
开车 kāi chē —开拆 kāi chāi　　韵辙 yùn zhé —韵窄 yùn zhǎi
遮花 zhē huā —摘花 zhāi huā　　撤除 chè chú —拆除 chāi chú
撕扯 sī chě —私拆 sī chāi　　　记者 jì zhě —记债 jì zhài
设置 shè zhì —晒制 shài zhì　　社会 shè huì —筛灰 shāi huī
计策 jì cè —计财 jì cái　　　　仄声 zè shēng —再生 zài shēng
责问 zé wèn —再问 zài wèn　　　润泽 rùn zé —运载 yùn zài

2) 读下面的词，注意不要把加点字的韵母 e 读成 ê。

勒令　获得　改革　独特　及格　客人　刻苦

吝啬	克服	折断	哲学	遮蔽	记者	原则
隔阂	艰涩	浙江	扯皮	撤退	彻底	奢侈
毒蛇	这里	萧瑟	口舌	交涉	建设	诗社
发射	拍摄	招惹	厕所	热心	光泽	选择
负责	观测	手册	白色	车辙		

3）绕口令练习。

搭石塔

白石搭石塔，白塔白石搭。
搭好白石塔，石塔白又大。

四、ei 和 uei 的辨正

1. 不要把ei读成uei

普通话韵母ei和l相拼时，不少地区把"雷、儡、垒、类、累、泪"等字的韵母错读成uei。练习朗读下列词语，注意区分ei和uei。

雷鸣	léi míng	傀儡	kuǐ lěi	堆垒	duī lěi	擂鼓	léi gǔ
磊落	lěi luò	积累	jī lěi	类别	lèi bié	泪水	lèi shuǐ

2. 不要把uei读成ei

练习下列词语，注意区分uei和ei。

堆积	duī jī	队长	duì zhǎng	兑换	duì huàn
推动	tuī dòng	大腿	dà tuǐ	蜕化	tuì huà
水位	shuǐ wèi	睡眠	shuì mián	税收	shuì shōu
嘴唇	zuǐ chún	最好	zuì hǎo	陶醉	táo zuì
摧毁	cuī huǐ	破碎	pò suì	催促	cuī cù
清脆	qīng cuì	虽然	suī rán	岁月	suì yuè

【辨音训练】

读下面的诗，注意加点字的读音。

嘴和腿

嘴说腿，腿说嘴，嘴说腿爱跑腿，
腿说嘴爱卖嘴。
光动嘴不动腿，光动腿不动嘴，
不如不长腿和嘴。

五、üe 和 üo（yo）的辨正

普通话读 üe 韵母的一部分字，部分地区读成 üo（yo）。例如：

üe— 约 yuē 月 yuè 乐 yuè 岳 yuè 悦 yuè 阅 yuè 越 yuè
que— 缺 quē 却 què 雀 què 确 què

jue— 觉 jué　决 jué　绝 jué
xue— 学 xué　削 xuē　雪 xuě

【辨音训练】

读词语辨音，注意区分 üe 和 üo（yo）。

约略 yuē lüè	公约 gōng yuē	学校 xué xiào
音乐 yīn yuè	正确 zhèng què	自觉 zì jué
锁钥 suǒ yào	五岳 wǔ yuè	退却 tuì què
麻雀 má què	削弱 xuē ruò	喜鹊 xǐ què
解决 jiě jué	雪月 xuě yuè	阅读 yuè dú

六、u 发音辨正

1. 不要把u读成 [ʮ]

部分地区在 u 与 zh、ch、sh、r 相拼时，将 u 读作 [ʮ]，普通话中无 [ʮ] 的发音。在发-i [ɿ] 时让嘴唇收圆就可以发出这个音。例如：

朱 zhū　猪 zhū　竹 zhú　主 zhǔ　住 zhù　出 chū
除 chú　楚 chǔ　处 chǔ　书 shū　薯 shǔ　树 shù

2. 不要把u读成ou

有些地区当 u 与 d、t、n、l、z、c、s、zh、ch、sh、r 等声母相拼时，往往把韵母 u 读成 ou。例如：

独 dú　怒 nù　苏 sū　术 shù　图 tú　路 lù
猪肉 zhū ròu　助手 zhù shǒu　书楼 shū lóu　锄头 chú tou

3. 不要把zh、ch、sh拼u发成j、q、x拼ü

有些地区当 u 与 zh、ch、sh、r 相拼时，全部发成单韵母 ü 的读音。例如：

猪 zhū（不读成 jū）　出 chū（不读成 qū）　书 shū（不读成 xū）

4. 不要把u读成uo

例如：

初 chū（不读成 chuō）　铸 zhù（不读成 zhuò）

另外，有的地方还把"俗"sú 错读成 xú。

七、前后鼻音韵母的辨正

在普通话的韵母系统中，有前鼻音韵母8个，后鼻音韵母8个，可以按照主要元音的不同分为两组。一组是 an、ian、uan、üan(前) 和 ang、iang、uang（后），另一组是 en、in、uen、ün(前) 和 eng、ing、ueng、ong、iong（后）。这后一组中的 ueng 只能自成音节，不与声母相拼，自成音节所表示的常用汉字也只有"翁""嗡""瓮"3个，所以辨正时不必提起。

（一）en、in、uen、ün 和 eng、ing、ong、iong

这一组前后鼻音不分的情况在很多方言中都存在。分辨的方法也是先练发音后说辨字。前鼻音韵母也叫舌尖鼻音韵母，收音是舌尖中音 n。后鼻音韵母也叫舌根鼻音韵母，收音是舌根音 ng。

区分这两种韵母的发音，一是看舌尖位置，二是看口形大小。舌尖鼻音韵母收音在 n，所以发音结束时舌尖停留在上齿龈上；舌根鼻音韵母收音在 ng，所以发音结束时舌尖停留在下牙床上。舌尖鼻音韵母发音时开口度小，收音时上下唇相互接近；舌根鼻音韵母发音时开口度大，收音时嘴是张开着的。

请根据发音要领对照发好这一组前后鼻音。不会发前鼻音 n 的可用 d、t 带出 n，即发 d 或 t 时舌尖不要从齿龈上放下来，也就是舌尖找到发 d 的位置停住，然后让气流从鼻腔送出，这就是 n 的本音。在练好 n 的基础上，再练 en、in、uen、ün 的发音。

至于哪些字归前鼻音、哪些字归后鼻音，分辨的方法与声母辨正差不多，仍是以利用声韵拼合规律和形声字偏旁类推为主。

1. 利用声韵拼合规律

（1）普通话 d、t、n、l 一般不与前鼻音韵母 en 相拼，例外字有：dèn "扽" 和 nèn "嫩" "恁"。除去这几个例外字，见到声母是 d、t、n、l 的字，都为后鼻音。这类常用字不多，列举如下（共 18 个）：

deng—dēng 登、灯、蹬；děng 等、戥；dèng 邓、凳、瞪、镫。

teng—tēng 腾（热~~）；téng 腾（~空而起）、誊、疼、藤。

neng—néng 能。

leng—léng 棱；lěng 冷；lèng 愣。

（2）普通话 d、t、n 不与前鼻音韵母 in 相拼，例外字只有一个 "您"。这样，凡方言中念 din、tin、nin 的字，除 "您"（nín）外，一律读后鼻音。这类常用字也不多（共 30 个）：

ding—dīng 丁、叮、钉（~子）、仃、盯、疔；dǐng 顶、鼎；dìng 定、订、锭、钉（~扣子）。

ting—tīng 听、厅；tíng 停、亭、廷、蜓、霆、婷；tǐng 挺、艇。

ning—níng 宁（~波）、咛、狞、凝；nìng 宁（~可）、泞、佞。

（3）普通话唇音声母 b、p、m 不能与后鼻音韵母 ong 拼合，凡方言中读 bong、pong、mong、fong 的字，其韵母都应该是 eng。这类常用字不多，列举如下（共 41 个）：

beng—bēng 崩、绷；béng 甭；bèng 蹦、泵、迸。

peng—pēng 烹；péng 朋、棚、硼、彭、膨、澎、篷、蓬；pěng 捧；pèng 碰。

meng—méng 蒙（~发）、朦、萌、盟；měng 猛、蒙（~古）；mèng 梦、孟（~子）。

feng—fēng 风、疯、峰、锋、蜂、烽、丰、封、枫；féng 冯、缝（~衣服）、逢；fěng 讽；fèng 奉、凤、缝（~隙）。

2. 利用形声字偏旁类推

例如，知道 "申" 是前鼻音韵母字，"生" 是后鼻音韵母字，那么，以 "申" 为声旁的 "伸、呻、绅、砷、神、审、婶、谉" 等都是前鼻音字，以 "生" 为声旁的 "牲、笙、甥、胜" 等都是后鼻音字。汉字常用字中，en 韵字少，eng 韵字多，根据记少不记多的原则，只需记住 en 韵字的偏旁类推代表字（共 16 个）就可以了：

门、刃、壬、分、本、申、珍、贞、艮、辰、枕、肯、参、贲、甚、真

另一组是 in 和 ing，in 韵字少，ing 韵字多，后者约是前者的两倍。我们也只需记住 in 韵的声旁代表字（共 15 个）就可以了：

心、今、斤、民、因、阴、尽、辛、林、侵、宾、堇、禽、禁、粦

掌握了以上两种方法，就能将绝大多数前后鼻音字分开，遇到个别分不开的，还可以查字典。

（二）an、ian、uan 和 ang、iang、uang

这一组前后鼻音韵母在有些方言中也有混同的情况，辨字的主要方法是利用声韵拼合规律。

1. 普通话中 b、p、m、d、t 只与 ian 拼合，不与 iang 拼合

没有 biang、piang 一类的音节，因此这些字的韵母只能是 ian 而不会是 iang。这类常用字也不多，列举如下：

bian—biān 边、编、鞭、蝙；biǎn 扁、匾、贬；biàn 变、便（方～）遍、辨、辩、辫。

pian—piān 偏、篇、翩；pián 便（～宜）；piàn 片、骗。

mian—mián 棉、绵、眠；miǎn 勉、免、娩、缅、冕；miàn 面。

dian—diān 颠、巅、滇、掂；diǎn 跕、点、典、碘；diàn 店、淀、垫、殿、甸、奠、佃、靛、玷。

tian—tiān 天、添；tián 田、填、甜、恬；tiǎn 舔。

2. 普通话中 d、t、n、l、z、c、s、r 不与后鼻音 uang 相拼

没有 duang、tuang、zuang、cuang 这样的音节，方言中读这种字音的字都应改读为 uan 韵字。此类 uan 韵常用字也可以列举如下（共 28 个）：

duan—duān 端；duǎn 短；duàn 断、段、锻、缎。

tuan—tuān 湍；tuán 团。

nuan—nuǎn 暖。

luan—luán 滦、銮、孪；luǎn 卵；luàn 乱。

zuan—zuān 钻（～营）；zuǎn 纂；zuàn 钻（～头、～石）。

cuan—cuān 撺、蹿、镩、氽；cuán 攒（～动）；cuàn 窜、篡。

suan—suān 酸；suàn 算、蒜。

ruan—ruǎn 软。

3. 普通话里没有与 üan 相对的后鼻音韵母 üang

方言里念 üang 韵的字应一律改读为 üan 韵字，这类常用字也不多，列举如下（共 51 个）：

üan—yuān 渊、冤、鸳；yuán 员、园、元、圆、原、援、袁、猿、辕、源、缘；yuǎn 远；yuàn 怨、院、苑、愿。

juan—juān 捐、娟、鹃；juǎn 卷（～起来）；juàn 卷（第一～）、圈（猪～）、倦、眷、绢。

quan—quān 圈（～点）；quán 全、泉、权、拳、痊、诠；quǎn 犬；quàn 劝、券（国库～）。

xuan—xuān 宣、喧、暄；xuán 旋（～转）、玄、悬；xuǎn 选、癣；xuàn 眩、绚、旋（～风）、炫、渲。

4. 普通话中韵母uang只与g、k、h、zh、ch、sh及零声母拼合

共有七组uang韵母字，"光、王、黄、皇、亡、荒"是声旁代表字。列举如下：

guang—guāng 光、咣、胱；guǎng 广、犷；guàng 桄、逛。
kuang—kuāng 匡、筐、诓；kuáng 狂；kuàng 况、矿、旷、框、眶。
huang—huāng 荒、慌；huáng 黄、皇、惶、蝗、凰、磺、璜、簧；huǎng 谎、恍、晃（～眼）、幌；huàng 晃（～动）。
zhuang—zhuāng 庄、装、妆、桩；zhuàng 壮、状、撞、幢。
chuang—chuāng 窗、疮、刨（伤）；chuáng 床、幢（人影～～）；chuǎng 闯；chuàng 创（造）、怆（悲～）。
shuang—shuāng 双、霜、孀；shuǎng 爽。
uang—uāng 汪；uáng 王、亡；uǎng 往、枉、网；uàng 望、忘、旺、妄。

【辨音训练】

1) 词语练习：

(1) 双音节对比练习。

en－eng
  诊治—整治 陈旧—成就 伸张—声张
  深思—生丝 吩咐—丰富 尘世—城市
  瓜分—刮风 木盆—木棚 人参—人生

in－ing
  频繁—平凡 禁止—静止 信服—幸福
  人民—人名 红心—红星 禁忌—竞技

un－ong
  炖肉—冻肉 水准—水肿 轮子—笼子
  依存—依从 困乏—空乏 春风—冲锋

(2) 双音节词语练习。

①前后字均为后鼻音韵母。

 风筝（fēng zheng） 红灯（hóng dēng） 京城（jīng chéng）
 警钟（jǐng zhōng） 征程（zhēng chéng） 兵营（bīng yíng）
 秉性（bǐng xìng） 病情（bìng qíng）

②前后字均为前鼻音韵母。

 昆仑（kūn lún） 身份（shēn fèn） 近邻（jìn lín） 民心（mín xīn）
 君臣（jūn chén） 晨昏（chén hūn） 薪金（xīn jīn） 论文（lùn wén）

③前字后鼻音韵母，后字前鼻音韵母。

 凌晨（líng chén） 城镇（chéng zhèn） 农村（nóng cūn）
 精神（jīng shén） 灵魂（líng hún） 成分（chéng fèn）
 征尘（zhēng chén） 成品（chéng pǐn）

④前字前鼻音韵母，后字后鼻音韵母。

  本能（běn néng） 阴晴（yīn qíng） 民兵（mín bīng）

  神经（shén jīng） 昆虫（kūn chóng） 人称（rén chēng）

  心情（xīn qíng） 晨星（chén xīng）

2）绕口令练习：

盆和棚

  天上一个盆，地下一个棚。

  盆碰棚，棚碰盆，棚倒了，盆碎了。

  是棚赔盆还是盆赔棚。

天津和北京

  天津和北京，津京两个音。

  一个是前鼻音，一个是后鼻音。

  你要分不清，请你注意听。

小琴和小青

  小琴手脚灵，轻手捉蜻蜓。

  小青人精明，天天学钢琴。

  擒蜻蜓，趁天晴，小琴晴天擒住大蜻蜓。

  学钢琴，趁年轻，小青精益求精练本领。

3）谜语：

(1) 兄弟十个肚里空，有皮无骨爱过冬。不怕风雪不怕冷，越冷它才越有用。

                           （ong、iong）（打一物）

(2) 看来很有分寸，满身带着斯文，可是从不律己，专门衡量别人。

                           （en、uen）（打一物）

(3) 大将百余名，坚守不出城，出城就放火，放火就没命。 （eng、ing）（打一物）

(4) 肚大腹中空，牛皮两面绷，高歌庆胜利，爱唱咚咚咚。 （ong、eng）（打一物）

(5) 看来有两人，面目很难分，不像是大夫，倒像是工人。   （en）（打一字）

(6) 虽有十张口，只有一颗心，要想猜出来，必须动脑筋。   （in）（打一字）

（三）ang、uang、ing 和 iang、eng、ong

分辨这两组后鼻音韵母，一是要学会 ang 组的发音，二是要记住 ang 组有哪些常用字。可以利用声韵拼合关系区分一批字音。

1. b、p、m、d、t 不与 iang 相拼，却可以和 ing 相拼

bing—bīng 冰、兵；bǐng 饼、秉、禀；bìng 病、并。

ping—píng 平、评、坪、苹、萍、瓶、凭、屏（～风）。

ming—míng 明、名、鸣、茗、铭、冥；mìng 命。

ding—dīng 丁、钉（～子）、叮、盯；dǐng 顶、鼎；dìng 订、钉（～扣子）、定。

ting—tīng 听、厅；tíng 亭、停、廷、庭、蜓；tǐng 挺、艇。

2. d、t、n、l、z、c、s、r 不与uang 相拼

能和这些声母相拼的字应念 ong 韵母。

dong—dōng 冬、东；dǒng 董、懂；dòng 洞、动、冻、栋。
tong—tōng 通；tóng 同、铜、桐、童、佟、彤；tǒng 桶、筒、统；tòng 痛。
nong—nóng 农、浓；nòng 弄。
long—lóng 龙、珑、胧、笼（灯~）、聋、隆；lǒng 垄、拢、笼（~罩）。
zong—zōng 宗、综、棕、踪、鬃；zǒng 总；zòng 纵。
cong—cōng 匆、葱、聪；cóng 从、丛。
song—sōng 松；sǒng 耸、怂；sòng 颂、送、诵、宋。
rong—róng 荣、容、溶、熔、蓉、绒、戎、融。

不符合以上两条声韵拼合关系的，就要注意做好对比发音练习。如 j、q、x 既与 iang 拼合，又可与 ing 拼合，如某些方言中"江"和"京"不分，都念"京"，那就要注意把"江、枪、香"和"京、青、星"分开。再如 g、k、h 既可与 uang 相拼，又能与 ong 相拼，某些方言中"光"和"工"都念成"工"，那就要注意把"光、筐、荒"和"工、空、轰"分开。

【辨音训练】

1）词语练习：

（1）双音节对比练习。

ang—eng
　　航行—横行　　商人—生人　　尝试—城市　　东方—东风
iang—ing
　　名将—明镜　　强行—情形　　同乡—童星　　枪膛—青藤
uang—ong
　　光明—功名　　打桩—打钟　　黄河—红河　　黄峰—洪峰

（2）双音节语音练习。

an—ang
　　班长（bān zhǎng）　　山冈（shān gāng）　　南方（nán fāng）
　　担当（dān dāng）　　伴郎（bàn láng）　　安康（ān kāng）
　　伴唱（bàn chàng）　　站岗（zhàn gǎng）

ang—an
　　当然（dāng rán）　　航班（háng bān）　　上班（shàng bān）
　　长衫（cháng shān）　　伤感（shāng gǎn）　　房产（fáng chǎn）
　　方案（fāng àn）　　伤寒（shāng hán）

ian—iang
　　边疆（biān jiāng）　　艳阳（yàn yáng）　　演讲（yǎn jiǎng）
　　健将（jiàn jiàng）　　现象（xiàn xiàng）　　点将（diǎn jiàng）
　　坚强（jiān qiáng）　　变量（biàn liàng）

iang—ian
  想念（xiǎng niàn） 养颜（yǎng yán） 扬鞭（yáng biān）
  凉面（liáng miàn） 香烟（xiāng yān） 江边（jiāng biān）
  强辩（qiáng biàn） 扬言（yáng yán）

uan—uang
  宽广（kuān guǎng） 观光（guān guāng） 端庄（duān zhuāng）
  软床（ruǎn chuáng） 观望（guān wàng） 罐装（guàn zhuāng）

uang—uan
  狂欢（kuáng huān） 王冠（wáng guān）
  光环（guāng huán） 慌乱（huāng luàn）

2）绕口令练习：

两判官

城隍庙内两判官，左边是潘判官，右边是庞判官。
不知是潘判官管庞判官，还是庞判官管潘判官。

长扁担，短扁担

长扁担，短扁担，
长扁担比短扁担长半扁担，
短扁担比长扁担短半扁担。

洞庭山上一根藤

东洞庭，西洞庭，洞庭山上一根藤，
藤上吊个大铜铃，风吹藤动铜铃响，
风停藤定铜铃静。

八、其他容易读错的韵母辨正

1. 不要把f拼ei读作fi或hui

例如：

飞了 肥料 药费 非 废 沸 痱 扉 绯 诽

2. 不要把ie读作ai、ê或üe

例如：

理解 浓烈 上街 买鞋 劣（liè，不读 lüè）

3. 不要把a读作ê或ua

例如：

他（tā，不读 tê） 妈（mā，不读 mê 或 mai） 发（fā，不读 hua）

4. 不要把o读作e或ai、ei、u

例如：

迫（pò，不读 pê 或 pāi） 伯伯（bóbo，不读 bāibai 或 bêbê）
墨（mò，不读 mê） 默契（mò qì，不读 mêqê）

陌（mò，不读 mê）

5. 不要把 i 读作 ei

例如：

笔（bǐ，不读 běi）　　离（lí，不读 léi）　　彼（bǐ，不读 běi）

6. 不要把 ü 读作 i 或 u

例如：

大鱼（dà yú，不读 dà yí）　　有趣（yǒu qù，不读 yǒu qì）

绿化（lǜ huà，不读 lù huà）

7. 不要把 ai 读作 ê

例如：

白菜（bái cài）　　百（bǎi）　　麦（mài）　　柏（bǎi）　　窄（zhǎi）

宅（zhái）　　拍（pāi）　　掰（bāi）　　脉（mài）　　拆（chāi）

摘（zhāi）　　奶（nǎi）

8. 不要把 ao 读作 uo 或 o

例如：

勺（sháo，不读 shuó）　　凿（záo，不读 zuó）

烙印（lào yìn，不读 luò yìn）

9. 不要把 ou 读作 u

例如：

否（fǒu，不读 fǔ）　　谋士（móu shì，不读 mú shì）

牟取（móu qǔ，不读 mú qǔ）　　眸（móu，不读 mú）

某（mǒu，不读 mǔ）　　帚（zhǒu，不读 zhú）

轴（zhóu，不读 zhú）　　妯（zhóu，不读 zhú）

10. 不要把 iao 读作 o

例如：

脚（jiǎo，不读 jǒ）　　角（jiǎo，不读 jǒ）　　药（yào 不读 yò）

11. 不要把 in 读作 iei

例如：

今（jīn，不读 jiēi）

12. 不要把 en 读作 ei

例如：

门（mén，不读 méi）

13. 不要把 uo 读作 uai 或 üe

例如：

获（huò，不读 huài）　　国（guó，不读 guái 或 guê）

说（shuō，不读 xuē 或 suê）

14. 不要把 ian 读作 uan

例如：

恋（liàn，不读 luàn）　　鲜（xiān，不读 xuān）

弦（xián，不读 xuán）

15. 不要把uen读作en或ün

例如：

吞（tūn，不读 tēn）　　　抡（lūn 不读 lūn）

16. 不要把ang读作uang

例如：

方（fāng）　房、防（fáng）　访（fǎng）　放（fàng）

17. 不要把eng读作ong或en

例如：

横（héng 不读 hóng 或 hén）

18. 不要把ing读作eng或iong或in

例如：

星（xīng，不读 xīn）　　　硬（yìng，不读 èng）
杏（xìng，不读 hèng）　　　倾（qīng，不读 qiōng）

19. 不要把ong读作iong

例如：

松（sōng，不读 xiōng）　　　龙（lóng，不读 lióng）
纵（zòng，不读 jiòng）

20. 辨正下列容易读错的字

刷（shuā，不读 fā）　　花（huā，不读 fā）　　雪（xuě，不读 suǒ）
决（jué，不读 jiáo）　　天（tiān，不读 tiā）　　宣（xuān，不读 xuā）
敦（dūn，不读 duì）　　黑（hēi，不读 hê）　　水（shuǐ，不读 fēi）
械（xiè，不读 jiè）　　选（xuǎn，不读 suǎn）　　晕（yūn，不读 yēi）
暖（nuǎn，不读 nǎn）　　永（yǒng，不读 róng）　　搬（bān，不读 bāi）

综合训练

1. 词语训练：

(1) 单韵母、复韵母、鼻韵母对比发音。

o—uo—ong—ueng　　　a—ai—an—ang　　　e—ei—en—eng
i—iu—in—ing　　　u—ui—un—ong　　　ü—üe—ün—iong
ê—ie—üe　　　ia—ian—iang　　　ua—uai—uan—uang

(2) 练习辨别一些容易混淆的韵母。

ai	改了 gǎi le	分派 fēn pài	稗子 bài zǐ
ei	给了 gěi le	分配 fēn pèi	被子 bèi zǐ
ao	考试 kǎo shì	稻子 dào zi	牢房 láo fáng
ou	口试 kǒu shì	豆子 dòu zi	楼房 lóu fáng
an	反问 fǎn wèn	一班 yī bān	寒露 hán lù
ang	访问 fǎng wèn	一帮 yì bāng	航路 háng lù
en	发闷 fā mēn	申明 shēn míng	诊治 zhěn zhì

eng	发蒙 fā mēng	声明 shēng míng	整治 zhěng zhì
in	水滨 shuǐ bīn	姓林 xìng lín	亲近 qīn jìn
ing	水兵 shuǐ bīng	姓凌 xìng líng	清静 qīng jìng
üan	疲倦 pí juàn	拳头 quán tou	一圈 yì quān
ian	皮件 pí jiàn	前头 qián tou	一千 yì qiān

（3）读准含有 e 韵母的词语。

倒戈 dǎo gē	棵子 kē zi	颗粒 kē lì	青稞 qīng kē
科学 kē xué	蝌蚪 kē dǒu	课本 kè běn	热烈 rè liè
特色 tè sè	禾苗 hé miáo	和平 hé píng	沟壑 gōu hè
快乐 kuài lè	走着 zǒu zhe	琴瑟 qín sè	疙瘩 gē dá
革新 gé xīn	格外 gé wài	隔离 gé lí	咳嗽 ké sou
克服 kè fú	刻苦 kè kǔ	客车 kè chē	核桃 hé tao
折价 zhé jià	哲学 zhé xué	这样 zhè yàng	蛰伏 zhé fú
褶皱 zhě zhòu	浙江 zhè jiāng	蔗糖 zhè táng	车辙 chē zhé
撤退 chè tuì	彻底 chè dǐ	扯皮 chě pí	奢侈 shē chǐ
舌头 shé tou	舍得 shě de	摄氏 shè shì	射击 shè jī
涉外 shè wài	社会 shè huì	设施 shè shī	赊账 shē zhàng
猞猁 shē lì	蛇蝎 shé xiē	姓佘 xìng shé	赦免 shè miǎn
舍下 shè xià	麝香 shè xiāng	热忱 rè chén	原则 yuán zé

（4）读准含有 ie 韵母的词语。

街道 jiē dào	阶级 jiē jí	解答 jiě dá	解剖 jiě pōu
介绍 jiè shào	芥末 jiè mo	疥疮 jiè chuāng	戒严 jiè yán
告诫 gào jiè	械斗 xiè dòu	界限 jiè xiàn	届时 jiè shí
鞋袜 xié wà	懈怠 xiè dài	蟹黄 xiè huáng	列车 liè chē
烈火 liè huǒ	裂缝 liè fèng	劣迹 liè jì	解决 jiě jué
讲解 jiǎng jiě	携带 xié dài	和谐 hé xié	台阶 tái jiē

（5）读准含有 üe 韵母的词语。

疟疾 nüè ji	确切 què qiè	退却 tuì què	商榷 shāng què
喜鹊 xǐ què	麻雀 má què	学问 xué wèn	约会 yuē huì
虐待 nüè dài	岳父 yuè fù	爵位 jué wèi	觉悟 jué wù
音乐 yīn yuè	决心 jué xīn	挖掘 wā jué	绝对 jué duì
缺点 quē diǎn	雪花 xuě huā	靴子 xuē zi	抉择 jué zé
学习 xué xí	六月 liù yuè	感觉 gǎn jué	跳跃 tiào yuè
公约 gōng yuē	喜悦 xǐ yuè	约略 yuē lüè	雀跃 què yuè

（6）读准含有 ei 韵母的词语。

非法 fēi fǎ	飞跃 fēi yuè	肥沃 féi wò	匪徒 fěi tú
诽谤 fěi bàng	肺病 fèi bìng	废墟 fèi xū	沸腾 fèi téng
费用 fèi yòng	狒狒 fèi fèi	扉页 fēi yè	妃子 fēi zi
斐然 fěi rán	翡翠 fěi cuì	痱子 fèi zi	蜚声 fēi shēng

(7) 读准含有 u 韵母的词语。

珠子 zhū zi	诸位 zhū wèi	主动 zhǔ dòng	住房 zhù fáng
注射 zhù shè	著作 zhù zuò	驻扎 zhù zhā	朱砂 zhū shā
蜘蛛 zhī zhū	侏儒 zhū rú	注音 zhù yīn	猪鬃 zhū zōng
出门 chū mén	厨房 chú fáng	除外 chú wài	处理 chǔ lǐ
橱窗 chú chuāng	处所 chù suǒ	书包 shū bāo	树木 shù mù
暑假 shǔ jià	鼠疫 shǔ yì	述说 shù shuō	竖立 shù lì

(8) 比较分辨下边各组词加点字的韵母读音。

① 分辨 i 和 ü：

有趣 qù—有气 qì　　　　　有缘 yuán—有盐 yán
预见 yù—意见 yì　　　　　一圈 quān—一千 qiān
效率 lǜ—效力 xiào　　　　全面 quán—前面 qián
名誉 yù—名义 yì　　　　　拒绝 jù jué—季节 jì jié

② 分辨 en 和 eng、in、ing，an 和 ang：

信服 xìn—幸福 xìng　　　　亲生 qīn—轻生 qīng
吩咐 fēn—丰富 fēng　　　　陈旧 chén—成就 chéng
弹词 tán—搪瓷 táng　　　　赞颂 zàn—葬送 zàng
盐水 yán—羊水 yáng　　　　鲜花 xiān—香花 xiāng

③ 分辨 e 和 uo，an 和 uan：

大锅 guō—大哥 gē　　　　　活口 huó—合口 hé
担子 dàn—段子 duàn　　　　暂时 zàn—钻石 zuàn
扯淡 dàn—扯断 duàn　　　　出岚 lán—山峦 luán

(9) 对比练读下列词语，注意 n 和 ng 的区别。

振奋—整风	深沉—生成	金蝉—经常	信心—行星	近臣—京城
饭庄—放荒	奸臣—江城	专款—状况	翻身—放生	分管—风光
现金—香精	宽展—狂长	翻印—放映	晨练—乘凉	分针—风筝
残联—苍凉	沉浸—成精	翻新—方兴	鲜艳—像样	分餐—封仓
脸盆—凉棚	赶紧—刚劲	现款—相框	显现—想象	金山—经商
宽限—狂想	善心—上刑	敛钱—两强	连心—良性	民心—明星
诞辰—当成	善战—上账	泛滥—放浪	恳谈—坑塘	健谈—姜汤
金钱—京腔	山涧—上将	分心—奉行	连贯—两广	贪婪—螳螂
陷身—相声	分完—蜂王	亲信—清醒	健身—降生	金环—惊慌
进言—敬仰	近邻—警铃	分身—丰盛	繁纷—放风	烦言—放羊
单产—当场	板眼—榜样	前线—强项	金银—经营	信民—姓名

(10) 对比发音。

稻苗—豆苗	小麦—小妹	老区—老妻	埋头—眉头	渠道—除掉
白云—白银	勾结—高洁	铁桥—铁球	摆布—北部	毛利—牟利
排场—赔偿	烧了—收了	名誉—名义	开课—开阔	燕子—院子
缘分—盐分	河面—和面	卖力—魅力	新书—心虚	柔软—悠远

2. 绕口令练习：

有个老头本姓顾

有个老头本姓顾，上街买醋带买布，
打了醋，买了布，抬头看见鹰和兔，
放下他的布，丢下他的醋，去捉鹰和兔。
回来不见他的醋和布，
飞了鹰，跑了兔，少了布，翻了醋。　　（u）

东西胡同南北走

东西胡同南北走，碰见一个人咬狗，
拿起狗来砸砖头，倒被砖头咬一口，
从来不说颠倒话，布袋驮着驴子走。　　（ou）

哥哥弟弟坡前坐

哥哥弟弟坡前坐，坡上卧着一只鹅，
坡下流着一条河。
哥哥说：宽宽的河；弟弟说：肥肥的鹅。
鹅要过河，河要渡鹅。不知是鹅过河，还是河渡鹅。　　（e、o）

小艾和小戴

小艾和小戴，一起来买菜。
小艾把一斤菜给小戴，小戴有比小艾多一倍的菜，
小戴把一斤菜给小艾，小艾小戴就有一般多的菜。
请你摸摸脑袋猜一猜，小艾小戴各买了多少菜？　　（ai）

3. 古诗词练习：

将进酒

李白

君不见，黄河之水天上来，奔流到海不复回。
君不见，高堂明镜悲白发，朝如青丝暮成雪。
人生得意须尽欢，莫使金樽空对月。
天生我材必有用，千金散尽还复来。
烹羊宰牛且为乐，会须一饮三百杯。
岑夫子，丹丘生，将进酒，杯莫停。
与君歌一曲，请君为我倾耳听。
钟鼓馔玉不足贵，但愿长醉不复醒。
古来圣贤皆寂寞，惟有饮者留其名。
陈王昔时宴平乐，斗酒十千恣欢谑。
主人何为言少钱，径须沽取对君酌。
五花马，千金裘，呼儿将出换美酒，
与尔同销万古愁。

石头城

刘禹锡

山围故国周遭在,潮打空城寂寞回。
淮水东边旧时月,夜深还过女墙来。

水调歌头

苏轼

明月几时有?把酒问青天。不知天上宫阙,今夕是何年。我欲乘风归去,又恐琼楼玉宇,高处不胜寒。起舞弄清影,何似在人间。

转朱阁,低绮户,照无眠。不应有恨,何事长向别时圆?人有悲欢离合,月有阴晴圆缺,此事古难全。但愿人长久,千里共婵娟。

满江红

岳飞

怒发冲冠,凭栏处,潇潇雨歇。抬望眼,仰天长啸,壮怀激烈。三十功名尘与土,八千里路云和月。莫等闲,白了少年头,空悲切!

靖康耻,犹未雪,臣子恨,何时灭?驾长车,踏破贺兰山缺。壮志饥餐胡虏肉,笑谈渴饮匈奴血。待从头,收拾旧山河,朝天阙。

长恨歌

白居易

汉皇重色思倾国,御宇多年求不得。杨家有女初长成,养在深闺人未识。
天生丽质难自弃,一朝选在君王侧。回眸一笑百媚生,六宫粉黛无颜色。
春寒赐浴华清池,温泉水滑洗凝脂。侍儿扶起娇无力,始是新承恩泽时。
云鬓花颜金步摇,芙蓉帐暖度春宵。春宵苦短日高起,从此君王不早朝。
承欢侍宴无闲暇,春从春游夜专夜。后宫佳丽三千人,三千宠爱在一身。
金屋妆成娇侍夜,玉楼宴罢醉和春。姊妹弟兄皆列土,可怜光彩生门户。
遂令天下父母心,不重生男重生女。骊宫高处入青云,仙乐风飘处处闻。
缓歌慢舞凝丝竹,尽日君王看不足。渔阳鼙鼓动地来,惊破霓裳羽衣曲。
九重城阙烟尘生,千乘万骑西南行。翠华摇摇行复止,西出都门百余里。
六军不发无奈何,宛转蛾眉马前死。花钿委地无人收,翠翘金雀玉搔头。
君王掩面救不得,回看血泪相和流。黄埃散漫风萧索,云栈萦纡登剑阁。
峨嵋山下少人行,旌旗无光日色薄。蜀江水碧蜀山青,圣主朝朝暮暮情。
行宫见月伤心色,夜雨闻铃肠断声。天旋地转回龙驭,到此踌躇不能去。
马嵬坡下泥土中,不见玉颜空死处。君臣相顾尽沾衣,东望都门信马归。
归来池苑皆依旧,太液芙蓉未央柳。芙蓉如面柳如眉,对此如何不泪垂。
春风桃李花开日,秋雨梧桐叶落时。西宫南内多秋草,落叶满阶红不扫。
梨园弟子白发新,椒房阿监青娥老。夕殿萤飞思悄然,孤灯挑尽未成眠。

迟迟钟鼓初长夜，耿耿星河欲曙天。鸳鸯瓦冷霜华重，翡翠衾寒谁与共。
悠悠生死别经年，魂魄不曾来入梦。临邛道士鸿都客，能以精诚致魂魄。
为感君王辗转思，遂教方士殷勤觅。排空驭气奔如电，升天入地求之遍。
上穷碧落下黄泉，两处茫茫皆不见。忽闻海上有仙山，山在虚无缥渺间。
楼阁玲珑五云起，其中绰约多仙子。中有一人字太真，雪肤花貌参差是。
金阙西厢叩玉扃，转教小玉报双成。闻道汉家天子使，九华帐里梦魂惊。
揽衣推枕起徘徊，珠箔银屏迤逦开。云鬓半偏新睡觉，花冠不整下堂来。
风吹仙袂飘飘举，犹似霓裳羽衣舞。玉容寂寞泪阑干，梨花一枝春带雨。
含情凝睇谢君王，一别音容两渺茫。昭阳殿里恩爱绝，蓬莱宫中日月长。
回头下望人寰处，不见长安见尘雾。惟将旧物表深情，钿合金钗寄将去。
钗留一股合一扇，钗擘黄金合分钿。但教心似金钿坚，天上人间会相见。
临别殷勤重寄词，词中有誓两心知。七月七日长生殿，夜半无人私语时。
在天愿作比翼鸟，在地愿为连理枝。天长地久有时尽，此恨绵绵无绝期。

第五章

声　调

第一节　声调的性质和作用

汉语普通话是世界上最美妙的语言之一。且不说它词汇表意的精确性，单从语音上看，和其他语言相比，普通话更具有音乐美，而这种美主要体现在普通话的声调上。

一、声调的性质

汉语字音高低升降的调子就是声调，也叫字调。声调与音长、音强都有关系，但本质上是由音高决定的。音高的变化，从生理性质的角度分析，是发音时声带的松紧造成的。声带松，气流冲击时音波颤动次数少，频率小，声音就低；反之则高。如果声带由松到紧，声音就由低变高；反之，声带由紧到松，声音则由高变低。因此，控制声带松紧就可以形成不同的音高，也就构成了不同的声调。

声调是音节的高低升降形式，与音乐中的音阶相似，它主要是由音高决定的。因此，声调可以用音阶来模拟，学习声调也可以借助于自己的音乐感。但要注意，声调的音高是相对的，是通过互相比较而区别出来的高低升降类型。如"吸收"和"细瘦"相比，前者声调高平，后者声调高降。这种音高与发音人起音的高低无关，与情绪的高涨或低落无关，也不因男女老幼语音的高低而影响理解，因而是相对音高。

声调是指一个音节高低升降的变化。比如，"妈、麻、马、骂"四个音节的差异，就在于高低升降的变化不同。

声调的变化主要取决于音高，和音长也有关系。从声调形成的物理特征看，声调的音高变化，与声带的松紧及单位时间内声带振动的频率有关。声带拉紧，振动快，声音就高；反之则低。而声调的音高又是相对的。比如，说普通话的人，每个人都有自己的〔55〕、〔35〕等调值，但儿童声音的绝对音高大大高于一般成年人。

声调音高的变化是渐变的、滑动的,而不是跳跃的,它类似在胡琴或提琴上拉出的滑音。

二、声调的作用

汉语是有声调的语言,声调反映着普通话或任何一种汉语方言语言的基本特征。它是汉语音节结构中不可缺少的重要因素。相同的语音,声调不同,表达的意义就不同,例如:衣 yī、移 yí、椅 yǐ、易 yì,买 mǎi、卖 mài 就是由声调的不同来区分的。又如"死角 sǐ jiǎo"和"四角 sì jiǎo""五一 wǔ yī"和"武艺 wǔ yì",等等,也要根据声调的不同来进行辨别。

声调的主要作用是区别意义。比如,"衣、姨、椅、义"的意义不同,就是声调的不同造成的。又比如,"抢手≠枪手""流向≠六箱",这两组词语声母韵母相同,语义有别,也是声调的不同所致。声调的平仄抑扬、高低升降,不断变化,使普通话的音节抑扬顿挫、起伏有致,从而赋予汉语独特的音乐美和节奏感,增强了有声语言的感染力。声调的"平",是指古四声中的平声。古平声已演变成普通话中的阴平和阳平。仄,即不平,是古四声中"上、去、入"三声的总称。

我国戏曲、曲艺、歌词与诗词中普遍运用上仄下平的规律。平仄交错或对仗,抑扬相配,变化有致,如"弯弯的月儿小小的船,小小的船儿两头儿尖",如果没有这种声调变化,听起来就不会有音乐美。

汉语是有声调的语言,声调反映着普通话或任何一种汉语方言语音的基本特征。因此我们可以说,声调作为能区别意义的音高变化,它在汉语语音系统中具有特殊的重要地位。

第二节 声调的调值、调类和调号

声调是依附在音节上、发生在一定时间内、由声带颤动频率的高低长短变化来辨义的语音现象。在发音过程中,声带可以随时调整:有时可以一直绷紧,有时可以先放松后绷紧,或先绷紧后放松,有时可以松紧相间。这样造成的不同音高变化,就构成了各种不同的声调。

一、调值

声调的高低、升降、曲直、长短的实际发音叫调值。汉语声调的调值一般采用五度标记法来表示。如图 5-1 所示,用一条竖线表示"音高",将它分成四格五度,表示低、半低、中、半高、高,分别用 1、2、3、4、5 表示。然后再在竖线左侧用横线、斜线、曲线来表示声调升降曲直的实际类型。普通话中的四种声调就可以表示为表 5-1 中的形式:

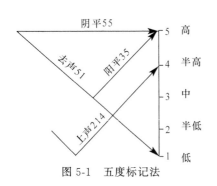

图 5-1 五度标记法

表 5-1　普通话声调表

调类（四声）	调号	例字	调型	调值	调值说明
1. 阴平	-（ˉ）	妈 mā	高平	55	起音高高一路平
2. 阳平	´（ˊ）	麻 má	中升	35	由中到高往上升
3. 上声	ˇ（ˇ）	马 mǎ	降升	214	先降后升曲折起
4. 去声	`（ˋ）	骂 mà	全降	51	高起猛降到底层

1. 阴平

念高平，用五度标记法来表示，就是从 5 到 5，写作〔55〕。声带绷到最紧，始终无明显变化，保持音高。例如：

　　珍惜光阴　青春光辉　春天花开　公司通知　新屋出租

2. 阳平

念高升（或称中升），起音比阴平稍低，然后升到高。用五度标记法表示，就是从 3 升到 5，写作〔35〕。声带从不松不紧开始，逐步绷紧，直到最紧，声音从不低不高到最高。例如：

　　豪情昂扬　人民团结　回国华侨　连年和平　牛羊成群

3. 上（shǎng）声

念降升，起音半低，先降后升，用五度标记法表示，是从 2 降到 1 再升到 4，写作〔214〕。声带从略微有些紧张开始，立刻松弛下来，稍稍延长，然后迅速绷紧，但没有绷到最紧。例如：

　　彼此理解　理想美满　永远友好　处理稳妥　远景美好

4. 去声

念高降（或称全降），起音高，接着往下滑，用五度标记法表示，是从 5 降到 1，写作〔51〕。声带从紧开始到完全松弛为止，声音从高到低，音长是最短的。例如：

　　变幻莫测　日夜奋战　报告胜利　创造利润　胜利在望

二、调类

调类是指声调的种类，是根据声调的实际读法归纳出来的，有几种实际读法就有几种调类，也就是把调值相同的归为一类。普通话有四种基本的调值，因而有四个调类。普通话音节中，调值为高平〔55〕的，归为一类，叫阴平；调值为中升〔35〕的，归为一类，叫阳平；调值为降升〔214〕的，归为一类，叫上声；调值为全降〔51〕的，归为一类，叫去声。阴平、阳平、上声、去声就是普通话调类的名称。调类名称也可以用序数表示，称为一声、二声、三声、四声，简称为"四声"。

调类和调值的关系是紧密相连的，在同一种方言里，有几种调值，就有几种调类，它们之间是一种名和实的关系。调类——声调的名称；调值——声调的实际读法。

三、调号

调号就是标记普通话调类的符号。汉语拼音方案所规定的调号是：阴平"-"、阳平

"╱"、上声"ˇ"、去声"ˋ"，这些符号的形状象征着调值的升降变化。声调是整个音节高低升降的调子，声调的高低变化集中体现在韵腹（即主要元音）上。所以调号要标在韵母的主要元音上。

汉语 6 个单元音中，发音最响亮的是 a，依次是 o，e，i，u，ü。一个音节有 a，调号就标在 a 上，如 dào，kuài，jiāo；没有 a，就标在 o 或 e 上，如 chōu，méi；碰到 iu、ui 组成的音节，应标在最后一个元音上，如 xiù，tuī。调号恰巧在 i 上面时，那么 i 上的小点可省去，如 yī，xīn。轻声音节不标调，如 zhuozi（桌子），wǎnshang（晚上），hǎo ma（好吗），pútao（葡萄）。下面一首顺口溜可以帮助我们记住标调的方法：

a 母出现莫放过，没有 a 母找 o、e；

i、u 都有标在后，i 上标调把点抹；

单个韵母头上画，轻声音节不标调。

为了记忆方便，以免写错，习惯上把四声归纳成四句话：一声平，二声扬，三声拐弯，四声降。

四、声调的训练方法

1. 调值比较训练法

在教师的指导下，在反复练读中比较普通话四声调型的不同调值，掌握普通话的正确调值区域，培养听辨能力，矫正发音。

2. 听调辨音训练法

教师读出某个汉字声调的调值特点，并作适当夸张，念得响一些、慢一些（同时采用手势辅助），以显示声调的音高变化，让学生听辨并说出调类。学生有了听辨能力，就能通过听收音机、录音带或看电视等有声途径高效率地自学普通话。

3. 手势助读训练法

声调发音时，教师运用手势表示声调的平、升、曲、降，运用手势，把握音高的变化，形象地引导学生读准声调。

4. 看调发音训练法

学生看着调号，依据调号大致显示的音高变化读准声调。

5. 记住四声的发音口诀

阴平起音高平莫低昂，气势平均不紧张。

阳平从中起音向上扬，用气弱起逐渐强。

上声先降转上挑，降时气稳扬时强。

去声高起直下降，降时到弱要通畅。

6. 遵循声调训练步骤

（1）知：明确各种声调的音高变化特点。

（2）听：听辨调类并随读。

（3）读：自己练读声调。

（4）变：掌握变调规律（详见第七章）。

（5）记：记住常用汉字声调。

第三节 声调辨正

各种方言和普通话之间，声调有很大差别。声调对学习普通话的人来说是重点，也是难点。要想学好普通话声调，首先必须念准普通话四个声调的调值，既要清楚地念出平、升、曲、降的区别，又要掌握好高低升降的程度。

普通话有四个声调，按照音韵学分为阴平、阳平、上声、去声四个调类。从实际的读音来看，阴平读得高而平，调值是〔55〕；阳平是个中升调，调值是〔35〕；上声是个以低降为主的曲折调，调值是〔214〕；去声由高到低，是个降调。一些地方方言大都也有阴平、阳平、上声、去声四个调类，除入声字外，其他字的归类与普通话大体一致，但实际读音（即调值）不同。他们在说汉语时的声调调值，大都是以本地语言的调值为基础，并参照当地汉语方言声调的调值而形成的特定读法。这些都给学习普通话声调带来较大的困难：首先是发不准普通话四声的调值，尤其以上声与阳平的混读最为严重。其次是在碰到具体的字词时不知道应该读哪一个声调。知道普通话的读法，就按照普通话的调值读，不知道的就按照当地汉语方言的调值读。这样在一句话或一段话中，往往出现普通话和当地方言同时混读的现象，听起来很不自然。有的人这种混读现象较轻，有的人这种混读现象较重，甚至不能进行有效的交际。

要解决这些问题，首先是克服畏难情绪，增强学好普通话的信心。同时也要了解一定的语音学知识，以求提高认识，克服困难。

任何人对自己语言或方言中的声调都很敏感，他们能够听出调值的不同并以此区别不同的意义，而对其他语言或方言中的声调常常"充耳不闻"，不能进行有效的区别和归类。这并不是个人的耳朵有什么毛病，而是语音系统受约定俗成的社会习惯制约的反映，是语音的心理性质受社会性质制约的反映。同一语音现象在不同的语音系统中可以有不同的感知。通过训练，这种情况是可以改变的。

汉语普通话或方言的声调，都是相对音高的变化，不是绝对音高的变化。因而任何一个声调的具体读音（即调值），只有放在一定的声调系统中才有意义。只有同时与本语言中的其他声调相比较，才能具体地感知出它的调值，才不会把它与别的声调相混淆。普通话的四个声调是没有意义的。不变换整个声调的调值系统，只变换某几个字音或某一两个声调的读音，其结果是调值系统的混读。学习普通话声调，对说汉语方言的人来说，最重要的是整个调值系统的改换，或者是整个声调调值系统的重新学习。

从具体的训练实践来看，在学习普通话的调值系统时，遇到的具体问题是某些声调的调值发不准，最容易发的是普通话的阴平，其次是去声。阳平较难发一些，有的人往往读成中平调或中降调，但只要强调阳平升的趋势，一般也能发准。最困难的是上声。一般的情况是把上声发得像略低一点的阳平或者直接等同于阳平。也有少数人把阳平读得像上声。在这里，五度标记法就显得非常重要。普通话阳平的调值是〔35〕，上声的调值是〔214〕，如果没有低音〔1〕或低音〔1〕读得不明显，〔24〕与〔35〕就很容易相混。容易把普通话阳平与上声混读的人，首先应感知出阳平与上声的区别，特别要感知出〔214〕中〔1〕的存在。在明显感知出二者的区别以后，应把阳平与上声排在一起进行对比练习。

阳平调的末尾应当尽量读得高一些。上声是以低降为主的调型，低的部分应当尽量读得低一些，读的时间也应长一些。在发不准〔214〕的时候，可先发半上声〔21〕或〔211〕，在明显区分开阳平后，再加上调尾升到4的部分。如果一加上又与阳平混淆，可先暂时不加。因为在绝大多数语音环境中，上声出现的调值是〔21〕而不是〔214〕。〔214〕只是在词末或单独念时出现。

在发准普通话四声后，应反复做大量的替换对比练习，加强普通话声调的整体印象模式，使之形成习惯，以后一看见调号，便可脱口而出。在牢固建立起普通话声调模式后，可多读一些带有拼音的口语材料。

【辨音训练】

1) 词语练习。

(1) 单音节词。

下面这些单音节词中，多音词以△号表示，练习时要注意体会声调的不同。

【A】凹 āo

【B】蚌 bàng△ 胞 bāo 碑 bēi 嘣 bēng 镖 biāo

【C】揣 chuāi△ 踹 chuài

【D】沓 dá△ 逮 dǎi△ 挡 dǎng

【H】鹤 hè

【K】槛 kǎn△ 铐 kào 嗑 kè△ 克 ke

【L】梨 lí 犁 lí

【N】捺 nà 钠 nà 纳 nà 蝻 nǎn 囊 nāng△ 囊 náng△ 攮 nǎng
挠 náo 铙 náo 恼 nǎo 脑 nǎo 那 nèi△ 鲵 ní 尼 ní
溺 nì 逆 nì 腻 nì 拈 niān 蔫 niān 黏 nián 碾 niǎn 聂 niè
蹑 niè 啮 niè 镍 niè 宁 níng△ 凝 níng 妞 niū 纽 niǔ
拗 niù△ 农 nóng 脓 nóng 弩 nǔ 努 nǔ 虐 nüè

【O】区 ōu△ 鸥 ōu 欧 ōu 藕 ǒu 偶 ǒu 沤 òu

【P】拍 pāi 潘 pān 判 pàn 膀 pāng△ 泡 pào△ 嘭 pēng 瞟 piǎo

【Q】俏 qiào 妾 qiè 秦 qín 蛆 qū

【R】纫 rèn

【S】撒 sā△ 鳃 sāi 臊 sāo△ 涩 sè 膻 shān 扇 shàn△ 骟 shàn
苫 shàn△ 垧 shǎng 晌 shǎng 尚 shàng△ 勺 sháo 潲 shào
邵 shào 佘 shé 舌 shé 谁 shéi△ 申 shēn 沈 shěn 婶 shěn
肾 shèn 笙 shēng 石 shí△ 熟 shóu 漱 shù 闩 shuān 涮 shuàn
舜 shùn 司 sī 宋 sòng 苏 sū 粟 sù 隋 suí 孙 sūn 索 suǒ

【T】她 tā 拓 tà△ 榻 tà 苔 tāi△ 瘫 tān 唐 táng 膛 táng 淌 tǎng
涛 tāo 梯 tī 屉 tì 舔 tiǎn 童 tóng 佟 tóng 褪 tuì 砣 tuó

【W】蛙 wā 剜 wān 蔓 wàn△ 旺 wàng 伪 wěi 委 wěi 魏 wèi
卫 wèi 邬 wū 吴 wú 武 wǔ 捂 wǔ 午 wǔ

【X】习 xí 洗 xiǎn 襄 xiāng 降 xiáng△ 相 xiàng△ 肖 xiāo△ 宵 xiāo

萧 xiāo　箫 xiāo　谢 xiè　蟹 xiè　邢 xíng　徐 xú　絮 xù　婿 xù　宣 xuān
癣 xuǎn　薛 xuē　旬 xún　荀 xún

【Y】哑 yǎ　腌 yān△　雁 yàn　喑 yàn　秧 yāng　杨 yáng　姚 yáo　药 yào
掖 yē　爷 yé　叶 yè　御 yù　晕 yūn△　恽 yùn　郓 yùn

【Z】扎 zā△　曾 zēng△　铡 zhá　诈 zhà　赵 zhào　蛰 zhé　辙 zhé　褶 zhě
浙 zhè　枕 zhěn　郑 zhèng　痣 zhì　轴 zhóu△　绉 zhòu　朱 zhū　浊 zhuó

（2）双音节词。

①双音节连上词。

【A】矮小

【B】把柄　靶场　把守　板斧　板眼　保姆　保守　保险　保养　堡垒　饱满
北纬　本领　本土　绷脸　彼此　笔法　笔者　匕首　比拟　比武　扁柏
表尺　补给　补角　补考　补品　补养　补语　补选

【C】采访　采暖　采取　采种　踩水　彩礼　草本　草草　草稿　草莽　草拟
草体　草写　草纸　产品　场景　场所　厂长　炒米　吵嚷　吵嘴　扯谎
耻辱　尺码　楚楚　处理　处女　处暑　处死　蠢蠢

【D】打盹　打鼓　打滚　打扰　打扫　倒把　倒手　捣鬼　捣毁　导管　导体
导演　岛屿　底稿　诋毁　抵挡　典礼　典雅　碘酒　顶点　顶嘴　斗胆
抖擞　赌本　短跑　躲闪

【E】耳语

【F】法宝　法网　法语　砝码　反比　反悔　反感　反响　反省　仿古　匪首
粉笔　辅导　府邸　俯角　腐乳　腐朽　抚养　辅佐

【G】改悔　改口　改写　改选　改组　赶巧　赶走　感慨　感染　感想　港口
搞鬼　给以　耿耿　梗死　梗阻　拱手　苟且　枸杞　古典　古董　古老
古朴　骨髓　谷雨　拐角　管保　管理　广场　鬼脸　果脯

【H】海产　海岛　海底　海港　海里　海马　海米　海藻　好比　好感　好久
好手　好转　虎口　缓缓　悔改　火把　火海　火警　火腿　火种

【J】给养　给予　甲板　假使　假死　检举　检讨　简短　剪纸　减产　减法
减免　减少　检点　俭朴　俭省　奖品　讲稿　讲解　讲理　讲演　搅扰
解体　仅仅　酒鬼　久仰　久远　举止　矩尺　圈尺

【K】卡尺　咯血　楷体　坎坷　考场　考古　考取　拷打　可鄙　可耻　可好
可口　可巧　可取　可体　可喜　可以　恳请　口齿　口角　口紧　口水
口吻　口语　苦楚　苦胆　苦海　苦恼　苦水　傀儡　捆绑

【L】懒散　朗朗　老板　老虎　老茧　老手　老鼠　老小　冷场　冷暖　冷水
冷眼　冷饮　理睬　理解　理想　礼品　脸谱　两可　两手　了解　凛凛
领导　领海　领口　领取　领土　笼统　鲁莽　旅馆

【M】马脚　玛瑙　蚂蚁　美感　美好　美满　米酒　勉强　腼腆　渺小　敏感
母语　拇指

【N】奶粉　奶水　奶嘴　脑海　脑髓　恼火　拟稿　扭转　女子　努嘴

【O】偶尔　藕粉

【P】 跑表　跑马　跑腿儿　捧场　漂染　撇嘴　品种　谱表　谱曲　谱写　普选
【Q】 启齿　乞讨　起笔　起点　起稿　遣返　抢险　抢嘴　襁褓　请柬　取巧
　　 取舍　龋齿　曲谱　犬齿　犬马
【R】 染指　乳母　软骨
【S】 赏脸　审美　使馆　使者　矢口　始祖　手笔　手感　手巧　手软　手写
　　 手癣　首府　甩手　爽口　爽朗　水笔　水产　水果　水火　水碱　水鸟
　　 水肿　死板　死党　索取　索引　所属　所以　所有　锁骨
【T】 倘使　躺椅　讨好　讨巧　体检　体统　体癣　铁板　铁笔　铁饼　铁甲
　　 铁水　铁索　铁塔　挺举　统属　统统　土产　土法　土匪　土改　土壤
　　 吐口　腿脚
【W】 瓦解　婉转　晚场　晚点　晚景　枉法　往返　往往　萎靡　委婉　猥琐
　　 尾骨　稳妥　武打　五彩　舞场　舞蹈　舞女　舞曲　五谷　侮辱　五指
【X】 洗澡　喜酒　喜雨　洗礼　洗手　洗雪　显眼　显影　险阻　想法　享有
　　 小楷　小脑　小米　小跑　小品　小巧　小曲儿　小写　小雨　小组　写法
　　 选本　选举　选取　选手　选种　雪耻
【Y】 哑场　演讲　掩体　眼底　眼睑　养老　仰角　仰泳　窈窕　野史　也许
　　 以免　以远　饮水　引导　引起　隐语　影响　有点　有鬼　有理　有请
　　 友好　予以　雨水　语法　远古　远景　远祖　允许
【Z】 早场　辗转　掌管　掌嘴　长子　诊所　整理　整体　咫尺　纸板　纸捻
　　 指导　主旨　转角　转脸　走板　走访　走狗　走火　走眼　阻挡　嘴角
　　 嘴脸　左手

② 双音节变换。
阴平＋阴平
　青春　交通　标兵　歌星　安装　专心　消失　通知
阴平＋阳平
　窗帘　飞碟　安全　姻缘　征求　新年　区别　超前
阴平＋上声
　真理　邀请　工厂　标语　加法　家属　优美　英勇
阴平＋去声
　招待　亲切　书店　发动　声调　安静　猜测　商店
阳平＋阴平
　承包　房东　南方　鱼缸　年青　熊猫　提高　传单
阳平＋阳平
　园林　船员　服从　平常　流行　排球　文明　潮流
阳平＋上声
　防止　停止　长久　全体　田野　明显　节省　河水
阳平＋去声
　提倡　全面　煤气　矛盾　合计　文字　行动　严肃

上声＋阴平
　　捕捉　两天　体温　统一　水清　远山　土堆　有风
上声＋阳平
　　仿佛　主席　保持　取得　感觉　转移　阐明　免除
上声＋上声
　　美好　小岛　水鸟　厂长　冷水　米粉　表演　奖赏
上声＋去声
　　稳定　好像　主要　使用　反应　指示　赶快　软件
去声＋阴平
　　报刊　变声　菜汤　故乡　畅销　动机　化工　快餐
去声＋阳平
　　配合　证明　大局　对联　事实　尽职　漫谈　月球
去声＋上声
　　地铁　地理　默写　物理　市场　政府　带领　电脑
去声＋去声
　　梦幻　抱歉　记忆　状况　志愿　贺电　电器　浪费

③双音节对比。
阴平—阳平

欺（qī）人—旗（qí）人　　　　　呼（hū）喊—胡（hú）喊
知（zhī）道—直（zhí）道　　　　掰（bāi）开—白（bái）开
包（bāo）子—雹（báo）子　　　　大锅（guō）—大国（guó）
拍（pāi）球—排（pái）球　　　　窗（chuāng）帘—床（chuáng）帘
大哥（gē）—大格（gé）　　　　　抽（chōu）丝—愁（chóu）思
小蛙（wā）—小娃（wá）　　　　　大川（chuān）—大船（chuán）
放青（qīng）—放晴（qíng）　　　开初（chū）—开除（chú）
抹（mā）布—麻（má）布　　　　　猎枪（qiāng）—列强（qiáng）

阳平—上声

好麻（má）—好马（mǎ）　　　　　土肥（féi）—土匪（fěi）
战国（guó）—战果（guǒ）　　　　小乔（qiáo）—小巧（qiǎo）
返回（huí）—反悔（huǐ）　　　　老胡（hú）—老虎（hǔ）
牧童（tóng）—木桶（tǒng）　　　大学（xué）—大雪（xuě）
菊（jú）花—举（jǔ）花　　　　　直（zhí）绳—纸（zhǐ）绳
白（bái）色—百（bǎi）色　　　　洋（yáng）油—仰（yǎng）游
琴（qín）室—寝（qǐn）室　　　　情（qíng）调—请（qǐng）调
骑（qí）马—起（qǐ）码　　　　　油（yóu）井—有（yǒu）井

阳平—去声

大麻（má）—大骂（mà）　　　　　小格（gé）—小个（gè）
正直（zhí）—政治（zhì）　　　　发愁（chóu）—发臭（chòu）
布娃（wá）—布袜（wà）　　　　　斗奇（qí）—斗气（qì）

同情（qíng）—同庆（qìng）　　荆棘（jí）—经纪（jì）
瓷（cí）碗—次（cì）碗　　　白（bái）军—败（bài）军
肥（féi）料—废（fèi）料　　　协（xié）议—谢（xiè）意
凡（fán）人—犯（fàn）人　　　钱（qián）款—欠（qiàn）款
糖（táng）酒—烫（tàng）酒　　壶（hú）口—户（hù）口

(3) 多音节词。

①四声顺序。

　　千锤百炼　瓜田李下　花红柳绿　高朋满座
　　阴阳上去　风调雨顺

②四声逆序。

　　妙手回春　墨守成规　字里行间　异曲同工
　　弄巧成拙　信以为真

③阴平相连。

　　息息相关　攀登高峰　中央机关　东风飘香

④阳平相连。

　　竹林乘凉　严格执行　轮流划船　豪情昂扬

⑤去声相连。

　　正确判断　胜利在望　电报挂号　变幻莫测

⑥四声混合。

　　精卫填海　美中不足　天南地北　畅通无阻
　　持之有故　营私舞弊

2）古诗词练习。

凉州词

王翰

葡萄美酒夜光杯，
欲饮琵琶马上催。
醉卧沙场君莫笑，
古来征战几人回？

月下独酌四首·其一

李白

花间一壶酒，独酌无相亲。
举杯邀明月，对影成三人。
月既不解饮，影徒随我身。
暂伴月将影，行乐须及春。
我歌月徘徊，我舞影零乱。
醒时同交欢，醉后各分散。
永结无情游，相期邈云汉。

破阵子·为陈同甫赋壮词以寄之

辛弃疾

醉里挑灯看剑,梦回吹角连营。
八百里分麾下炙,五十弦翻塞外声,沙场秋点兵。
马作的卢飞快,弓如霹雳弦惊。
了却君王天下事,赢得生前身后名,可怜白发生。

声声慢·寻寻觅觅

李清照

寻寻觅觅,冷冷清清,凄凄惨惨戚戚。
乍暖还寒时候,最难将息。
三杯两盏淡酒,怎敌他、晚来风急?
雁过也,正伤心,却是旧时相识。
满地黄花堆积。憔悴损,如今有谁堪摘?
守着窗儿,独自怎生得黑?
梧桐更兼细雨,到黄昏、点点滴滴。
这次第,怎一个愁字了得!

为了巩固普通话语音声调的读法,必须经常用词句练习。只会把一个个单字念准是不够的。在双音节词语练习的基础上,可以再利用一批现成的四字成语练习。四字成语比一般的句子简短,容易使我们集中注意力来顾及每个字的声调,特别是一批四字成语。它们的顺序正好是"阴、阳、上、去"的四声顺序,那就连小心顾及也不必,最好念成顺口溜,将若干句一串念下去,即等于把四声调值反复练习。成语都有意义,四字已密切结合,可以不假思索地顺口成诵。这类成语不太多,我们还可以仿照这种四声顺序的格式编造一些语句,增多练习内容。此外,另有一批四字成语,恰巧是"去、上、阳、阴"的次序,把四声次序颠倒过来。这样的材料,对于练习也很有意义:顺序念能够把每个声调念得准确,逆序念也应该念得准确,以后就可以不再依凭顺序,任何地方都能念准。这些成语和四字句,如果声调念准,不论是自己听,还是别人听,都像是"够味道"的普通话了。初学的人可以由此坚定学习信心,提高学习兴趣。四字成语的四字声词,还有其他各种排列形式,都有练习价值。初步练习,每句不可太快,四个字要一个字一个字地念,以免因快速连读而引起"变调"现象,这样就失去练习读准基本调值的意义了。

综合训练

1. 按标注的声调读准音节。

(1) 按四声的调值念下面的音节。

yī	yí	yǐ	yì	huī	huí	huǐ	huì
一	姨	乙	艺	辉	回	毁	惠
fēng	féng	fěng	fèng	fēi	féi	fěi	fèi
风	冯	讽	奉	飞	肥	匪	费

tōng	tóng	tǒng	tòng	yū	yú	yǔ	yù
通	同	桶	痛	迂	于	雨	遇

（2）按四声顺序念语句。

guāng	míng	lěi	luò	jiān	chí	gǎi	jìn
光	明	磊	落	坚	持	改	进
zhōng	huá	wěi	dà	qiān	chuí	bǎi	liàn
中	华	伟	大	千	锤	百	炼
huā	hóng	liǔ	lǜ	shān	míng	shuǐ	xiù
花	红	柳	绿	山	明	水	秀
fēng	tiáo	yǔ	shùn	jī	míng	quǎn	fèi
风	调	雨	顺	鸡	鸣	犬	吠
fēng	kuáng	yǔ	zhòu	hōng	léi	shǎn	diàn
风	狂	雨	骤	轰	雷	闪	电
fēi	qín	zǒu	shòu	shān	míng	gǔ	yìng
飞	禽	走	兽	山	鸣	谷	应
shēn	móu	yuǎn	lǜ	tōng	pán	dǎ	suàn
深	谋	远	虑	通	盘	打	算
yīng	míng	guǒ	duàn	kāi	méng	jiě	huò
英	明	果	断	开	蒙	解	惑
xiū	qiáo	bǔ	lù	chū	yú	běn	yuàn
修	桥	补	路	出	于	本	愿
yāo	mó	guǐ	guài	sī	qián	xiǎng	hòu
妖	魔	鬼	怪	思	前	想	后

（3）按四声逆序念语句（上声按变调念半上）。

pò	fǔ	chén	zhōu	diào	hǔ	lí	shān
破	釜	沉	舟	调	虎	离	山
nòng	qiǎo	chéng	zhuō	miào	shǒu	huí	chūn
弄	巧	成	拙	妙	手	回	春
dà	hǎo	hé	shān	yào	wǔ	yáng	wēi
大	好	河	山	耀	武	扬	威
wàn	gǔ	liú	fāng	hòu	gǔ	bó	jīn
万	古	流	芳	厚	古	薄	今
mò	shǒu	chéng	guī	tòng	gǎi	qián	fēi
墨	守	成	规	痛	改	前	非
xiào	lǐ	cáng	dāo	xìn	yǐ	wéi	zhēn
笑	里	藏	刀	信	以	为	真
xiù	shǒu	páng	guān	tù	sǐ	hú	bēi
袖	手	旁	观	兔	死	狐	悲

mù	gǔ	chén	zhōng	guò	yǎn	yún	yān
暮	鼓	晨	钟	过	眼	云	烟
yì	kǒu	tóng	shēng	jù	shǎo	chéng	duō
异	口	同	声	聚	少	成	多

（4）按顺序三调念语句（一调重复，不合顺序，加圆括号）。

qiāo	luó	dǎ	(gǔ)	dēng	lóng	huǒ	(bǎ)
敲	锣	打	（鼓）	灯	笼	火	（把）
tiān	yá	hǎi	(jiǎo)	shū	méi	zhǎn	(yǎn)
天	涯	海	（角）	舒	眉	展	（眼）
sān	nián	wǔ	(zǎi)	sān	cháng	liǎng	(duǎn)
三	年	五	（载）	三	长	两	（短）
zī	yá	liě	zuǐ	fēi	tóng	xiǎo	kě
龇	牙	咧	（嘴）	非	同	小	（可）
huā	yán	qiǎo	yǔ	huī	tóu	tǔ	liǎn
花	言	巧	（语）	灰	头	土	（脸）
fēng	hé	(rì)	lì	fēng	píng	(làng)	jìng
风	和	（日）	丽	风	平	（浪）	静
gāo	lóu	(dà)	shà	qiān	jiā	(wàn)	hù
高	楼	（大）	厦	千	家	（万）	户
diāo	liáng	(huà)	dòng	tōu	liáng	(huàn)	zhù
雕	梁	（画）	栋	偷	梁	（换）	柱
guāng	míng	(zhèng)	dà	bāo	luó	(wàn)	xiàng
光	明	（正）	大	包	罗	（万）	象
xīng	(xiū)	shuǐ	lì	qiān	(fāng)	bǎi	jì
兴	（修）	水	利	千	（方）	百	计
xīn	(zhōng)	yǒu	shù	huān	(tiān)	xǐ	dì
心	（中）	有	数	欢	（天）	喜	地
sān	(shān)	wǔ	yuè	bīng	(tiān)	xuě	dì
三	（山）	五	岳	冰	（天）	雪	地
xīn	(cū)	dǎn	zhuàng	fēng	(gōng)	wěi	jī
心	（粗）	胆	壮	丰	（功）	伟	绩
chūn	(qiū)	zuǒ	zhuàn	bīng	(huāng)	mǎ	luàn
春	（秋）	左	传	兵	（荒）	马	乱
jū	(xīn)	pǒ	cè	huā	(tiān)	jiǔ	dì
居	（心）	叵	测	花	（天）	酒	地
tān	(tā)	dǎo	huài	yān	(xiāo)	huǒ	miè
坍	（塌）	倒	坏	烟	（消）	火	灭
xīn	(jīng)	dǎn	zhàn	kū	(tiān)	mǒ	lèi
心	（惊）	胆	战	哭	（天）	抹	泪

tuī	(sān)	zǔ	sì	sān	(dāo)	liǎng	rèn
推	(三)	阻	四	三	(刀)	两	刃
diāo	(zuān)	gǔ	guài	xīn	(zhōng)	yǒu	kuì
刁	(钻)	古	怪	心	(中)	有	愧

(5) 按逆序三调念语句（一调重复，不合顺序，加圆括号）。

zhì	lǐ	míng	yán	wèi	yǔ	chóu	móu
至	理	名	(言)	未	雨	绸	(缪)
wàn	lǐ	wú	(yún)	huì	duǎn	lí	(cháng)
万	里	无	(云)	会	短	离	(长)
jiù	yǒu	chóng	(féng)	sòng	wǎng	yíng	(lái)
旧	友	重	(逢)	送	往	迎	(来)
dì	zhǎi	rén	(chóu)	zuò	běi	cháo	(nán)
地	窄	人	(稠)	坐	北	朝	(南)
yuè	lǎng	(fēng)	qīng	yè	yǔ	(qiū)	dēng
月	朗	(风)	清	夜	雨	(秋)	灯
mèng	wěn	(xīn)	ān	gè	yǒu	(qiān)	qiū
梦	稳	(心)	安	各	有	(千)	秋
yì	xiǎng	(tiān)	kāi	zuò	jǐng	(guān)	tiān
异	想	(天)	开	坐	井	(观)	天
nù	huǒ	(zhōng)	shāo	wàng	xiǎng	(bā)	gāo
怒	火	(中)	烧	妄	想	(巴)	高
jìn	zhǐ	(xī)	yān	huà	bǐng	(chōng)	jī
禁	止	(吸)	烟	画	饼	(充)	饥
zhòng	suǒ	(zhōu)	zhī	zhòng	diǎn	(tū)	chū
众	所	(周)	知	重	点	(突)	出
jù	lǐ	(lì)	zhēng	wèi	kě	(hòu)	fēi
据	理	(力)	争	未	可	(厚)	非
dà	gǎi	(jiù)	guān	lǜ	shuǐ	(qīng)	shān
大	改	(旧)	观	绿	水	(青)	山
liàng	(rù)	wéi	chū	bìng	(jià)	qí	qū
量	(入)	为	出	并	(驾)	齐	驱
bàn	(lù)	tú	zhōng	miàn	(mù)	quán	fēi
半	(路)	途	中	面	(目)	全	非
lì	(bù)	cóng	xīn	mù	(bù)	shí	dīng
力	(不)	从	心	目	(不)	识	丁
kuì	(bù)	chéng	jūn	xiào	(zhú)	yán	kāi
溃	(不)	成	军	笑	(逐)	颜	开
shì	(dú)	qíng	shēn	ài	(wū)	jí	wū
舐	(犊)	情	深	爱	(屋)	及	乌

(wǎng)	gǔ	lái	jīn	(bǐng)	bǐ	zhí	shū
(往)	古	来	今	(秉)	笔	直	书
(diǎn)	tiě	chéng	jīn	(hǔ)	kǒu	yú	shēng
(点)	铁	成	金	(虎)	口	余	生
(mǎ)	yǎng	rén	fān	(yǒu)	shǐ	wú	zhōng
(马)	仰	人	翻	(有)	始	无	终
(biǎo)	lǐ	rú	yī	(nán)	jiě	nán	fēn
(表)	里	如	一	(难)	解	难	分

(6) 按两调重叠念语句。

qīng	chū	yú	lán	fēng	yī	zú	shí
青	出	于	蓝	丰	衣	足	食
bēi	huān	lí	hé	bīng	jīng	liáng	zú
悲	欢	离	合	兵	精	粮	足
xū	xīn	xué	xí	gāo	kōng	háng	xíng
虚	心	学	习	高	空	航	行
xiān	shēng	duó	rén	chū	chū	máo	lú
先	声	夺	人	初	出	茅	庐

(以上阴、阳)

hūn	yīn	měi	mǎn	huān	xīn	gǔ	wǔ
婚	姻	美	满	欢	欣	鼓	舞
gēn	shēng	tǔ	zhǎng	fān	jiāng	dǎo	hǎi
根	生	土	长	翻	江	倒	海
dān	qiāng	pǐ	mǎ	gāo	zhān	yuǎn	zhǔ
单	枪	匹	马	高	瞻	远	瞩
zhōng	xīn	gěng	gěng	chūn	jiāng	shuǐ	nuǎn
忠	心	耿	耿	春	江	水	暖

(以上阴、上)

kāng	zhuāng	dà	dào	zhēng	zhēng	rì	shàng
康	庄	大	道	蒸	蒸	日	上
fāng	xīng	wèi	ài	gēn	shēn	dì	gù
方	兴	未	艾	根	深	蒂	固
kāi	tiān	pì	dì	pī	xīng	dài	yuè
开	天	辟	地	披	星	戴	月
jīng	xīn	dòng	pò	guāng	fēng	jì	yuè
惊	心	动	魄	光	风	霁	月
fān	tiān	fù	dì	fēng	cān	lù	sù
翻	天	覆	地	风	餐	露	宿
jīng	tāo	hài	làng	shān	bēng	dì	liè
惊	涛	骇	浪	山	崩	地	裂

fēng	shēng	hè	lì	xīn	jīng	ròu	tiào
风	声	鹤	唳	心	惊	肉	跳
dān	jīng	shòu	pà	tiān	hūn	dì	àn
担	惊	受	怕	天	昏	地	暗
zhuān	xīn	zhì	zhì	zhāo	bā	yè	wàng
专	心	致	志	朝	巴	夜	望
qiān	zhēn	wàn	què	guī	xīn	sì	jiàn
千	真	万	确	归	心	似	箭

（以上阴、去）

bái	lián	huā	kāi	liáng	shí	fēng	shōu
白	莲	花	开	粮	食	丰	收
huá	xiáng	fēi	jī	lín	shí	tōng	zhī
滑	翔	飞	机	临	时	通	知
ér	tóng	zhuān	chē	lán	qiú	zhōng	fēng
儿	童	专	车	篮	球	中	锋

（以上阳、阴）

shí	ná	jiǔ	wěn	jué	wú	jǐn	yǒu
十	拿	九	稳	绝	无	仅	有
wú	dú	yǒu	ǒu	jié	cháng	bǔ	duǎn
无	独	有	偶	截	长	补	短
huí	xuán	wǎn	zhuǎn	tóng	nián	hǎo	yǒu
回	旋	婉	转	童	年	好	友
yáng	yáng	sǎ	sǎ	yáo	tóu	bǎi	wěi
洋	洋	洒	洒	摇	头	摆	尾
zéi	méi	shǔ	yǎn	tú	láo	wǎng	fǎn
贼	眉	鼠	眼	徒	劳	往	返
mó	léng	liǎng	kě	chóu	méi	kǔ	liǎn
模	棱	两	可	愁	眉	苦	脸

（以上阳、上）

tóng	yán	hè	fà	lín	lí	jìn	zhì
童	颜	鹤	发	淋	漓	尽	致
xuán	yá	qiào	bì	yún	lái	wù	qù
悬	崖	峭	壁	云	来	雾	去
páng	rán	dà	wù	tóng	yún	mì	bù
庞	然	大	物	彤	云	密	布
héng	méi	lì	mù	xián	pín	ài	fù
横	眉	立	目	嫌	贫	爱	富
bó	rán	dà	nù	héng	xíng	bà	dào
勃	然	大	怒	横	行	霸	道

péng	tóu	gòu	miàn	yuán	xíng	bì	lù
蓬	头	垢	面	原	形	毕	露
lái	lóng	qù	mài	chéng	qián	bì	hòu
来	龙	去	脉	惩	前	毖	后

（以上阳、去）

wǔ	gǔ	fēng	dēng	bǎi	lǐ	tiāo	yī
五	谷	丰	登	百	里	挑	一
hǎi	dǐ	lāo	zhēn	wǎ	jiě	bīng	xiāo
海	底	捞	针	瓦	解	冰	消
lěng	yǔ	qī	fēng	yuǎn	zǒu	gāo	fēi
冷	雨	凄	风	远	走	高	飞
bǎi	kǒng	qiān	chuāng	fǔ	dǐ	chōu	xīn
百	孔	千	疮	釜	底	抽	薪
lǎo	yǎn	hūn	huā	tiě	mǎ	jīn	gē
老	眼	昏	花	铁	马	金	戈

（以上上、阴）

fǎn	lǎo	huán	tóng	zuǐ	qiǎo	shé	néng
返	老	还	童	嘴	巧	舌	能
shǒu	kǒu	rú	píng	juǎn	tǔ	chóng	lái
守	口	如	瓶	卷	土	重	来
wǔ	gǔ	zá	liáng	qiǎo	qǔ	háo	duó
五	谷	杂	粮	巧	取	豪	夺
nǎo	mǎn	cháng	féi	xiǎo	qiǎo	líng	lóng
脑	满	肠	肥	小	巧	玲	珑
yǔ	hǔ	móu	pí	yǒu	kǔ	nán	yán
与	虎	谋	皮	有	苦	难	言
yǎ	kǒu	wú	yán	yǒu	yǒng	wú	móu
哑	口	无	言	有	勇	无	谋

（以上上、阳）

xuě	lǐ	sòng	tàn	gǔ	shǐ	lùn	zhèng
雪	里	送	炭	古	史	论	证
chǎn	pǐn	zhì	liàng	jiǎn	zhǐ	jì	shù
产	品	质	量	剪	纸	技	术

（以上上、去）

yì	qì	fēng	fā	shì	bì	gōng	qīn
意	气	风	发	事	必	躬	亲
sì	miàn	bā	fāng	dài	yuè	pī	xīng
四	面	八	方	戴	月	披	星

zì	lì	gēng	shēng	biàn	huà	duō	duān
自	力	更	生	变	化	多	端
bàn	yè	sān	gēng	zhuàng	liè	xī	shēng
半	夜	三	更	壮	烈	牺	牲
chù	mù	jīng	xīn	bìng	rù	gāo	huāng
触	目	惊	心	病	入	膏	肓
yè	luò	guī	gēn	wàn	xiàng	gēng	xīn
叶	落	归	根	万	象	更	新
bàn	lù	chū	jiā	zuì	è	zhāo	zhāng
半	路	出	家	罪	恶	昭	彰

（以上去、阴）

dòu	zhì	áng	yáng	zhòng	zhì	chéng	chéng
斗	志	昂	扬	众	志	成	城
yì	bù	róng	cí	lì	dà	wú	qióng
义	不	容	辞	力	大	无	穷
duàn	àn	rú	shén	pò	jìng	chóng	yuán
断	案	如	神	破	镜	重	圆
jiù	shì	chóng	tí	àn	jiàn	nán	fáng
旧	事	重	提	暗	箭	难	防
rì	mù	tú	qióng	bèi	dào	ér	chí
日	暮	途	穷	背	道	而	驰
bào	tiào	rú	léi	lì	zhì	tú	qiáng
暴	跳	如	雷	立	志	图	强

（以上去、阳）

jì	lù	cǎo	gǎo	zèng	sòng	lǐ	pǐn
记	录	草	稿	赠	送	礼	品
yù	bèi	yǎn	jiǎng	chèn	rè	dǎ	tiě
预	备	演	讲	趁	热	打	铁
mù	kè	zhǎn	lǎn	jì	shù	biǎo	yǎn
木	刻	展	览	技	术	表	演

（以上去、上）

（7）按两调交叉念语句。

shí	shì	qiú	shì	lián	xì	shí	jì
实	事	求	是	联	系	实	际
qī	shǒu	bā	jiǎo	gōng	shì	gōng	bàn
七	手	八	脚	公	事	公	办
àn	láo	fù	chóu	lín	kě	jué	jǐng
按	劳	付	酬	临	渴	掘	井

máo	shǒu	máo	jiǎo	yǔ	zhòu	huǒ	jiàn
毛	手	毛	脚	宇	宙	火	箭
bǔ	zhòu	bǔ	yè	jǔ	yī	fǎn	sān
卜	昼	卜	夜	举	一	反	三
bù	rén	hòu	chén	dà	yán	bù	cán
步	人	后	尘	大	言	不	惭
zhì	tóng	dào	hé	dà	fāng	bù	jū
志	同	道	合	大	方	不	拘
jié	yè	yí	shì	míng	zhèng	yán	shùn
结	业	仪	式	名	正	言	顺

（8）按四字同调念语句。

dōng	fēng	piāo	xiāng	chūn	tiān	huā	kāi
东	风	飘	香	春	天	花	开
jiāng	shān	duō	jiāo	gē	shēng	qīng	xīn
江	山	多	娇	歌	声	清	新
zhēn	xī	guāng	yīn	cān	guān	jī	chē
珍	惜	光	阴	参	观	机	车
hé	píng	rén	mín	ér	tóng	wén	xué
和	平	人	民	儿	童	文	学
niú	yáng	chéng	qún	yán	gé	zhí	xíng
牛	羊	成	群	严	格	执	行
huí	guó	huá	qiáo	lún	chuán	zhí	dá
回	国	华	侨	轮	船	直	达
bǎo	wǒ	lǐng	tǔ	chǔ	lǐ	wěn	tuǒ
保	我	领	土	处	理	稳	妥
dǎ	jǐng	yǐn	shuǐ	yuǎn	jǐng	měi	hǎo
打	井	引	水	远	景	美	好
chǎn	pǐn	zhǎn	lǎn	qǐng	nǐ	zhǐ	dǎo
产	品	展	览	请	你	指	导
fèi	wù	lì	yòng	ài	hù	bèi	zhì
废	物	利	用	爱	护	备	至
biàn	huàn	mò	cè	chuàng	zào	jì	lù
变	幻	莫	测	创	造	纪	录
yùn	dòng	dà	huì	shèng	lì	bì	mù
运	动	大	会	胜	利	闭	幕

（9）按三字同调念语句（一调不同，加圆括号）。

tiān	yuān	zhī	(bié)	huā	zhī	zhāo	(zhǎn)
天	渊	之	（别）	花	枝	招	（展）

fēn 分	jīn 斤	bāi 掰	(liǎng) (两)	xī 嘻	tiān 天	hā 哈	(dì) (地)
jīng 惊	huāng 慌	(shī) 失	cuò (措)	shēn 深	shān 山	yōu 幽	(gǔ) (谷)
dēng 登	shān 山	yīng 英	(xióng) (雄)	shī 失	zhī 之	jiāo 交	(bì) (臂)
qīng 清	xiāng 香	pū 扑	(bí) (鼻)	shēn 身	xīn 心	fā 发	(yù) (育)
céng 层	luán 峦	dié 迭	(zhàng) (嶂)	tóng 同	chóu 仇	dí 敌	(kài) (忾)
zé 责	wú 无	páng 旁	(dài) (贷)	máng 茫	wú 无	tóu 头	(xù) (绪)
chá 查	wú 无	shí 实	(jù) (据)	líng 绫	luó 罗	chóu 绸	(duàn) (缎)
huá 划	quán 拳	xíng 行	(lìng) (令)	fáng 防	láo 痨	xié 协	(huì) (会)
wú 无	xiá 暇	jí 及	(cǐ) (此)	zhí 直	yán 言	wú 无	(yǐn) (隐)
rén 人	lái 来	rén 人	(wǎng) (往)	méi 没	tóu 头	méi 没	(nǎo) (脑)
yǒu 有	shǐ 始	yǒu 有	zhōng (终)	kě 可	xiǎo 小	kě 可	dà (大)
mǎn 满	dǎ 打	mǎn 满	(suàn) (算)	dǎ 打	lǐ 里	dǎ 打	(wài) (外)
shì 事	guò 过	jìng 境	(qiān) (迁)	àn 按	bù 部	jiù 就	(bān) (班)
bì 避	zhòng 重	jiù 就	(qīng) (轻)	dà 大	zhì 智	ruò 若	(yú) (愚)
hù 怙	è 恶	bù 不	(quān) (悛)	huì 讳	bìng 病	jì 忌	(yī) (医)
lì 利	lìng 令	zhì 智	(hūn) (昏)	qì 气	xiàng 象	wàn 万	(qiān) (千)
jìng 敬	yè 业	lè 乐	(qún) (群)	bèi 背	fù 腹	shòu 受	(dí) (敌)
wàn 万	shì 事	dà 大	(jí) (吉)	luò 络	yì 绎	bù 不	(jué) (绝)
zuì 罪	dà 大	è 恶	(jí) (极)	zì 自	gào 告	fèn 奋	(yǒng) (勇)

(rén)	gōng	hū	xī	(qì)	chē	gōng	sī
(人)	工	呼	吸	(汽)	车	公	司
(shì)	xiān	tōng	zhī	(zhào)	fā	gōng	zī
(事)	先	通	知	(照)	发	工	资
(bēi)	pán	láng	jí	(kāi)	yuán	jié	liú
(杯)	盘	狼	藉	(开)	源	节	流
(jǐn)	jí	jí	hé	(jīn)	shí	liáng	yán
(紧)	急	集	合	(金)	石	良	言
(jīng)	chéng	tuán	jié	(chāo)	é	wán	chéng
(精)	诚	团	结	(超)	额	完	成
(zì)	yóu	jié	hé	(xī)	hú	yóu	chuán
(自)	由	结	合	(西)	湖	游	船
(pāi)	shǒu	gǔ	zhǎng	(yú)	yǒng	kě	gǔ
(拍)	手	鼓	掌	(余)	勇	可	贾
(mín)	zhǔ	xuǎn	jǔ	(jí)	tǐ	suǒ	yǒu
(民)	主	选	举	(集)	体	所	有
(yóu)	cǐ	wǎng	běi	(pō)	yǒu	yǐng	xiǎng
(由)	此	往	北	(颇)	有	影	响
(zuǒ)	gù	yòu	pàn	(jīng)	yàn	jiào	xùn
(左)	顾	右	盼	(经)	验	教	训
(gāng)	bì	zì	yòng	(máng)	cì	zài	bèi
(刚)	愎	自	用	(芒)	刺	在	背
(láo)	dòng	jìng	sài	(fú)	lì	shì	yè
(劳)	动	竞	赛	(福)	利	事	业
(tōng)	xùn	bào	dào	(xún)	xù	jiàn	jìn
(通)	讯	报	道	(循)	序	渐	进
(shēn)	bì	gù	jù	(ān)	guān	sì	yuàn
(深)	闭	固	拒	(庵)	观	寺	院

(10) 按四声交错念语句。

tiān	cháng	dì	jiǔ	yī	rán	gù	wǒ
天	长	地	久	依	然	故	我
xū	huái	ruò	gǔ	zhēng	cháng	lùn	duǎn
虚	怀	若	谷	争	长	论	短
bān	mén	nòng	fǔ	zhōu	ér	fù	shǐ
班	门	弄	斧	周	而	复	始
zhuī	běn	sù	yuán	xīn	mǎn	yì	zú
追	本	溯	源	心	满	意	足
qīng	zhòng	huǎn	jí	xīng	jì	lǚ	xíng
轻	重	缓	急	星	际	旅	行

chē	zài	dǒu	liáng	xīn	jìn	huǒ	chuán
车	载	斗	量	薪	尽	火	传
shuāng	guǎn	qí	xià	jī	chǎo	é	dòu
双	管	齐	下	鸡	吵	鹅	斗
hé	fēng	xì	yǔ	dé	xīn	yìng	shǒu
和	风	细	雨	得	心	应	手
xún	gēn	wèn	dǐ	méi	fēi	sè	wǔ
寻	根	问	底	眉	飞	色	舞
lóng	fēi	fèng	wǔ	tí	gāng	qiè	lǐng
龙	飞	凤	舞	提	纲	挈	领
fén	gāo	jì	guǐ	mián	sī	mèng	xiǎng
焚	膏	继	晷	眠	思	梦	想
tǒng	chóu	jiān	gù	gǔ	wéi	jīn	yòng
统	筹	兼	顾	古	为	今	用
hǎi	kū	shí	làn	tǐng	xiōng	dié	dù
海	枯	石	烂	挺	胸	叠	肚
yǎn	huā	liáo	luàn	cǎo	jiān	rén	mìng
眼	花	缭	乱	草	菅	人	命
wǔ	guāng	shí	sè	gǎn	ēn	bào	dé
五	光	十	色	感	恩	报	德
dà	yǔ	qīng	pén	wàn	mǎ	bēn	téng
大	雨	倾	盆	万	马	奔	腾
zhèng	běn	qīng	yuán	ruì	xuě	fēng	nián
正	本	清	源	瑞	雪	丰	年
xiè	jiǎ	guī	tián	yǐn	ér	bù	fā
解	甲	归	田	引	而	不	发
xìn	kǒu	kāi	hé	yì	hěn	xīn	dú
信	口	开	河	意	狠	心	毒
zuì	yǒu	yīng	dé	jiào	xué	xiāng	zhǎng
罪	有	应	得	教	学	相	长

2. 读准下列按四声顺序排列的同声同韵字，仔细体会各类声调的音高变化特点。

哥格葛个	疵瓷此次	先贤显现	千钱浅欠	箱详想象	欺齐起气
申神审慎	鸦牙哑亚	敲乔巧俏	川船喘串	窗床闯创	八拔靶坝
温文吻问	咽炎眼厌	些邪写谢	溜刘柳六	包雹饱抱	烹朋捧碰
衣移椅亿	呼胡虎户	非肥菲废	蛙娃瓦袜	灰回悔会	分坟粉奋
青情请庆	翻凡反饭	亲琴寝沁	骁浠小校	通桐统痛	晕云允运
拘菊举句	锅国果过	多夺躲惰	靴学雪穴	抽愁丑臭	宣旋选绚

3. 同调双音节词语接力练习。

（1）阴平：高音—音箱—箱中—中心—心声—声腔

(2) 阳平：和平—平常—常年—年轮—轮流—流行
(3) 上声：选举—举手—手指—指导—导演—演讲
(4) 去声：大会—会议—议事—事变—变动—动态

4. 四字同调。
(1) 阴平：春天花开　　江山多娇　　歌声清晰　　珍惜光阴　　息息相关
(2) 阳平：人民银行　　豪情昂扬　　牛羊成群　　直达河南　　文如其人
(3) 上声：党委领导　　理想美好　　产品展览　　请你指导　　处理稳妥
(4) 去声：月夜变化　　创造纪录　　运动大会　　胜利闭幕　　正确判断

5. 四声顺序、逆序、交错。

千锤百炼	瓜田李下	飞禽走兽	花红草绿	山明水秀	高朋满座
阴阳上去	风调雨顺	灯红酒绿	诗文笔记	雕虫小技	身强体壮
非常美丽	天然景象	山河美丽	妙手回春	救死扶伤	墨守成规
万古流芳	凤舞龙飞	信以为真	寿比南山	异曲同工	忘我无私
刻苦读书	大有文章	聚少离多	痛改前非	破釜沉舟	异口同声
忠言逆耳	语重心长	集思广益	教学相长	万马奔腾	卓有成就
身体力行	无可厚非

6. 念准下列词语的声调。
(1) 阴阳：光荣　　心情　　积极　　宣传　　今年　　资源
(2) 阳阴：评估　　国家　　前锋　　南非　　年轻　　阳光
(3) 去阳：自然　　调查　　电台　　立即　　特别　　客轮
(4) 阳去：流畅　　活动　　情调　　繁重　　林木　　财政
(5) 阳阳：贫穷　　雷同　　篮球　　平行　　离别　　荣华

7. 对比记忆汉字声调。

截击—阶级	春节—纯洁	会意—回忆	长方—厂房	指示—致使
土地—徒弟	导演—导言	几时—计时	鲜鱼—闲语	佳节—假借
鸳鸯—远洋	指导—知道	孤立—鼓励	贺信—核心	灰白—回拜
吴叔—武术	天才—甜菜	无疑—武艺	大国—大锅	申请—深情
实施—事实	时节—使节	复辟—伏笔	估计—顾及	字母—字模
裁决—采掘	枝叶—职业	朱姨—竹椅	整洁—政界	展览—湛蓝
中华—种花	题材—体裁	河水—喝水	大雪—大学	司机—四季
表明—标明	松鼠—松树	突然—徒然	肇事—找事	新意—信义
从师—从事	冲锋—重逢	面前—棉签	乘法—惩罚	回想—茴香
主题—主体	化学—滑雪	敷衍—赴宴	摆脱—拜托	赤道—迟到
小道—小岛	惆怅—愁肠	兄长—胸章	进取—禁区	事实—时事
土地—徒弟	自卑—自备	主义—注意	装置—壮志	裁决—采掘
敬意—惊异	告诉—高速	任意—仁义

8. 读下面的材料，注意读准声调。
(1) 八字成语歌。

流水不腐，户枢不蠹　　　路不拾遗，夜不闭户

路见不平，拔刀相助
无源之水，无本之木
不经一事，不长一智
欲将取之，必先予之
蓬生麻中，不扶自直
欲加之罪，何患无辞
持之有故，言之成理
鞠躬尽瘁，死而后已
日月经天，江河行地
食不甘味，卧不安席
事不关己，高高挂起
比上不足，比下有余
大辩若讷，大智若愚
棋逢对手，将遇良才
逢山开路，遇水搭桥
头痛医头，脚痛医脚
人无远虑，必有近忧
天网恢恢，疏而不漏
兵来将挡，水来土掩
管中窥豹，略见一斑
前车之覆，后车之鉴
学而不厌，诲人不倦
一叶障目，不见泰山
只此一家，别无分店
惩前毖后，治病救人
毫不利己，专门利人
舍生取义，杀身成仁
十年树木，百年树人
知无不言，言无不尽
百足之虫，死而不僵

皮之不存，毛将焉附
衣不蔽体，食不果腹
不入虎穴，焉得虎子
两刃相割，利钝乃知
前事不忘，后事之师
差之毫厘，谬之千里
非我族类，其心必异
烈士暮年，壮心不已
庆父不死，鲁难未已
投我以桃，报之以李
一波未平，一波又起
城门失火，殃及池鱼
呼之即来，挥之即去
一夫当关，万夫莫开
茕茕孑立，形影相吊
人为刀俎，我为鱼肉
螳螂捕蝉，黄雀在后
同声相应，同气相求
放龙归海，纵虎归山
韩信将兵，多多益善
星星之火，可以燎原
言之无文，行而不远
有则改之，无则加勉
只可意会，不可言传
青山不老，绿水长流
上天无路，入地无门
十年生聚，十年教训
视而不见，听而不闻
只见树木，不见森林
尺有所短，寸有所长

道高一尺，魔高一丈　　两虎相斗，必有一伤
明修栈道，暗度陈仓　　前门拒虎，后门进狼
前人栽树，后人乘凉　　三天打鱼，两天晒网
顺之者昌，逆之者亡　　嬉笑怒骂，皆成文章
八仙过海，各显神通　　败军之将，不敢言勇
豹死留皮，人死留名　　不塞不流，不止不行

(2) 中国十大传统名花。

牡丹　菊花　梅花　茶花　兰花　杜鹃　月季　桂花　荷花　水仙

(3) 十天干。

甲　乙　丙　丁　戊　己　庚　辛　壬　癸

(4) 十二地支。

子鼠　丑牛　寅虎　卯兔　辰龙　巳蛇　午马　未羊　申猴　酉鸡　戌狗　亥猪

(5) 古代年龄称谓。

二十弱冠　三十而立　四十不惑　五十知天命　六十花甲　七十古稀
八十、九十耄耋　百岁期颐

(6) 诗词。

沁园春·雪

毛泽东

北国风光，千里冰封，万里雪飘。
望长城内外，惟余莽莽；
大河上下，顿失滔滔。
山舞银蛇，原驰蜡象，欲与天公试比高。
须晴日，看红装素裹，分外妖娆。
江山如此多娇，引无数英雄竞折腰。
惜秦皇汉武，略输文采；
唐宗宋祖，稍逊风骚。
一代天骄，成吉思汗，只识弯弓射大雕。
俱往矣，数风流人物，还看今朝。

钗头凤

陆　游

红酥手，黄縢酒，满城春色宫墙柳。
东风恶，欢情薄，一杯愁绪，几年离索。
错！错！错！

春如旧，人空瘦，泪痕红浥鲛绡透。
桃花落，闲池阁，山盟虽在，锦书难托。
莫，莫，莫！

再别康桥

徐志摩

轻轻的我走了，
正如我轻轻的来；
我轻轻的招手，
作别西天的云彩。

那河畔的金柳，
是夕阳中的新娘；
波光里的艳影，
在我的心头荡漾。

软泥上的青荇，
油油的在水底招摇；
在康河的柔波里，
我甘心做一条水草！

那榆荫下的一潭，
不是清泉，是天上虹，
揉碎在浮藻间，
沉淀着彩虹似的梦。

寻梦？撑一支长篙，
向青草更青处漫溯，
满载一船星辉，
在星辉斑斓里放歌。

但我不能放歌，
悄悄是别离的笙箫；
夏虫也为我沉默，
沉默是今晚的康桥。

悄悄的我走了，
正如我悄悄的来；
我挥一挥衣袖，
不带走一片云彩。

第六章

音　节

第一节　普通话的音节结构

一、音节的概念

音节是听觉能感受到的最自然的最基本的语音单位。它是由一个或几个音素按一定规律组合而成的。一般地说，一个汉字的读音就是一个音节，只有在儿化音节中，两个汉字读一个音节，如"花儿"（huār）。在快速说话或朗读时，两个字也可以合成一个音节，如"我们"（wǒm），"什么"（shém）。

用现代语音学的方法分析，音节是由音素（元音、辅音）构成的，用中国传统音韵学的方法分析，音节是由声母、韵母、声调组合而成的。下面用传统方法分析普通话的音节结构。

二、音节的结构及特点

普通话音节由声母、韵母和声调三个部分构成，韵母内部又可分为韵头、韵腹、韵尾（见表6-1）。

表 6-1　普通话音节结构表

项目	声母	韵母			声调
		韵头	韵身		
			韵腹（主要元音）	韵尾（元音）（辅音）	
兄 xiōng	x	i	o	ng	阴平
口 kǒu	k		o	u	上声
维 wéi		u	e	i	阳平
允 yǔn			ü	n	上声
低 dī	d		i		阴平
果 guǒ	g	u	o		上声

续表

项目	声母	韵母			声调
		韵头	韵身		
			韵腹（主要元音）	韵尾（元音）（辅音）	
夜 yè		i	e		去声
乌 wū			u		阴平

从表 6-1 可以看出，普通话音节结构有以下特点：

1. 普通话音节的结构方式有八种

(1) 成分俱全的，如"兄"（xiōng）。
(2) 缺韵头的，如"口"（kǒu）。
(3) 缺声母的，如"维"（wéi）。
(4) 缺声母、韵头的，如"允"（yǔn）。
(5) 缺韵头、韵尾的，如"低"（dī）。
(6) 缺韵尾的，如"果"（guǒ）。
(7) 缺声母、韵尾的，如"夜"（yè）。
(8) 缺声母、韵头、韵尾的，如"乌"（wū）。

2. 普通话音节构成的基本原则是：一个音节可以没有声母、韵头、韵尾，但不可缺少韵腹和声调

diū（丢）、zhuī（追）中原韵腹 o、e 省写了，故将 u、i 视作韵腹。

3. 从音素的角度看

组成音节的音素，最多四个，最少一个。

4. 辅音位置固定，只出现在音节的开头（作声母）或末尾（作韵尾）

普通话音节没有两个辅音连续排列的形式。

5. 元音占优势，少则一个，多则三个

三个元音必须连续排列，分别充当韵头、韵腹和韵尾。

6. 10 个单元音韵母都可作韵腹

充当韵头的只能是高元音 i、u、ü；充当韵尾的元音是 i、u（o），辅音是 n、ng。

第二节　普通话声、韵、调配合关系

普通话的音节是由声、韵、调组合成的。普通话 22 个声母（包括零声母）和 39 个韵母可拼出约 400 个音节，加上四声的配合，共有 1 200 多个音节。这说明，声母和韵母的配合，声母、韵母和声调的配合，都是有一定规律的，而不是随意的。了解了这种配合规律，便于整体把握普通话音节的概况，减少拼音、拼写的错误，同时有利于纠正方音，学好普通话。

一、声母、韵母的配合关系

普通话声母和韵母的配合关系，大致可依据声母的发音部位和韵母的四呼来掌握。配合情况如表 6-2 所示。

表6-2　声韵配合关系简表

声母 \ 韵母		开口呼	齐齿呼	合口呼	撮口呼
双唇音	b p m	班	编	布（只限u）	
唇齿音	f	番		富（只限u）	
舌尖中音	d t	单	颠	端	
	n l	难	年	暖	虐
舌根音	g k h	干		官	
舌尖后音	zh ch sh r	占		专	
舌尖前音	z c s	赞		钻	
舌面音	j q x		坚		捐
零声母		安	烟	弯	冤

（一）声母方面

1. 零声母，舌尖中音n、l

四呼齐全。

2. 双唇音b、p、m

可以同开口呼、齐齿呼和合口呼的u拼合。

3. 唇齿音f

只拼开口呼和合口呼的u。

4. 舌尖中音d、t

与开口呼、齐齿呼、合口呼拼合，不与撮口呼拼合。

5. 舌面音j、q、x

只拼齐齿呼、撮口呼，不拼开口呼、合口呼。

6. 舌根音g、k、h，舌尖后音zh、ch、sh、r，舌尖前音z、c、s

只拼开口呼、合口呼，不拼齐齿呼、撮口呼。

（二）韵母方面

1. 开口呼

配合能力最强，除舌面音j、q、x外，与其他声母都能配合。

2. 齐齿呼

不能与唇齿音、舌根音、舌尖后音、舌尖前音配合。

3. 合口呼

不能与舌面音配合，与双唇音、唇齿音配合只限于u。

4. 撮口呼

配合能力最差。除零声母外，只拼n、l和j、q、x。

汉语各地方言的声韵配合规律和普通话不完全一致，应比较其异同，掌握其对应规律。如普通话声母d、t不与in、en配合，而与ing、eng配合，根据这一规律，可将方言中的 din、tin、den、ten 音节纠正为 ding、ting、deng、teng 音节。

二、声母、韵母、声调的配合关系

普通话声母、韵母、声调三者配合起来就构成了普通话的音节。普通话的音节按声、韵、调配合表，约有 1 215 个。此外还有少量辅音音节，如 m 阳平"呣"表疑问，m 去声"呣"表应诺，ng 阳平"嗯"表疑问，ng 上声"嗯"表出乎意料，ng 去声"嗯"表答应，hm 去声"噷"表申斥或不满，hng"哼"表不信等 7 个，共约 1 222 个。《现代汉语词典》附列音节表共为 1 332 个音节，因其中包括了轻声音节、一部分古汉语音节和方言音节。由于汉语历史悠久、词汇丰富，在音节分析上我们对古语和方言的因素不易准确地排除，所以音节总数的确切数据不易获得。一般可以说，现代汉语的音节共有 1 200 多个。表 6-3 至表 6-11 是声韵调配合表，即音节表。

表 6-3　韵母 a、ia、ua 与声母和声调的配合

声母\声调	韵母											
	a				ia				ua			
	阴	阳	上	去	阴	阳	上	去	阴	阳	上	去
b	巴	拔	把	霸								
p	趴	爬		怕								
m	妈	麻	马	骂								
f	发¹	乏	法	发²								
d	搭	达	打	大								
t	他		塔	踏								
n		拿	哪	纳								
l	拉		喇	辣		俩						
g	旮	嘎	玍	尬					瓜		寡	挂
k	咖		卡³						夸		垮	跨
h	哈	蛤⁴	哈⁵						花	华		化
j					加	夹	假	架				
q					掐		卡⁶	恰				
x					虾	匣		下				
zh	渣	闸	眨	诈					抓		爪	
ch	插	茶	衩	诧								
sh	沙	啥	傻	煞					刷		耍	
r												
z												
c	擦			杂								
s	撒⁷		洒	萨								
	啊				鸦	牙	雅	讶	蛙	娃	瓦	袜

1. 发生　2. 头发　3. 卡车　4. 蛤蟆　5. 哈达　6. 卡子　7. 撒娇

表 6-4　韵母 o、uo、e、ê、ie、üe 与声母和声调的配合

声调\声母	o				uo				e				ê				ie				üe			
	阴	阳	上	去	阴	阳	上	去	阴	阳	上	去	阴	阳	上	去	阴	阳	上	去	阴	阳	上	去
b	玻	博	跛	簸													鳖	别	瘪[1]	别[2]				
p	泼	婆	笸	破															撇[3]	撇[4]				
m	摸	摩	抹	末																				
f		佛																						
d					多	夺	朵	惰	得								爹	叠						
t					拖	驼	妥	拓		特							贴		铁	帖				
n						挪		糯									捏		孽					虐
l					啰	罗	裸	洛	嘞			乐						咧	列					略
g					锅	国	果	过	歌	革	葛	个												
k								阔	科		咳	渴	课											
h					豁	活	火	货	喝	合		贺												
j																	街	洁	姐	借	撅[5]		决	倔[6]
q																	切	茄	且	怯	缺	瘸		确
x																	歇	鞋	写	谢	靴	学	雪	穴
zh					桌	浊			遮	折	者	浙												
ch					戳			绰	车		扯	彻												
sh					说		硕		奢	蛇	舍	社												
r								弱			惹	热												
z					嘬	昨	左	坐	则			仄												
c					搓	痤		错				策												
s					梭		锁					色												
					窝		我	卧	阿[7]	鹅	恶[8]	饿	欸[9]	欸[9]	欸[9]	欸[9]	噎	爷	野	叶	约			月

1. 干瘪　2. 别扭　3. 撇开　4. 撇嘴　5. 撅断　6. 倔脾气　7. 阿附（迎合）　8. 恶心
9. 多音，依次表招呼、诧异、异议、应诺

表 6-5　韵母 -i [ɿ]、-i [ʅ]、er、i、u、ü 与声母和声调的配合

声母＼声调	-i [ɿ]				-i [ʅ]				er				i				u				ü			
	阴	阳	上	去	阴	阳	上	去	阴	阳	上	去	阴	阳	上	去	阴	阳	上	去	阴	阳	上	去
b													逼	鼻	比	蔽	逋	醭[1]	补	布				
p													批	皮	癖	屁	扑	仆	朴	铺				
m													眯	迷	米	密	模[2]		母	暮				
f																	夫	扶	府	富				
d													低	敌	底	地	都	独	赌	度				
t													梯	题	体	剃	秃	徒	土	兔				
n														泥	你	腻		奴	努	怒			女	衂
l														梨	李	利		卢	鲁	路		驴	旅	虑
g																	姑		骨[3]	故				
k																	枯		苦	库				
h																	呼	湖	虎	互				
j													鸡	集	挤	寄					居	橘	举	句
q													妻	齐	起	气					区	渠	取	趣
x													西	席	洗	细					虚	徐	许	絮
zh					知	直	纸	志									猪	竹	煮	助				
ch					吃	池	齿	翅									初	除	楚	处				
sh					诗	时	史	世									书	秫	黍	树				
r								日										如	汝	入				
z	资		紫	字													租	族	祖					
c	疵	瓷	此	刺													粗			醋				
s	丝		死	四													苏	俗		素				
										儿	耳	二	衣	移	椅	意	乌	无	五	雾	迂	鱼	雨	遇

1. 白醭　2. 模子　3. 骨头

表 6-6　韵母 ai、uai、ei、uei 与声母和声调的配合

声母\声调	ai 阴	ai 阳	ai 上	ai 去	uai 阴	uai 阳	uai 上	uai 去	ei 阴	ei 阳	ei 上	ei 去	uei 阴	uei 阳	uei 上	uei 去
b	掰	白	百	拜					杯		北	贝				
p	拍	牌		派					胚	赔		配				
m		埋	买	卖						眉	美	妹				
f									非	肥	匪	肺				
d	呆[1]		歹	代							得[2]		堆			对
t	胎	台		太									推	颓	腿	退
n			乃	耐							馁	内				
l		来		赖					勒	雷	儡	类				
g	该		改	盖	乖		拐	怪				给	规		鬼	贵
k	开		凯	忾									亏	葵	傀	愧
h	咳	孩	海	害		淮		坏	黑				灰	回	毁	惠
j																
q																
x																
zh	斋	宅	窄	债	拽[3]		跩[4]	拽[5]					追			坠
ch	拆	柴			揣[6]		揣[7]	踹					炊	垂		
sh	筛			色[8]	晒	衰	甩	帅		谁			谁		水	税
r														蕤	蕊	锐
z	灾		宰	再						贼				嘴	最	
c	猜	才	采[9]	菜									崔			脆
s	鳃			赛									虽	随	髓	岁
	哀	皑	矮	爱	歪			外	欸				威	围	委	胃

1. 呆头呆脑　2. 非得　3. 拽过去　4. 跩来跩去　5. 拽上门　6. 揣在怀里　7. 揣摩
8. 掉色　9. 采茶

表 6-7 韵母 an、ian、uan、üan 与声母和声调的配合

声母\声调	an 阴	an 阳	an 上	an 去	ian 阴	ian 阳	ian 上	ian 去	uan 阴	uan 阳	uan 上	uan 去	üan 阴	üan 阳	üan 上	üan 去
b	般		板	半	边		扁	便[1]								
p	潘	盘		判	偏	便[2]		骗								
m		颠	满	慢		眠	免	面								
f	番	凡	反	饭												
d	单		胆	旦	颠		典	电	端		短	段				
t	滩	谈	坦	叹	天	田	舔	掭	湍	团	瞳	彖				
n		团	难[3]	报	难[4]	蔫	年	碾	念			暖					
l		兰	懒	烂		连	脸	练		鸾	卵	乱				
g	甘		敢	干					官		管	灌				
k	刊		砍	看					宽		款					
h	鼾	寒	喊	汗					欢	还	缓	换				
j					坚		减	见					捐		锩	卷
q					牵	前	浅	欠					圈	全	犬	劝
x					先	贤	显	现					宣	玄	选	镟
zh	毡		展	战					专		转	赚				
ch	搀	蝉	产	颤					川	船	喘	串				
sh	山		闪	扇					拴			涮				
r		然	染								软					
z	簪	咱	攒	赞					躜		纂	钻				
c	参	残	惨	灿					蹿	攒		窜				
s	三		伞	散					酸			算				
	安		俺	岸	烟	言	演	宴	弯	完	晚	万	冤	园	远	怨

1.便利　2.便宜　3.难过　4.灾难

表 6-8　韵母 ao、iao、ou、iou 与声母和声调的配合

声母＼声调	韵母 ao				韵母 iao				韵母 ou				韵母 iou			
	阴	阳	上	去	阴	阳	上	去	阴	阳	上	去	阴	阳	上	去
b	包	雹	保	报	标		表	鳔								
p	抛	袍	跑	炮	飘	瓢	漂¹	标	剖²		抔					
m	猫	毛	卯	帽	喵	苗	秒	妙	哞	谋	某					谬
f												否				
d	刀		捯³	岛	到	雕		屌	吊	兜		斗	豆	丢		
t	滔	逃	讨	套	挑	条	窕	跳	偷	头		透				
n		挠	脑	闹			鸟	尿				耨	妞	牛	纽	
l	捞	劳	老	涝	撩	聊	了⁴	料	搂⁵	楼	篓	漏	溜	流	柳	六
g	高		稿	告					钩		狗	够				
k			考	靠					抠		口	叩				
h	蒿	豪	好	号					齁	侯	吼	后				
j					焦	嚼	绞	叫					揪		酒	就
q					锹	桥	巧	俏					丘	求		
x					消	肴	小	笑					休		朽	秀
zh	招	着	找	罩					周	轴	肘	皱				
ch	抄	巢	炒						抽	绸	丑	臭				
sh	梢	韶	少	绍					收		手	瘦				
r		饶	扰	绕						柔		肉				
z	糟	凿⁶	早	造					邹		走	奏				
c	操	曹	草									凑				
s	骚		扫	臊					搜		叟	嗽				
	凹	敖	袄	傲	妖	摇	咬	要	欧		藕	呕	忧	油	有	又

1. 漂白　2. 解剖　3. 捯线　4. 了解　5. 搂钱　6. 凿子

表 6-9 韵母 en、in、un、ün 与声母和声调的配合

声母\声调	韵母 en				韵母 in				韵母 un				韵母 ün			
	阴	阳	上	去	阴	阳	上	去	阴	阳	上	去	阴	阳	上	去
b	奔		本	笨	彬			殡								
p	喷¹	盆		喷²	拼	贫	品	聘								
m	闷³	门		闷⁴			民	敏								
f	分	坟	粉	奋												
d				扽⁵					敦		盹	钝				
t									吞	屯		褪⁶				
n				嫩		您										
l					林	廪		吝	抡	轮		论				
g	根	哏	艮⁷	亘							滚	棍				
k			肯	裉							坤	捆	困			
h	痕		很	恨					昏	魂		混				
j					金		锦	近					均			俊
q					亲	秦	寝	沁						群		
x					心			信					熏	寻		训
zh	针		枕	镇					谆			准				
ch	嗔	陈	碜	衬					春	纯	蠢					
sh	深	神	审	慎								吮	顺			
r		人	忍	认									闰			
z			怎						尊							
c	参⁸	岑							村	存	忖	寸				
s	森								孙			损				
	恩		摁⁹		因	银	引	印	温	文	稳	问	晕	云	允	运

1. 喷水 2. 喷香 3. 闷热 4. 烦闷 5. 扽平 6. 褪套儿 7. 艮萝卜 8. 参差 9. 按电铃

表 6-10 韵母 ang、iang、uang 与声母和声调的配合

声母\声调	韵母 ang				韵母 iang				韵母 uang			
	阴	阳	上	去	阴	阳	上	去	阴	阳	上	去
b	邦		榜	棒								
p	兵	旁	膀	胖								
m		忙	莽									
f	方	房	仿	放								
d	当		党	荡								
t	汤	唐	倘	烫								
n	囔	囊	曩	齉		娘		酿				
l		郎	朗	浪		良	两	亮				
g	刚		岗	杠					光		广	逛
k	康	扛		抗					筐	狂		况
h	夯	航		巷¹					荒	黄	谎	晃
j					江		讲	匠				
q					腔	墙	抢	呛				
x					香	详	想	向				
zh	张		掌	丈					庄		奘²	壮
ch	昌	长	厂	唱					窗	床	闯	创
sh	商		赏	上					双			爽
r	嚷	瓤	壤	让								
z	脏			葬								
c	仓	藏										
s	桑		嗓	丧								
	肮	昂		盎	央	羊	仰	样	汪	王	网	望

1. 巷道　2. 身高腰奘

表 6-11 韵母 eng、ing、ueng、ong、iong 与声母和声调的配合

声母\声调	eng 阴	eng 阳	eng 上	eng 去	ing 阴	ing 阳	ing 上	ing 去	ueng 阴	ueng 阳	ueng 上	ueng 去	ong 阴	ong 阳	ong 上	ong 去	iong 阴	iong 阳	iong 上	iong 去
b	崩	甭	绷	迸	兵		丙	病												
p	烹	朋	捧	碰	兵	平														
m	矇	蒙	猛	梦		明	酩	命												
f	风	逢	讽	奉																
d	登		等	凳	丁		顶	定					东		董	冻				
t		腾			听	亭	挺	梃					通	同	统	痛				
n		能				宁	拧	佞						农		弄[1]				
l		棱	冷	愣		零	领	令						龙	垄	弄[2]				
g	庚		梗	更									工		巩	贡				
k	坑												空		孔	控				
h	亨	横[3]		横[4]									烘	红	哄	讧				
j					京		景	镜												窘
q					青	晴	请	庆										穷		
x					星	形	醒	性									凶	雄		
zh	争		整	正									中		肿	仲				
ch	称	成	逞	秤									充	崇	宠	铳				
sh	生	绳	省	胜																
r		扔	仍											荣		冗				
z	增			赠									宗		总	纵				
c			层	蹭										聪	从					
s	僧												松		耸	送				
					英	营	影	硬	翁			瓮					雍	颙	永	用

1. 玩弄 2. 弄堂 3. 横行 4. 强横

三、音节的拼读和拼写

（一）音节的拼读

拼读就是拼音，就是按普通话语音的结构规律，将声母和韵母拼合成音节。掌握了音节的拼读，既可以把声母、韵母拼合成音节，又可以从音节中分析出声母和韵母来。有了这样的拼读能力，我们不但可以自己查阅字典、词典，还可以帮助别人识字。

要使音节拼读得正确，应注意如下问题：

1. 要念准声母

平常我们念声母，一般是念它的呼读音。声母的呼读音是在声母的本音后面加上一个元音。拼读时要注意用声母的本音，去掉加进去以便呼读的元音。如果声母念得不准，就拼不出正确的读音。例如："腻 nì"，拼读时如果不去掉加在 n 后面以便呼读的"e"，就会把上面的音节拼成"内 nèi"。克服的办法是将声母读得轻些、短些，把韵母读得重些、长些，拼读的时候速度快些。

2. 要念准韵母

念不准韵母，我们也不能正确拼读出音节。常见的现象是丢失韵头或改变韵头。一些方言区的同学由于受方言的影响，常常丢失韵头。例如："锅 guō"，在一些地方被拼读为"gō"，"左"读成"zǒ"。有些方言没有撮口呼，往往将撮口呼念错。譬如将"女 nǚ"念成"nǐ"，要注意纠正。另外，韵母要整体认读。音节中韵母的韵头、韵腹、韵尾也是一个整体，拼读时不可停顿或延长。例如："强 qiáng"要一下读完，不要读成 q-i-a-ng。

3. 要坚持两拼

有个拼音的口诀叫"前音短些后音重，两音相碰猛一冲"。"前音短"是指声母轻些、短些，就是发本音；"后音重"是说拼音时韵母要比声母读得重些；"两音相碰猛一冲"是说拼音时声母和韵母间不能间歇，否则就不是一个音节了。例如：音节"飘 piāo"，如果中间断开读，就可能读成"皮袄 pí'ǎo"。

4. 要念准声调

声调是普通话的必有成分，它附加在声母和韵母的组合结构之上。在念准声母和韵母之后，还要注意读准声调。普通话的声调一平二升三曲四降，差异明显。但有些方言区的同学在拼读时由于受方言影响，往往读不准。譬如阴平读得不够高、将各调类的调型读错，这些都是要注意的。声调既然在汉语语音中有区别意义的作用，是音节的重要组成部分，那么，拼读时调值不准，意义就会改变，以至于影响我们的交际。

在念准声母、韵母和声调的基础上，就可以进行拼音了。

（二）音节的拼写

音节的拼写必须按照普通话声韵配合规律进行，必须遵循汉语拼音方案制定的拼写规则。方案制定的拼写规则可概括为如下几方面：

1. y、w 的使用

见表 6-12。

表 6-12　y、w 使用的具体规则

字母	韵母类型	用 法	条 件	音节形式
y	齐齿呼	加 y	i 后无元音	yi　yin　ying
		i 改为 y	i 后有元音	ya　ye　yao　you　yan　yang　yong
	撮口呼	加 y，ü 上两点省略	无	yu　yue　yuan　yun
w	合口呼	加 w	u 后无元音	wu
		u 改为 w	u 后有元音	wa　wo　wai　wei　wan　wen　wang　weng

（1）《汉语拼音方案》规定，韵母表中 i 行的韵母，在零声母音节中，要用 y 开头。如果 i 后面还有其他元音，就把 i 改为 y。如果 i 后面没有其他元音，就在 i 前面加 y。这样，i 行的韵母在零声母音节中就分别写成 yi、ya、ye、yao、you、yan、yin、yang、ying、yang 等。例如：

ia→ya（压）　　　　ie→ye（夜）　　　　iao→yao（要）
iou→you（有）　　　ian→yan（烟）　　　iang→yang（央）
iong→yong（用）　　i→yi（衣）　　　　 in→yin（阴）
ing→ying（英）

（2）《汉语拼音方案》规定，韵母表中 u 行的韵母，在零声母音节中，要用 w 开头。如果 u 后面还有别的元音，就把 u 改成 w。如果 u 后面没有其他元音，就在 u 前面加上 w。这样 u 行的韵母在零声母音节中就分别写成 wu、wa、wo、wai、wei、wan、wen、wang、weng 等。

例如：

u→wu（乌）　　　　ua→wa（蛙）　　　　uo→wo（窝）
uai→wai（歪）　　　ue→wei（威）　　　　uan→wan（弯）
uen→wen（温）　　　uang→wang（汪）　　ueng→weng（嗡）

（3）《汉语拼音方案》规定，韵母表中 ü 行的韵母，在零声母音节中，一律在前面加 y，原韵母中 ü 上的两点要省去。这样 ü 行的韵母在零声母音节中就分别写成 yu、yue、yuan、yun 等。例如：

ü→yu（迂）　　üe→yue（约）　　üan→yuan（冤）　　ün→yun（晕）

可见，y、w 的使用目的是使按词连写的音节界限分明。如 "dai"：如果不用 y、w，既可以读作 "dài（袋）"，又可以读作 "dàyī（大衣）"；如果在后一音节的开头加 y，就明确了它表示的是两个音节 "大衣" 了。再如：

河沿 heyan　　如果不用 y，heian，可能误拼为 "黑暗"。
新屋 xinwu　　如果不用 w，xinu，可能误拼为 "息怒"。
言语 yanyu　　如果不用 y，yanü，可能误拼为 "哑女"。

2. 隔音符号的用法

《汉语拼音方案》规定，"a、o、e" 开头的音节连接在其他音节后面的时候，如果音节界限发生混淆，可以用隔音符号（'）隔开。例如：

西安 xi'an　不用隔音符号，可能拼为"仙"。
方案 fang'an　不用隔音符号，可能拼为"反感"。
激昂 ji'ang　不用隔音符号，可能拼为"江"。
生藕 sheng'ou　不用隔音符号，可能拼为"深沟"。
上腭 shang'e　不用隔音符号，可能拼为"山歌"。

隔音符号只有当第二个音节开头的音素是 a、o、e 时才使用。如果第二个音节的开头是辅音则不必使用。例如"发难 fānàn"就不必写成"fā'nàn"，这是因为汉语里辅音大都出现在音节的开头，因此汉语拼音音节的连读习惯是：音节中的辅音字母靠后不靠前。即一个辅音字母如果前后都有元音字母，这个辅音应当跟后面的元音字母连成音节；只有在辅音字母后面没有元音字母时，才跟前面的元音字母连成音节。例如"谈话 tánhuà"的第三个字母 n 后面没有元音字母，因此 n 跟前面的元音字母连成音节，而 h 跟后面的 ua 连成音节。

3. 省写

为了使拼写简省，《汉语拼音方案》规定了省写的规则。"iou、uei、uen"前面加声母的时候，写成 iu、ui、un。例如：

d-iou→diu（丢）

g-uei→gui（规）

ch-uen→chun（春）

省写的结果，既反映了发音的实际情况，又使拼式简短，且不致误读。需要注意的是，不跟声母相拼（即自成音节）时就不能省写，仍然用 y、w 开头，写成 yōu（优）、wēi（威）、wēn（温）。

4. 音节连写

同一个词的音节要连写，词与词分写。例如：

Tuánjié jiù shì lì liang
团 结 就 是 力 量

5. 大写

（1）句子开头的字母用大写，多音词移行书写时，以音节为单位，前一行的末尾加连接号。例如：

Wèi shénme yǔ yán yào xué, bìng qiě yào yòng hěn dà de qì lì qù xué ne? Yīn wèi yǔ yán zhè dōng
为 什 么 语 言 要 学, 并 且 要 用 很 大 的 气 力 去 学 呢? 因 为 语 言 这 东
xi, bú shì suí biàn kě yǐ xué hǎo de, fēi xià kǔ gōng bù kě.
西, 不 是 随 便 可 以 学 好 的, 非 下 苦 功 不 可。

（2）专有名词、专有名称中的每个词，开头字母大写。例如：

Zhū Zìqīng　Běijīng Shì
朱 自 清　北 京 市

Zhōnghuá　Rénmín　Gònghéguó
中 华　人 民　共 和 国

Lǐ Bái　méilánfāng　Zhūgě Kǒngmíng　Guāngmíng Rìbào
李 白　梅 兰 芳　诸 葛 孔 明　光 明 日 报

（3）标题字母可全部大写，或把每个词的第一个字母大写。为整齐美观，音节一般不标调号。例如：

JIEFANG　SIXIANG　JIANSHE　ZHONGHUA
Jiěfàng　Sīxiǎng　Jiànshè　Zhōnghuá
解 放　思 想　建 设　中 华

（4）诗歌每一行开头的第一个字母要大写。例如：

Qiū dào pú tao gōu
秋 到 葡 萄 沟，
Zhū bǎo mǎn gōu liú
珠 宝 满 沟 流。
Tíng tíng zuò zuò zhēn zhū tǎ
亭 亭 座 座 珍 珠 塔，
Céng céng dié dié fěi cuì lóu
层 层 叠 叠 翡 翠 楼。

6. 标调法

《汉语拼音方案》规定"声调符号标在音节的主要元音上，即韵腹上"。轻声不标调。例如"妈 mā""麻 má""马 mǎ""骂 mà""吗 ma"。还有两种情况要注意：

（1）当音节的韵母为 iu、ui 时，声调符号应标在后面的 u 或 i 上。例如：

qiū（秋）　　duī（堆）　　jiū（揪）　　kuī（盔）

（2）调号恰巧标在 i 的上面时，i 上的小点要省去。例如：

yī（衣）　　xīng（星）　　duī（堆）

第三节　普通话声、韵、调配合关系辨正

一、bo、po、mo、fo 和 be、pe、me、fe 的辨正

普通话双唇音 b、p、m 和唇齿音 f，只与 o 相拼，不与 e 拼。有的方言（如沈阳话、郑州话、兰州话等）却只将其与 e 相拼，不与 o 相拼，例如："波"普通话读 bō，兰州话读 bē。这些方言区的同学学习普通话时必须要把 be、pe、me、fe 音节的韵母改为圆唇元音 o，读准 bo、po、mo、fo 四个音节。

【辨音训练】

词语练习。
bo
拨弄 bōnòng　　播送 bōsòng　　波涛 bōtāo　　剥落 bōluò
渤海 BóHǎi　　博览 bólǎn　　浅薄 qiǎnbó　　柏林 Bólín
帛画 bóhuà　　泊船 bóchuán　　簸荡 bǒdàng　　跛子 bǒzi
po
湖泊 húpō　　坡度 pōdù　　偏颇 piānpō　　泼墨 pōmò
婆娑 pósuō　　鄱阳 Póyáng　　叵测 pǒcè　　破除 pòchú
体魄 tǐpò
mo
磨炼 móliàn　　摩托 mótuō　　魔力 mólì　　摹刻 mókè
抹黑 mǒhēi　　茉莉 mòlì　　莫非 mòfēi　　漠视 mòshì

陌生 mòshēng　　墨鱼 mòyú　　　默许 mòxǔ　　没收 mòshōu

fo

佛教 fójiào

二、beng、peng、meng、feng 和 bong、pong、mong、fong 的辨正

普通话中 b、p、m、f 不跟 ong 相拼，可是吴方言、粤方言，以及扬州话、盐城话、汉口话等方言中 b、p、m、f 却可以跟 ong（或 ueng）相拼。例如："风"，普通话读 fēng，上海话读 fōng。上述这些方言地区的同学在学习普通话时，必须把 bong、pong、mong、fong 读成 beng、peng、meng、feng。

【辨音训练】

词语练习。

beng

崩塌 bēngtā　　　蹦跶 bèngda　　　绷带 bēngdài

迸裂 bèngliè　　　水泵 shuǐbèng　　蚌埠 Bèngbù

peng

澎湃 péngpài　　　膨胀 péngzhàng　蓬松 péngsōng

篷车 péngchē　　　朋友 péngyǒu　　捧腹 pěngfù

meng

蒙骗 mēngpiàn　　　朦胧 ménglóng　　萌芽 méngyá

盟友 méngyǒu　　　懵懂 měngdǒng　　梦乡 mèngxiāng

feng

丰硕 fēngshuò　　　封面 fēngmiàn　　烽烟 fēngyān

蜂拥 fēngyōng　　　锋利 fēnglì　　　风趣 fēngqù

枫树 fēngshù　　　重逢 chóngféng　　缝补 féngbǔ

讽喻 fěngyù　　　奉陪 fèngpéi　　　凤蝶 fèngdié

三、fei 和 fi 的辨正

普通话中 f 不拼 i，北方方言洛阳话、徐州话，吴方言上海话、苏州话等，f 可以与 i 拼。例如："飞"，普通话读 fēi，洛阳话读 fī；"非"，普通话读 fēi，上海话读 fī。

【辨音训练】

1）词语练习。

非常 fēicháng　　扉页 fēiyè　　　芳菲 fāngfēi　　咖啡 kāfēi

蜚语 fēiyǔ　　　飞翔 fēixiáng　　妃色 fēisè　　　肥壮 féizhuàng

诽谤 fěibàng　　费解 fèijiě　　　废除 fèichú　　　肺叶 fèiyè

2）短文练习。

我爱家乡的山和水

我爱家乡的山和水，

山水映朝晖。

花果园飘芳菲，
池塘鱼儿肥。
沃野千里泛金浪，
稻香诱人醉。
山笑水笑人欢笑，
歌声绕云飞。

四、ji、qi、xi 和 gi、ki、hi 的辨正

普通话中声母 g、k、h 是不跟 i 或其他齐齿呼韵母、ü 或其他撮口呼韵母相拼的，可是在有些方言里，如客家方言、粤方言、闽方言中，g、k、h 可以跟齐齿呼或撮口呼相拼，北方方言和吴方言的一部分地区也有这样的情况，只不过 g、k、h 发音的部位稍靠前一点。这些方言中 g、k、h 跟齐齿呼或撮口呼拼出来的音节，普通话一般相应地读作 ji（或 ji-）、qi（或 qi-）、xi（或 qi-）、ju（或 ju-）、xu（或 xu-）。

【辨音训练】

1) 词语练习。

检验 jiǎnyàn	经济 jīngjì	杰作 jiézuò
剧本 jùběn	觉悟 juéwù	杜鹃 dùjuān
巧合 qiǎohé	请求 qǐngqiú	桥梁 qiáoliáng
缺点 quēdiǎn	歌曲 gēqǔ	劝告 quàngào
朽木 xiǔmù	歇息 xiēxi	显著 xiǎnzhù
拂晓 fúxiǎo	许多 xǔduō	功勋 gōngxūn

2) 诗歌练习。

人闲桂花落，夜静春山空。
月出惊山鸟，时鸣春涧中。

第四节 "单音节字词、多音节词语"测试应试技巧

一、单音节字词测试应试技巧

1. 声母要发准

在 100 个音节里，每个声母出现一般不少于三次，方言里缺少的或易混淆的声母酌量增加 1～2 次。声母要发准，是指发音要找准部位，方法正确。一是不能把普通话里某一类声母的发音读成另一类声母，比如 zh、ch、sh 与 z、c、s，f 与 h，n 与 l 不分。再者是把普通话里某一类声母的正确发音部位用较接近的部位代替，造成读音缺陷。训练：

（1）注意发准自己方言的难点音。

资 薄 彩 谬 烹 融 镀 毡 远 询 稳 烫 栓
犬 中 联 绿 筐 凝 景 蘸 椒 航 尊 缝 笋

（2）听同学读下列字词，判断他的读音是否正确。

能 肥 尝 庇 哺 沸 鹅 概 穗 喷 酿 畔 秘

券 横 闹 族 滞 昨 杏 祥 膝 项 研 酵 坐

2. 韵母要到位

100 个音节里，每个韵母的出现一般不少于两次，方言里缺少的或易混淆的韵母酌量增加 1～2 次。韵母有单韵母、复韵母和鼻韵母。单韵母要单纯，发出来的音要吐字如珠，一个就是一个，不拖泥带水。复韵母和鼻韵母都要有动程，要有变化；变化要自然、和谐，归音要到位，发出来的音要圆润。韵母的读音缺陷多表现为合口呼、撮口呼的韵母圆唇度明显不够，语感差；开口呼的韵母开口度明显不够；复韵母舌位动程明显不够等。

训练：

读下列汉字，注意口腔、舌位、唇形要到位。

膏 蚕 伙 簸 额 球 霜 绕 拿 藕 面 税
抓 停 进 常 送 决 想 当 段 孙 庄 能
甩 穷 赞 审 赛 经 宣 翁 寻 贴 妙 笛

3. 声调要发全

声调方面，调型、调势基本正确，但调值明显偏低或偏高，特别是四声的相对高点或低点明显不一致的，判为声调读音缺陷。尤其是上声字的发音，上声是降升调，先降后升，调值是 214 度；如果发音时只降不升，调型就成降调了，调值成了 21 度。读单音节字词的声韵调要标准，要和谐自然，不能把声韵调割裂开来，顾此失彼。

4. 不要将形近字误读

汉字的形体很多是相近或相似的，单独认读，稍不注意很容易读错。形近字误读有两种情况，一是有的人朗读过快，把很简单的字也读错了，如把"太"读作"大"。二是有些日常生活中不多用的字，或在词语中能念准，而单字一下子难以念准的字，极易念错。比如"赅""骇"在书面上常构成"言简意赅""惊涛骇浪"，如单独出现，一下子难以把握，可能读错。当然这与应试人的文化水平也有关系。

5. 多音字可选读一音

单音节字词中有不少多音字，朗读时念任何一个音都是对的。比如"处"，念 chǔ 或 chù 都算对。不必费时间琢磨到底读哪一个音，这样会分散精力，影响情绪。

6. 速度要快慢适中

读 100 个音节，限时 3 分钟。超时扣分（3～4 分钟扣 0.5 分，4 分钟以上扣 0.8 分）。读单音节字词时，只要每个音节读完整，一个接一个地往下读，就不会超时。有的人担心时间不够，快速抢读，有的字未读完全，便"吃"掉了，导致准确率降低，因此切忌抢读。朗读也不能太慢，如果对每一个字都揣摩或试读，速度就太慢，也说明应试人基础太差、不熟练，准备不足。而超时则要一次性扣分。

7. 要从左至右横读

单音节字词 100 个，测试题一般分为 10 排，每排 10 个字。朗读时从第一排起从左至右，不要从第一个字起从上往下读。

8. 读错了及时纠正

一个字允许读两遍，即应试人发觉第一次读音有口误时可以改读，按第二次读音评判。如果有的字拿不准是否读错了，不必再去想它，以免影响后面的朗读。

二、多音节词语测试应试技巧

朗读多音节词的要求与单音节字词基本相同，但比朗读单音节字词有更高的要求。结合测试，提出以下几点要求和需要注意的问题。

1. 读多音节词要区分几组并列在一起的难点音

（1）平翘相间音。

赞助 zànzhù　　宗旨 zōngzhǐ　　珠子 zhūzi　　尊重 zūnzhòng
储藏 chǔcáng　　蚕虫 cánchóng　　长处 chángchù　　插座 chāzuò
声色 shēngsè　　素食 sùshí

（2）边、鼻相间音。

嫩绿 nènlǜ　　老年 lǎonián　　能量 néngliàng
冷暖 lěngnuǎn　　奶酪 nǎilào　　烂泥 lànní

（3）前后鼻韵母相间音。

烹饪 pēngrèn　　聘请 pìnqǐng　　成品 chéngpǐn
平心 píngxīn　　冷饮 lěngyǐn　　盆景 pénjǐng

（4）舌根音和唇齿音相间的音。

返还 fǎnhuán　　盒饭 héfàn　　粉红 fěnhóng
缝合 fénghé　　富豪 fùháo　　黄蜂 huángfēng

2. 读多音节词语要注意"上声"和"一、不"的变调

上声在阴平、阳平、去声、轻声前，即在非上声前，变成"半上声"。只读前半截，丢失了后半截，调值由 214 变为半上声 21，即上声＋非上声（阴平、阳平、去声、轻声）＝"半上"＋非上声。

雨衣 yǔyī　　脚跟 jiǎogēn　　垦荒 kěnhuāng　　卷烟 juǎnyān
史诗 shǐshī　　板书 bǎnshū　　首先 shǒuxiān　　小说 xiǎoshuō
朗读 lǎngdú　　古文 gǔwén　　口形 kǒuxíng　　坦白 tǎnbái
老人 lǎorén　　解决 jiějué　　谴责 qiǎnzé　　考察 kǎochá
景色 jǐngsè　　比较 bǐjiào　　改正 gǎizhèng　　暖气 nuǎnqì
姐姐 jiějie　　椅子 yǐzi　　指甲 zhǐjia　　哑巴 yǎba

3. 轻声词要准确判断

50个多音节词语中有不少于3个的轻声词，这些轻声词分散排列在中间，因此要准确判断哪些词是轻声词，并正确朗读。要防止受前面非轻声词的影响，免得把已经准确判断出来的轻声词读重了。读轻声词还要避免把轻声读得让人听不见，即所谓"吃"字。

4. 儿化词要把卷舌的色彩"儿化"在第二个音节上

50个双音节词语中一般有4个儿化词，儿化词有明显的标志，在第二个音节的末尾写有"儿"，不要把"儿"当作第三个音节读完整，要把"儿"音化在第二个音节的韵母之中。

5. 读双音节词语要连贯

双音节词语一般是两个语素组合表示一个意义；也有的是两个音节构成的单纯词，分开不表示任何意义。朗读时不能把它们割裂开来一字一字地读。

6. 读双音节词语要读好中重音格式

双音节词语除轻声词之外，一般都是"中重"格式，即第二个音节读得重一些。

豆沙　蜜蜂　车床　饼干　百货　清真　批发　类似　乐观
单凭　摄影　卧铺　遗嘱　尊敬　审核　溶解　朗诵　列车
名称　性能　卫星　旅馆　服装　出车　政策　早退　杂技

综合训练

1. 单音节字词综合训练。

第一组

扒　拜　迥　憋　田　咯　晕　废　如　涡　佘　扮　罩　胸　量　脱
坳　驭　望　菠　砂　掘　许　块　矜　笋　曾　踹　软　佣　董　酿
稚　铝　慌　卷　青　所　滑　省　死　围　扭　跨　寻　阵　菌　尿
槽　鹤　侧　碎　欺　淤　窜　拐　疮　槛　盖　贼　婆　提　二　刨
吓　苗　轨　掐　讽　恩　灭　鱿　脏　肉　粉　茉　您　尺　贫　劝

第二组

白　美　份　丢　舔　潘　跨　豁　壮　冤　啪　胞　否　浪　秦　揣
酸　玉　沓　类　槛　悄　芯　触　刷　女　颊　润　鹤　之　回　静
肉　吃　日　愁　撒　苗　盯　挪　龟　捆　慌　全　蔓　铁　炸　石
妞　晾　贼　亏　扎　而　攒　扇　蜂　剃　增　阳　外　均　母　平
瓷　寺　纫　腌　坡　遍　襄　癣　才　奔　藏　腮　扇　穷　区　洞

第三组

封　挠　趁　而　尺　孙　贼　垮　纳　方　亩　面　屯　开　软　停
求　涨　随　粟　装　蛆　蔓　舔　掐　债　供　替　颇　挂　熊　君
扫　旬　惹　涛　港　贫　卷　瞥　略　塔　薛　甩　锯　腮　颊　量
月　剜　涩　癣　渗　撒　混　了　拔　判　钉　栋　行　削　脆　伪
丢　扁　酿　凹　凑　勺　谢　别　耗　达　嘿　峡　草　黏　湿　引

第四组

挨　岸　恩　压　秧　挽　往　于　员　悍　把　猫　百　眯　胞　免
邦　泯　柄　啪　泊　漂　菲　聘　否　颇　焚　烽　我　梯　跌　舔
涠　帖　丢　太　堆　嫩　您　凉　牛　脸　狞　聊　块　劣　沽　肋
跨　瑰　扛　翁　渴　即　恰　吓　指　扯　识　惹　琥　奖　泗　醒
栈　揣　售　扔　划　绝　渠　薛　抓　喘　晌　若　券　准　俊　琼

2. 多音节词语综合训练。

第一组

腐朽　操纵　搜查　缓慢　奖励　奥秘　奶奶　说书　门槛儿
简短　缴纳　长个儿　科目　昆虫　脑袋　私人　摆动　找零儿
了解　增加　毁坏　商量　偶然　什么　开学　程度　餐厅
班长　刀把儿　品行　配合　非常　雄伟　拒绝　招算　区别
铁轨　光圈　连词　穷忙　倘若　近况　涅槃　抓阄　询问

第二组

花园	广场	坏处	贵姓	黄瓜	率领	困难	聊天儿	沙包
拼命	闰月	旦角儿	附会	美味	飘扬	胖子	定购	全体
仍旧	许多	锅贴儿	崩溃	捏造	灭亡	公路	军队	撒落
板擦儿	粉丝	缺点	耳垂	采暖	扉页	选举	强盗	下台
夹杂	失策	穷苦	扭转	兄弟	丢人	欢送	寻找	空间

第三组

百货	允许	脾气	永远	纳闷儿	观摩	引导	组合	盼望
舌头	演习	日常	扣子	挂号	爱称	从而	沸腾	孙女
养料	部分	显得	请求	虽然	穷困	差点儿	谎言	甩卖
软件	破灭	绑架	刚强	语法	角色	名册	约束	群众
萝卜	牙刷	拉拢	稳当	快餐	权宜	仁政	早晚	垂直

第四组

办法	恳切	走访	卑鄙	孩子	牛奶	纳闷儿	选举	用处
草地	整体	熊猫	指甲	慌乱	老头儿	绝对	意思	轻松
迅速	面条儿	全部	军官	女儿	夏天	贫困	有机	墨水
摆脱	烹饪	养料	畅通	窜改	双亲	荣辱	测绘	画轴
闰年	怀旧	删节	囊括	怪罪	掠夺	缩写	憎恨	香椿

第七章

音　变

人们说话时,不是孤立地发出一个个音节,而是把音节组成一连串自然的语流。在这些语流中,语音有时会发生各种临时变化,这种变化有别于语音经过一段时间而产生的历史变化,这种现象叫作语流音变。普通话中的语流音变现象主要有:变调、轻声、儿化、"啊"的音变。掌握和运用普通话语流音变规律,可以使语音自然和谐而不生硬。

第一节　变　调

音节和音节相连时,由于相互影响而使某些音节的声调发生变化,这种现象叫作变调。普通话里最常见的变调现象有上声变调、"一""不"变调以及形容词重叠的变调。

一、上声的变调

普通话上声音节除单念或处在词尾、句尾时声调不变外,在其他情况下都要发生变化。可以说上声音节声调的变化最大、最多,它在与其他音节结合时,不是丢掉下降的部分,就是失掉上升的部分。

上声变调有以下几种情况:

1. 上声在非上声音节前

在非上声前,即在阴平、阳平、去声、轻声前,上声音节的调值由降升调变为只降不升的"半上声",只读上声的前半截,丢失后半截,调值由〔214〕变为半上声〔21〕。例如:

在阴平字前:北京　老师　首都　小说　展开　始终　普通　产生
在阳平字前:祖国　语言　旅游　表达　主持　改良　拱门　古文
在去声字前:领袖　老练　主见　感谢　准确　解放　土地　朗诵

2. 上声在上声音节前

两个上声音节相连时,前一个上声音节的调值由降升调变为与阳平调值相当的值。即由上声变得近乎阳平,调值由〔214〕变为〔24〕。例如:

美好　理想　领导　演讲　水果　勇敢　打扫　野草　水井

胆敢　把守　岛屿　笔挺　采取　场景　恼火　选举　鼓掌
本领　产品　辅导　古老　好感　举止　可口　理解　展览
敏感　扭转　品种　浅显　染指　始祖　土匪　走狗　引导

3. 三个上声音节相连

前两个音节的变调有两种情况：

（1）当词语的结构是"双单格"时，第一、二个上声音节调值变为〔24〕，近乎阳平。例如：

管理组　展览馆　蒙古语　手写体　古典美　洗脸水　表演奖

（2）当词语的结构是"单双格"时，第一个上声音节读半上，调值变为〔21〕，第二个上声音节调值变为〔24〕。例如：

好领导　党小组　小水桶　打草稿　小雨伞　米老鼠　很美好

4. 几个上声音节相连

三个以上上声两个一节、三个一节来划分，然后按上述规律变调。例如：

永远/友好 yǒngyuǎn/yǒuhǎo→yóngyuǎn/yóuhǎo

请你/往北走 qǐngnǐ/wǎngběizǒu→qíngnǐ/wángběizǒu

我有/两把/纸雨伞 wǒyǒu/liǎngbǎ/zhǐyǔsǎn→wóyǒu/liángbǎ/zhíyúsǎn

上面讲上声变调的基本规律，但在实际的语流中，最后一个上声音节的变调有两种：

一是句末需拖腔，读原调。一般在诗的韵脚处或需要强调时才拖腔。例如：

春眠不觉晓〔214〕

处处闻啼鸟〔214〕

二是句末不需要拖腔，读半上。一般叙述语气或深沉、庄重的语气都不需要拖腔。例如：

他真的是一位好导演〔21〕！

二、"一""不"的变调

"一""不"的变调，是普通话里比较突出的音变现象。"一""不"在单念或在词句末尾时，以及"一"作序数词使用时，声调不变，读原调。"一"的原调是阴平，"不"的原调是去声。例如：

一：统一、天下第一

不：我不、就是不

当"一"和"不"处在其他音节前面时，声调往往发生变化，有以下几种情况：

1. 在去声前

一律念阳平〔35〕。例如：

一样　一味　一道　一切　一色　一并　一度　一定　一夜

一刻　一致　一阵　一共　一块儿　一会儿　一溜儿　一下儿

不怕　不计其数　不顾　不对　不必　不是　不在　不便

不但　不料　不要　不论　不笑

2. 在非去声前

念去声〔51〕。例如：

在阴平前：一朝　一经　一端　一心　一应　一生　一身　一杯　一棵
　　　　　不慌　不轻　不依　不经　不光　不知　不归　不通　不黑
在阳平前：一年　一连　一无　一旁　一直　一头　一同　一时　一枚
　　　　　不时　不为　不值　不求　不良　不沉　不全　不白　不浓
在上声前：一碗　一笔　一举　一组　一桶　一场　一把　一脸　一响
　　　　　不少　不可　不远　不美　不紧　不好　不老　不管　不懂

3. 夹在叠词中

念轻声。例如：

想一想　尝一尝　走一走　看一看　理一理　说一说
去不去　好不好　要不要　说不说　搞不搞　看不看

三、重叠形容词的变调

1. 单音节形容词重叠（aa 式）

重叠部分如果儿化，第二个音节念成阴平〔55〕。例如：慢慢儿（的）、好好儿、软软儿、远远儿。若重叠部分不儿化，则保持原调不变。

2. 双音节形容词后一个音节重叠（aBB 式）

一般 BB 部分读阴平。例如：绿油油、黑洞洞、沉甸甸。

3. 双音节形容词重叠（aaBB 式）

第二个音节读轻声，第三、四个音节（BB）读阴平。例如：漂漂亮亮、老老实实。
用汉语拼音方案拼写音节时，一般不写变调，而标原声调。

第二节　轻　　声

一、轻声的概念及实际读法

在语流中，有的音节失去了原声调而被读成一个又短又轻的调子，这就是轻声。例如：在"头脑""头发"这些词里，或单独出现时，"头"读阳平调；可是，在"石头""木头""馒头"这些词里，"头"读得轻而短，变成了"tou"。轻声只是一种特殊的音变现象。因此，轻声不被看作是一种独立的调类，《汉语拼音方案》规定轻声不必标调。轻声是一个非常模糊、不确定的声调，因此掌握起来有一定的难度，普通话中真正读轻声的字不多，而且在单念时，还要读它原来的声调。

轻声音节的位置往往在其他音节的后面或在词的中间，而绝不会出现在词或句子的开头音节中。轻声在声音四要素中，主要体现在音长和音强上，而一般声调的性质主要体现在音高上。轻声发音特点是用力特别小而轻，音强比较弱，音长比较短。

轻声音节从听感上显得轻短模糊，但如果仔细分辨，它也有依稀可辨的不同音高形式。轻声的音高并不固定，它受前一个音节调值的影响而有高低变化。变化的情况大致是这样的：阴平音节后的轻声读半低调 2 度；阳平音节后的轻声读中调 3 度；上声音节后的轻声读半高调 4 度；去声音节后的轻声读低调 1 度。例如：

阴平＋轻声：妈妈　孙子　跟头　青的　飞了　趴下

阳平＋轻声：爷爷　儿子　石头　黄的　来了　爬起
上声＋轻声：奶奶　椅子　里头　紫的　跑了　滚出去
去声＋轻声：爸爸　凳子　木头　绿的　去了　揍他们

二、轻声的作用

1. 区别词义

例如：

兄弟 xiōng di（弟弟）　　　　兄弟 xiōng dì（哥哥和弟弟）

是非 shì fei（纠纷、口舌）　　是非 shì fēi（正确与错误）

东西 dōng xi（物品）　　　　东西 dōng xī（指方向）

大意 dà yi（疏忽）　　　　　大意 dà yì（主要意见）

2. 区分词性

例如：

对头 duì tou（仇敌、对手，名词）　对头 duì tóu（正确、合适，形容词）

厉害 lì hai（剧烈、凶猛，形容词）　利害 lì hài（利和害，名词）

另外，还有一部分双音节词，第二个音节习惯上都读轻声，并没有区别词义或词性的作用。例如：

包涵　白天　巴结　粮食　骆驼　石榴　商量　窗户　阔气

葡萄　玻璃　耳朵　爷爷　多么　萝卜　明白　柴火　包袱

三、变读轻声的规律

普通话口语中，下列成分常读轻声：

1. 语气词，如"啊、吧、呢、啦、吗"等读轻声

例如：他呢　快呀　对吗　去吧　来呀　好哇　不行啊

2. 时态助词"着、了、过"，结构助词"的、地、得"读轻声

例如：看着　走了　来过　吃的　愉快地　写得好

3. 名词、代词的后缀"子、头、巴、们、么"等读轻声

例如：桌子　石头　嘴巴　我们　他们　那么　尾巴　椅子

4. 方位词，如"上、下、里、外、边、面、头"等读轻声

例如：屋里　桌上　山下　那边　晚上　暗地里　前边　河里

5. 某些量词读轻声

例如：写封信　打个电话　打个盹　喝口汤　看场戏

6. 部分重叠音节的后一个音节读轻声

例如：爸爸　妈妈　星星　看看　说说　唱唱　写写　读读　太太　爷爷

7. 动词、形容词后的趋向动词读轻声

例如：进来　出去　好起来　坏下去　坐下　看出来　出去　站起来

8. 部分约定俗成的双音节词的第二个音节读轻声

例如：太阳　月亮　消息　清楚　事情　客气　聪明　伶俐　糊涂

9. 动词后面的某些结果补语常读轻声
例如：打开　关上　站住
10. 作宾语的人称代词常读轻声
例如：找我　请你　叫他

第三节　语气词"啊"的音变

"啊"是一个表达语气感情的词，可作语气词，也可作叹词。作为叹词，"啊"独立于句外，可以表示喜悦、赞叹、惊疑、醒悟等感情色彩；作为语气词，"啊"附着在句尾，可以表示祈使、疑问、感叹等语气。用在句尾的语气词"啊"，因为受前面一个音节末尾音素的影响，常常发生同化、增音等音变现象。这种变化都是在 a 前增加一个音素，其变化规律如下：

1. 当"啊"前一个音节末尾的音素是u，或前一个音节的韵母是ao、iao时，"啊"读成wa，写成"哇"
例如：我不哇！你好哇！有没有哇？她手多巧哇！你在哪里住哇？他真是个多面手哇！

2. 当"啊"前一个音节末尾的音素是a、o、e、ê、i、ü时，读成ya，写成"呀"
例如：快来呀！明天有雨呀！原来是他呀！人真多呀！今天好热呀！快点写呀！

3. 当"啊"前一个音节末尾的音素是n时，读成na，写成"哪"
例如：多鲜艳哪！真慢哪！小心哪！多好的人哪！

4. 当"啊"前一个音节末尾的音素是ng时，读成nga，仍写成"啊"
例如：高声唱啊！不行啊！这样成不成啊？认真听啊！

5. 当"啊"前一个音节末尾的音素是-i[ʅ]时，读成ra，仍写成"啊"
例如：多好的同志啊！是啊！

6. 前面的音素是-i[ɿ]，读成za，仍写成"啊"
例如：这样小的字啊！你去过开封几次啊？

"啊"的音变情况可归纳为表7-1的内容。

表7-1　"啊"的音变规律表

"啊"前面音节的韵母	"啊"前面章节末尾的音素	"啊"的音变	汉字写法
a ia ua o uo ei üe	a o e ê	ya	呀
i ai uai ei uei ü	i u	ya	呀
u ou iou ao iao	u	wa	哇
an ian uan üan en in uen ün	n	na	哪
ang iang uang eng ing ueng ong iong	ng	nga	啊
-i（舌尖韵母）	-i	-ia	啊

第四节　儿　　化

卷舌韵母 er 在普通话里是一个比较特殊的单韵母，它不与声母相拼，可以自成音节。以 er 自成音节的字很少，常用的只有"儿、尔、二"等几个。此外，er 常附在其他音节的韵母之后，使这个韵母发生变化，成为一个带卷舌动作的韵母，这就是"儿化"现象。"儿化"后的韵母叫"儿化韵"。儿化韵的"儿"不是一个单独的音节，而是在一个音节末尾音上附加的卷舌动作，使那个音节因儿化而发生音变。如"花儿"，就是在发韵母 ua 的同时，在 a 的基础上加上一个卷舌动作而发出来的音。从这里可以看出，儿化的基本性质就是卷舌。儿化音节虽然用两个汉字表示，但并不是两个音节，读的时候仍要念成一个音节，拼写的时候在原来韵母的后面加一个 r，如"花儿"写成 huār。

一、儿化的作用

儿化并不是纯粹的语音现象，它跟语汇意义和语法意义都有密切关系，可以使汉语在表达上更加严密精确，有区别词义、词性和表示感情色彩等作用。

1. 区别词义

例如：

头（脑袋）——头儿（领头的）

眼（眼睛）——眼儿（小孔洞）

信（信件）——信儿（信息）

2. 区别词性

例如：

尖（形容词）——尖儿（名词）

活（形容词）——活儿（名词）

画（动词）——画儿（名词）

零碎（形容词）——零碎儿（名词）

3. 表示感情色彩

（1）表示细小、轻微。例如：

一点儿　小棍儿　小石子儿　纸条儿　树枝儿　药丸儿

（2）表示喜爱、亲切。例如：

小孩儿　小猫儿　小脸蛋儿　红花儿　老头儿

二、儿化的音变规律

普通话除 ê、er 韵母外，其余韵母均可以儿化，其规律见表 7-2。

表 7-2 儿化的音变规律表

原韵或尾音	儿 化	实际读音
韵母或尾音是 a、o、e、u	韵尾不变，加 r	号码儿（hàomǎr）花儿（huār）粉末儿（fěnmòr）书桌儿（shūzhuōr）草帽儿（cǎomàor）唱歌儿（chànggēr）小猴儿（xiǎohóur）打球儿（dǎqiúr）
尾音是 i、n	丢 i 或 n，加 r	盖儿（gàr）一块儿（yíkuàr）刀背儿（dāobèr）心眼儿（xīnyǎr）弯儿（wār）花园儿（huāyuár）窍门儿（qiàomér）
尾音是 ng	丢 ng，加 r，元音鼻化	电影儿（diànyĩr）帮忙儿（bāngmãr）
韵母是 i、ü	不变，加 er	玩意儿（wányìer）毛驴儿（máolúer）
韵母是 i	丢 i，加 er	没事儿（méishèr）词儿（cér）
韵母是 ui、in、un、ün	丢 i 或 n，加 er	麦穗儿（màisuèr）干劲儿（gànjìer）飞轮儿（fēiluér）白云儿（báiyuèr）

注：字母上的"～"表示鼻化。

1. 加 r

在韵母后加一个卷舌动作。音节末尾是 a、o、e、u 的，加 r，韵母不变。例如：

花儿　山坡儿　大个儿　眼珠儿　油画儿

没错儿　牙刷儿　人家儿　小狗儿

韵母是 ai、ei、an、en 的，加 r，去掉韵尾，在发主要元音的同时卷舌。例如：

小孩儿　香味儿　花篮儿　大门儿　一块儿　旁边儿

韵尾是 ng 的，去掉鼻尾音，使前面的元音鼻化并卷舌。例如：

帮忙儿　麻绳儿　胡同儿　门缝儿　唱腔儿

2. 加 er

韵母为 i、ü 的，加 er，使元音舌位移到中央，卷舌发音。例如：

小米儿　金鱼儿　眼皮儿　有趣儿

韵腹是 ê、-i 的，元音变为 er。例如：

半截儿　小事儿　瓜子儿　台词儿　年三十儿

韵母为 in、ün 的，加 er，去掉韵尾。例如：

干劲儿　白云儿　脚印儿　小树林儿

综合训练

1. 读准带"一、不"的双音节词语。

一一 yīyī	一半 yíbàn	一定 yídìng	一般 yìbān	一起 yìqǐ
一生 yìshēng	一路 yílù	一天 yìtiān	一体 yìtǐ	一行 yìháng
不好 bùhǎo	不顾 búgù	不够 búgòu	不屈 bùqū	不能 bùnéng
不及 bùjí	不想 bùxiǎng	不日 búrì	不拘 bùjū	不适 búshì

2. 读准带轻声字的双音节词语。

刀子 dāozi	车子 chēzi	孙子 sūnzi	丫头 yātou	后头 hòutou
胳膊 gēbo	抽屉 chōuti	姑娘 gūniang	师傅 shīfu	苍蝇 cāngying
哆嗦 duōsuo	他们 tāmen	朋友 péngyou	时候 shíhou	黄瓜 huánggua
记得 jìde	心思 xīnsi	知识 zhīshi	扎实 zhāshi	软和 ruǎnhuo
那边 nàbian	在乎 zàihu	老婆 lǎopo	模糊 móhu	月亮 yuèliang
洒脱 sǎtuo	似的 shìde	亲家 qìngjia	簸箕 bòji	进项 jìnxiang
便宜 piányi	别扭 bièniu	拨弄 bōnong	直溜 zhíliu	硬朗 yìnglang

3. 读准带儿化韵的双音节词语。

本色儿 běnshǎir	好好儿 hǎohāor	拈阄儿 niānjiūr	拔尖儿 bájiānr	
冰棍儿 bīnggùnr	老头儿 lǎotóur	豆角儿 dòujiǎor	蝈蝈儿 guōguor	
纳闷儿 nàmènr	墨水儿 mòshuǐr	围脖儿 wéibór	一块儿 yíkuàir	
照片儿 zhàopiānr	玩儿命 wánrmìng	起名儿 qǐmíngr	中间儿 zhōngjiānr	
小曲儿 xiǎoqǔr	片儿汤 piànrtāng	一会儿 yíhuìr	做活儿 zuòhuór	

4. 朗读下面一段话，注意"啊"的音变。

漓江的水真静啊，漓江的水真清啊，漓江的水真绿啊，漓江的水真美啊！桂林的山真奇啊，桂林的山真秀啊，桂林的山真险啊，桂林的山真直啊！

5. 读准下列普通话中常见的轻声词语。

梆子	膀子	棒槌	棒子	包袱	包涵	包子	豹子	杯子	被子
本事	本子	鼻子	比方	鞭子	扁担	鞭子	别扭	饼子	拨弄
脖子	簸箕	补丁	不由得	不在乎	步子	部分	裁缝	财主	
苍蝇	差事	柴火	肠子	厂子	场子	车子	称呼	池子	尺子
虫子	绸子	除了	锄头	畜生	窗户	窗子	锤子	刺猬	凑合
村子	耷拉	答应	打扮	打点	打发	打量	打算	打听	大方

6. 读准下列重叠式的形容词。

闷沉沉	明闪闪	满当当	慢腾腾	慢悠悠	毛烘烘	暖融融	暖洋洋
闹哄哄	闹嚷嚷	怒冲冲	暖烘烘	暖呼呼	平展展	胖乎乎	气冲冲
热烘烘	热乎乎	热辣辣	热腾腾	软绵绵	傻呵呵	湿淋淋	湿漉漉
甜津津	甜丝丝	雾沉沉	文绉绉	雾茫茫	喜洋洋	稀溜溜	喜冲冲
喜滋滋	咸津津	香喷喷	圆鼓鼓	眼巴巴	眼睁睁	直挺挺	直瞪瞪
醉醺醺	静悄悄	黑压压	沉甸甸	水汪汪	笑盈盈	齐刷刷	孤零零
白茫茫							

7. 读下面的绕口令。

九与酒

九月九，九个酒迷喝醉酒。

九个酒杯九杯酒，九个酒迷喝九口。

喝罢九口酒，又倒九杯酒。

九个酒迷速端起酒，"咕咚、咕咚"又九口。

九杯酒，酒九口，喝罢九个酒迷醉了酒。

第八章

河南方言与普通话辨正

方言是文化的活化石。它承载了一个地域的历史、文化和地理变迁，反映着其使用者所在民族的世界观、思维方式及社会特性等。基于历史文化的传承考虑，我们需了解、认知所在区域的方言，掌握其自身发展的特点；在学习普通话的过程中找出方言与普通话的对应规律，进行方音辨正，以达到事半功倍的学习效果。河南方言属于北方言区，虽然有许多语音系统、词汇与普通话相同，但还有不少地方有很大的差距。我们试图探索出一条河南方言与普通话对应参照的路径，以更好地学习普通话，更好地进行语言沟通。

第一节 声母辨正

一、唇音 f 和 h 的辨正

信阳地区的罗山、新县、光山、潢川等地的人把 f、h 相混。如：
胡混 hú hùn　读成　fú fèn 福分　　　　绘画 huì huà　读成　fèi fà 废发
放飞 fàng fēi　读成　huàng huī 晃灰　　夫妇 fū fù　读成　hū hù 呼户
关于 f、h 辨正，有两种方法可以参考：

1. 利用形声字旁直接类推

同声字旁的声母与声旁本身一般一致，记住了声旁字的声母，就可以类推出一系列的声母。如："非"的声母是 f，以"非"为声旁的"非、菲、斐、匪、扉、霏、绯、沸"等字的声母都是 f。"方"的声母是 f，以"方"为声旁的"放、防、房、访"等字的声母都是 f。

2. 利用普通话声韵拼合规律

普通话中 f 不跟 ai 拼，方音念 fai 的"槐、坏、怀"等字，普通话中都读 huai；f 和 o 拼，普通话中只有一个"佛"字，除"佛"之外，方音中念 fo 的，如"活、火、祸、豁"等都读 huo。

f 与 h 常用字辨音，如表 8-1 所示。

表 8-1　f 与 h 常用字辨音表

f	h（u）
fā 发	huā 花滑
fá 罚乏伐阀筏	huá 华滑划猾
fǎ 法砝	huǎ
fà（发）	huà 话化画桦
fān 番翻帆	huān 欢獾
fán 樊凡烦	huán 还环寰
fǎn 反	huǎn 缓
fàn 范饭犯	huàn 换患唤幻桓奂浣豢宦
fāng 方芳	huāng 慌
fáng 房妨	huáng 黄皇璜煌
fǎng 访纺仿	huǎng 谎恍晃
fàng 放	huàng（晃）
fēi 非飞扉妃	huī 辉灰恢徽
féi 肥	huí 回
fěi 匪	huǐ 悔毁
fèi 费沸废	huì 会汇慧惠
fēn 分纷芬氛	hūn 昏荤
fén 坟焚	hún 浑混魂
fěn 粉	
fèn 份奋粪愤	hùn（混）
fēng 锋丰风封	hōng 哄轰弘
féng 冯	hóng 宏洪红宏虹
fěng 讽	hǒng（哄）
fèng 缝凤	hòng（哄）
fó 佛	huō 豁
	huó 活
	huǒ 火伙
	huò 或祸惑货
	huo 和
fǒu 否	
	huái 槐怀淮踝徊槐
	huài 坏
fū 夫肤	hū 呼乎
fú 扶福服幅浮	hú 湖胡壶
fǔ 府抚	hǔ 虎
fù 附赋赴付父	hù 护互沪

【训练材料】

1）读准下列词语：

①f—h

发行 fā xíng　　　　发挥 fā huī　　　　妨害 fáng hài　　　　防护 fáng hù

返航 fǎn háng　　饭盒 fàn hé　　　繁华 fán huá　　　绯红 fēi hóng
风寒 fēng hán　　丰厚 fēng hòu　　凤凰 fèng huáng　烽火 fēng huǒ
②h—f
海防 hǎi fáng　　豪放 háo fàng　　耗费 hào fèi　　合法 hé fǎ
何妨 hé fáng　　横幅 héng fú　　　后方 hòu fāng　　化肥 huà féi
焕发 huàn fā　　划分 huà fēn　　　恢复 huī fù　　　伙房 huǒ fáng

2) 对比辨音：

防空 fáng kōng——航空 háng kōng　　　飞鱼 fēi yú ——黑鱼 hēi yú
幅度 fú dù ——弧度 hú dù　　　　　　互利 hù lì ——富丽 fù lì
湖面 hú miàn ——浮面 fú miàn　　　　工会 gōng huì ——公费 gōng fèi

3) 朗读下面的诗歌，注意加点的字的声母：

君不见黄河之水天上来，　　　Jūn bú jiàn huáng hé zhī shuǐ tiān shàng lái,
奔流到海不复回。　　　　　　Bēn liú dào hǎi bù fù huí。
君不见高堂明镜悲白发，　　　Jūn bú jiàn gāo táng míng jìng bēi bái fà,
朝如青丝暮成雪。　　　　　　Zhāo rú qīng sī mù chéng xuě。
人生得意须尽欢，　　　　　　Rén shēng dé yì xū jìn huān,
莫使金樽空对月。　　　　　　Mò shǐ jīn zūn kōng duì yuè。

（唐·李白《将进酒》节选）

4) 朗读训练，念准加点的字：

前天

我放学回家，
锅里有一碗油盐饭。
昨天，
我放学回家，
锅里没有一碗油盐饭。
今天，
我放学回家，
炒了一碗油盐饭，
放在妈妈的坟前。

（《一碗油盐饭》）

二、舌尖中音 n 和 l 的辨正

信阳地区的固始、潢川、商城等地，在方音中没有 n 声母，都读成 l 声母。信阳、光山、罗山及豫西等地，把开口呼、合口呼韵母相拼的音节读为 l 声母。例如：

浓重 nóng zhòng　　读成　　隆重 lóng zhòng　　　男女 nán nǚ　读成　兰吕 lán lǚ
脑力 nǎo lì　　　　读成　　老利 lǎo lì

这些地方的人学习普通话时，先要弄清 n、l 二者发音上的差别，记住他们各自所管辖的字数，不要错读。

【训练材料】

1）读准下列词语：

①n—l

奶酪 nǎi lào　　哪里 nǎ lǐ　　能量 néng liàng　　年龄 nián líng

鸟类 niǎo lèi　　尼龙 ní lóng　　暖流 nuǎn liú　　奴隶 nú lì

②l—n

烂泥 làn ní　　老年 lǎo nián　　辽宁 liáo níng　　羚牛 líng niú

林农 lín nóng　　留难 liú nàn　　龙脑 lóng nǎo　　凌虐 líng nüè

2）对比辨音：

留念 liú niàn ——留恋 liú liàn　　年年 nián nián ——连年 lián nián

男裤 nán kù ——蓝裤 lán kù　　女客 nǚ kè ——旅客 lǚ kè

蓝天 lán tiān ——南天 nán tiān　　隆重 lóng zhòng ——浓重 nóng zhòng

3）朗读下面的诗，注意带点的字的读音：

绿蚁新醅酒，　　　　Lǜ yǐ xīn pēi jiǔ,
红泥小火炉。　　　　Hóng ní xiǎo huǒ lú.
晚来天欲雪，　　　　Wǎn lái tiān yù xuě,
能饮一杯无？　　　　Néng yǐn yī bēi wú?

（唐·白居易《问刘十九》）

4）朗读训练，念准加点的字：

青青的野葡萄
淡黄的小月亮
妈妈发愁了
怎么做果酱
我说：
别加糖
在早晨的篱笆上
有一枚甜甜的
红太阳

（顾城·《安慰》）

三、舌尖前音和舌尖后音的辨正

河南许多地区舌尖前音和舌尖后音不分，新乡、信阳、驻马店、周口等地区只有舌尖前音而无舌尖后音，安阳、鹤壁、许昌、开封等地区把部分应该读舌尖后音的字读成舌尖前音。辨证方法有：

1. 从发音部位上掌握

练习发音时要注意：1. 发舌尖后音时，舌尖要翘起来，抵住前硬腭；2. 发舌尖前音时舌尖不翘，抵住上齿背；发舌面音时，舌面前部抵上齿龈和硬腭前部。

2. 利用形声字声旁类推

形声字由表意义的形旁和表声音的声旁来构成，如由"占"这一声旁构成的汉字有：

沾、站、战、粘、毡；还有者——著、煮、储、褚；召——绍、照、超、昭等。它们的声旁相同，声母也相同，我们可以利用形声字的这一特点，来辨别记忆一些属于同一声母或同一韵母的字。但也有例外，如占——钻，束——速。

zh、ch、sh 与舌尖中音 d、t 有一定的渊源关系，当一个形声字的声旁的声母是 d、t 的，这个字大都读舌尖后音，如滞、橙、税、禅、终、社、蛇、治等；有一部分形声字的声旁声母虽不读 d、t，但这个声旁和读 d、t 的其他字有关，（用这个声旁与另一个形旁组成形声字时可读 d、t），这些形声字大都读舌尖后音。如：寺（等、待、特）——诗、峙、侍、峙，也（他、地、拖）——池、施、驰、弛。

3. 利用普通话声韵拼合规律

如 ua、uai、uang 这三个韵母只跟舌尖后音 zh、ch、sh 相拼，不跟舌尖前音 z、c、s 相拼，所以抓、装、拽、踹、甩、霜等都为舌尖后音。ong 只跟 s 相拼，如松、送、嵩等，而不与相 sh 拼。z、c、s 不能与 i、ü 或以 i、ü 起头的韵母相拼，而 j、q、x 只能与 i、ü 或以 i、ü 起头的韵母相拼，如家、恰、瞎、卷、选，声母一定是舌面音。

4. 可以只记单边音

有点方言中的一类音在普通话里分为两类，这两类音经常出现一边字数少，一边字数多多情况。我们可以记住字数少的一边，另一边就记住了。如 a、e、ou、en、eng、ang 为韵母的字里，舌尖前音很少，舌尖后音字多；ca 只有五个字，cha 却有 30 多个字；zen 只有两个字，zhen 有 30 多个字；sen 只有一个字"森"，shen 则有 30 多个字。

5. 利用舌尖后音字数多舌尖前音字数少的特点

普通话中这两类声母字数一共九百多，舌尖后音占了其中的百分之七十，而舌尖前音只占百分之三十，记住少数字就可以了。舌尖前音与舌尖后音声母常用字辨音见表 8-2。

表 8-2a　舌尖前音 z 与舌尖后音 zh 常用字辨音表

例字＼声母＼韵母	z	zh
a	匝扎砸杂咋	渣炸闸眨诈
ai	灾栽载宰崽再在	斋摘宅翟窄债寨债
an	簪咱赞暂攒	沾粘展占战
ang	赃脏奘藏赃奘	张章长涨掌帐胀
ao	凿早燥澡糟枣造	昭沼朝招着找赵照兆肇
e	则择泽责啧仄	遮着哲折者辄褶蛰这浙
ei	贼	
en	怎潜	真针祯珍疹诊枕镇阵振
eng	增憎锃赠	争蒸拯整政症证郑挣正
-i	滋姿孜资滋子紫梓渍姊字自	知之值直指纸止制质志职至智枝治
ong	宗综踪鬃总纵粽	中盅忠衷钟螽终肿踵冢仲种众
ou	鲰邹走揍奏	粥周舟轴肘皱骤咒昼宙

续表

声母 韵母	z	zh
u	租卒足族组祖阻诅	猪朱珠逐竹主注祝瞩
ua		抓爪
uai		拽
uan	钻纂赚攥	
uang		桩装妆状撞
ui	嘴最罪醉	追锥锥坠缀缒赘惴
un	尊遵樽撙	谆准
uo	作琢昨左佐做坐作座柞	捉桌灼拙浊啄酌镯斫

表 8-2b　舌尖前音 c 与舌尖后音 ch 常用字辨音表

声母 韵母	c	ch
a	擦嚓	差插查茶察仅叉岔诧刹
ai	猜才裁财彩采踩菜蔡	拆差钗柴豺
an	餐参蚕惨孱灿	掺搀馋缠蝉产铲潺颤忏
ang	仓苍舱沧藏	昌常肠偿长场厂敞畅倡唱
ao	操糙曹槽漕嘈草	超抄朝潮晁巢吵炒
e	策测册厕恻侧	车扯撤彻掣坼澈
ei		
en	参岑	陈晨尘臣碜趁衬
eng	噌曾层蹭	撑丞呈程惩橙成丞呈程逞秤
-i	磁慈辞词此刺次赐	吃痴迟持池尺齿耻赤翅
ong	匆葱囱淙琮从丛聪	春冲憧艟充冲忡虫宠崇重冲
ou	凑	抽筹愁丑仇臭
u	粗醋促簇蹙	初出除雏厨楚储触畜处触
ua		
uai		揣踹
uan	蹿汆撺攒窜篡	川穿传椽喘舛钏串
uang		窗疮床闯幢怆创
ui	催璀翠萃脆淬粹	吹炊垂槌陲锤
un	村皴存忖寸	春唇醇淳鹑纯蠢
uo	撮搓磋蹉矬措错挫	戳啜绰龊

表 8-2c　舌尖前音 s 与舌尖后音 sh 常用字辨音表

韵母 \ 声母	s	sh
a	撒洒撒飒萨卅	杉沙裟鲨砂纱杀刹煞傻霎厦啥
ai	塞塞鳃塞赛	筛色晒
an	三叁散伞散	潸扇煽山舢衫杉膻珊跚闪陕擅善鳝膳单扇赡汕疝讪赡汕疝讪
ang	丧桑搡嗓丧	商墒伤殇赏上垧晌尚上
ao	臊搔骚缫扫嫂臊扫	烧鞘梢捎稍艄勺芍韶少哨稍少召邵绍
e	色瑟涩塞啬穑铯	歙奢赊蛇舌佘舍社设摄涉赦
ei		
en	森	申神伸身参深沈婶审慎肾甚渗
eng	僧	升生牲笙甥声绳省胜圣胜盛剩
-i	私丝思撕斯死似饲寺肆寺四	失诗施狮石实时使史世事势市
ong	松凇嵩耸竦宋颂诵	
ou	搜艘馊擞嗽	收首瘦手守授售寿绶受兽
u	酥苏俗素速诉宿	书输舒殊淑熟赎属鼠蜀黍署述凤术数
ua		刷唰耍刷
uai		摔衰甩帅率蟀
uan	酸算蒜	栓闩拴涮
uang		双霜孀爽
ui	虽随隋髓岁碎穗	谁水睡税说
un	孙损狲笋榫狲	吮顺舜瞬
uo	喳蓑缩娑所锁索琐梭唢	说朔烁硕铄槊

另外，濮阳的范县、焦作的武陟等地区常把舌尖后音 sh 读作 f，规律大多是 sh 后有合口呼韵母时（韵母是 u 或以 u 开头的）。如：

梳子 shū zi　不能读成 fū zi　　　　　刷牙 shuā yá　不能读成 fā yá
吃馍馍不熟　（shú 不能读作 fú）　　喝水（shuǐ　不能读作 fěi）水不开

【训练材料】

1）读准下列词语：
①zh－z
帐子 zhàng zi　　　　沼泽 zhǎo zé　　　　渣滓 zhā zǐ　　　　制造 zhì zào

| 职责 zhí zé | 种族 zhǒng zú | 铸造 zhù zào | 追踪 zhuī zōng |
| 准则 zhǔn zé | 主宰 zhǔ zǎi | 正在 zhèng zài | 著作 zhù zuò |

② z—zh
载重 zài zhòng	赞助 zàn zhù	杂志 zá zhì	增长 zēng zhǎng
自传 zì zhuàn	宗旨 zōng zhǐ	总之 zǒng zhī	作者 zuò zhě
座钟 zuò zhōng	组织 zǔ zhī	阻止 zǔ zhǐ	诅咒 zǔ zhòu

③ ch—c
| 蠢材 chǔn cái | 纯粹 chún cuì | 楚辞 chǔ cí | 陈醋 chén cù |

④ c—ch
财产 cái chǎn	彩绸 cǎi chóu	餐车 cān chē	残春 cán chūn
车次 chē cì	尺寸 chǐ cùn	揣测 chuǎi cè	差错 chā cuò
船舱 chuán cāng	春蚕 chūn cán	储存 chǔ cún	冲刺 chōng cì
仓储 cāng chǔ	操持 cāo chí	草创 cǎo chuàng	促成 cù chéng
磁场 cí chǎng	辞呈 cí chéng	粗茶 cū chá	错处 cuò chù

⑤ sh—s
上司 shàng sī	膳宿 shàn sù	哨所 shào suǒ	生丝 shēng sī
胜诉 shèng sù	绳索 shéng suǒ	神色 shén sè	深思 shēn sī
伸缩 shēn suō	失散 shī sàn	时速 shí sù	输送 shū sòng

⑥ s—sh
桑树 sāng shù	扫射 sǎo shè	四十 sì shí	松鼠 sōng shǔ
算数 suàn shù	私塾 sī shú	岁数 suì shu	损伤 sǔn shāng
唆使 suō shǐ	宿舍 sù shè	宿舍 sù shě	死水 sǐ shuǐ

2) zh、ch、sh 和 z、c、s 对比辨音练习：

自 zì 愿—志 zhì 愿	鱼刺 cì—鱼翅 chì	私 sī 人—诗 shī 人
仿造 zào—仿照 zhào	粗 cū 布—初 chū 步	姿 zī 势—知 zhī 识
新春 chūn—新村 cūn	宗 zōng 旨—中 zhōng 止	资 zī 助—支 zhī 柱
自 zì 动—制 zhì 动	物资 zī—物质 zhì	糟 zāo 了—招 zhāo 了
近似 sì—近视 shì	搜 sōu 集—收 shōu 集	增 zēng 订—征 zhēng 订
从 cóng 来—重 chóng 来	支 zhī 援—资 zī 源	主 zhǔ 力—阻 zǔ 力
木柴 chái—木材 cái	商 shāng 业—桑 sāng 叶	申诉 sù—申述 shù
摘 zhāi 花—栽 zāi 花	午睡 shuì—五岁 suì	八成 chéng—八层 céng
树 shù 立—肃 sù 立	找 zhǎo 到—早 zǎo 到	乱吵 chǎo—乱草 cǎo

3) 朗读下面两首诗，注意带点的字的声母：

君问归期未有期，　　　Jūn wèn guī qī wèi yǒu qī，
巴山夜雨涨秋池。　　　Bā shān yè yǔ zhǎng qiū chí。
何当共剪西窗烛，　　　Hé dāng gòng jiǎn xī chuāng zhú，
却话巴山夜雨时。　　　Què huà bā shān yè yǔ shí。

（唐·李商隐《夜雨寄北》）

4）朗读训练，念准加点的字：

黑黑的天空低垂，
亮亮的繁星相随，
虫儿飞，虫儿飞，
你在思念谁？
天上的星星流泪，
地上的玫瑰枯萎，
冷风吹，冷风吹，
只要有你陪！
虫儿飞，花儿睡，
一双又一对才美，
不怕天黑只怕心碎，
不管累不累
也不管东南西北。

（《虫儿飞》歌词）

四、舌面音

河南不少地区把普通话的声母 j、q、x 分成了 j、q、x 与 z、c、s 两套系统，条件是韵母为 i、ü 或以 i、ü 开头（齐齿呼）。汉语语音学中把 j、q、x 作声母与齐齿呼韵母相拼的叫团音；z、c、s 作声母，与齐齿呼韵母相拼的叫尖音。普通话语音只有团音没有尖音，因此，应把读成尖音的字该为读团音。

z、c、s 都是舌尖前音，发音时舌尖前部顶住或接近上齿背，气流在这一部位受阻后气流从窄缝中挤出，发出的一种辅音。而 j、q、x 的发音部位是舌面而不是舌尖，它是舌面与硬腭前部形成靠近硬腭阻碍或前部，而舌尖是绝不能有阻碍的，如果此时舌尖受阻的话，那就会发出十分明显的尖音。在发 j 时，舌面前部抵住硬腭前部，软腭上升，气流因通路被完全封闭而积蓄起来，然后舌面前部微离硬腭，形成一个窄缝，气流从窄缝中泄出，摩擦成声，声带不振动。发 q 的阻碍部位和发音方式与发 j 同，只是在发 q 时，冲出的气流比发 j 时要强许多。在发 x 时，舌面前部靠近硬腭前部，形成一个窄缝，软腭上升，气流从舌面与硬腭间的窄缝里挤出，摩擦成声，声带不振动。如：

接近 jiē jìn　　不能读成 ziē zìn　　迁就 qiān jiù　　不能读成 ciān ziù
休闲 xiū xián　　不能读成 siū sián　　学习 xué xí　　不能读成 sué xí

如果不是由于分尖团音，而是发舌面音 j、q、x 时发音部位靠前舌尖碰着了上齿背，发在 z、c、s 或带有 z、c、s 的色彩，也称为有尖音，判作语音缺陷。纠正时只需按舌面音的发音部位（舌面抬起接触硬腭前部）练习发准带有 j、q、x 的音节。

纠正尖音的方法：1. 放松下巴（让学生像发呆一样使下巴自然下垂），这时舌头会自然平放于口腔中，舌尖轻触下齿背，上下牙齿也会有一定间隙。2. 在此基础上发出"哩——"（li）的声音，体会发元音"i"时的舌位。3. 保持发元音"i"时的状态（舌位、下巴、牙齿均保持不动），然后让气流从舌面与上腭之间通过，发出小带无音"i"的"希——"声，这个声音是气流通过时与舌面和上腭的摩擦声（这点特别重要），舌尖、牙齿均不可阻碍气流。若发的声音含"嘶（si）"或"师（shi）"的成分，则说明舌尖或牙齿对气流形成了阻碍，就是不正确的。4. 在"希——"音结束时带出元音"i"，发成"希——衣"（x——i），注意是顺便带出，中途气流不断，不可有意去发"衣"。5. 在保持上述状态下直接发出"Xi——"音，这时就没有尖音成分了。6. "xi"发好了，再扩展练习 x 与其他 i、ü 起头的韵母相拼，达到熟练程度，张口即发音到位。

需要特别注意的是，通过这样的训练，尖音去除了，但发音的成阻部位过于靠后，听起来像有舌根成阻的感觉。多练习，强调保持微笑状态，发音部位不要过于紧张，在发"xi"时逐渐使口腔闭合一些（即：让舌位变高一点），这样成阻部位就从舌根过渡到舌面了。

【训练材料】

1）z、c、s—j、q、x 对比练习：

jǔ cuò	jué suàn	jù zǔ	jù zuò	quán sù
举措	决算	剧组	剧作	全速
quē sǔn	qū cóng	jìn qǔ	zēng jiā	quàn zǔ
缺损	屈从	进取	增加	劝阻

2）朗读下面两首诗，注意带点的字的声母：

独怜幽草涧边生，　　Dú lián yōu cǎo jiàn biān shēng，
上有黄鹂深树鸣。　　Shàng yǒu huáng lí shēn shù míng。
春潮带雨晚来急，　　Chūn cháo dài yǔ wǎn lái jí，
野渡无人舟自横。　　Yě dù wú rén zhōu zì héng。

（唐·韦应物《滁州西涧》）

3）练习绕口令，注意避免尖音：

（一）

县级小学的学生学习京剧，
乡级小学的学生学习晋剧。
县级小学学习京剧的学生想向乡级小学学习晋剧的学生学习晋剧，
乡级小学学习晋剧的学生想向县级小学学习京剧的学生学习京剧。
结局是
县级小学学习京剧的学生向乡级小学学习晋剧的学生学会了晋剧，
乡级小学学习晋剧的学生向县级小学学习京剧的学生学会了京剧。

（二）

请将九十七卷极细极细的细丝线，
织成九十七个极小极小的小家雀。
九十七个极小极小的小家雀，
剪断九十七卷极细极细的细丝线，
飞向极峭极峭的悬崖下。

五、舌根音

濮阳、商丘、驻马店等地区把 g、k、h 读成 j、q、x。如：
蛤蟆 há ma 不能读成 xiéma　　　刻骨 kè gǔ 不能读成能读成 qiègǔ
朗读下面绕口令，注意舌根音的发音：

　　　　一班有个黄贺，二班有个王克；
　　　黄贺王克二人搞创作，黄贺搞木刻，王克写诗歌。
　　　黄贺帮助王克写诗歌，王克帮助黄贺搞木刻。
　　　由于二人搞协作，黄贺完成了木刻，王克写好了诗歌。

六、送气音与不送气音

在塞音 b、d、g、p、t、k 与塞擦音 z、zh、j、c、ch 里，分别有两种不同的音：b、d、g 属于不送气音，p、t、k 属于送气音，z、zh、j 属于不送气音，c、ch、q 属于送气音。普通话里，不送气音 b、d、z、zh、j 六个音冲出气流较弱，而送气音 p、t、k、c、ch、q 冲出气流较强。但在灵宝方音中，许多不送气音却读成了送气音。例如：
棒子 bàng zǐ　读成　胖子 pàng zǐ　　加倍 bèi　读成　加配 pèi
又有顺口溜说：

　　　　你坐下我坐下，
　　　　你喝汤我喝茶，
　　　　一下一下又一下，
　　　　肚子喝饱了。

灵宝方言念之为：

　　　　你错 cuo 哈 ha 我错 cuo 哈，
　　　　你火 huo 汤我火 huo 茶 ca，
　　　　一哈一哈又一哈，
　　　　兔 tu 子火 huo 炮 pao 了。

关于送气不送气的方音辩正，有其以下规律：普通话读为不送气声母而灵宝方音读成送气声母，是那些古代全浊声母的仄声字。即今天读上声、去声的字，古代全为仄声字。而今天读阴平、阳平的字，一般为古代平声字，不存在改读送气、不送气的问题。对于上声去声的字，则要注意把 p、t、k、c、ch、q 改读为 b、d、g、z、zh、j。

【训练材料】

1）读准下列词语：
①b p
b
弊病 bì bìng　　　　便条 biàn tiáo　　　　棒槌 bàng chuí
刨床 páo chuáng　　并重 bìng zhòng　　　被动 bèi dòng
p
排球 pái qiú　　　　陪伴 péi bàn　　　　　培植 péi zhí
评弹 píng tán　　　 皮蛋 pí dàn　　　　　 疲乏 pí fá

② d t

d

| 地段 dì duàn | 奠定 diàn dìng | 电镀 diàn dù |
| 导弹 dǎo dàn | 逮捕 dài bǔ | 沉淀 chén diàn |

t

| 调停 diào tíng | 投递 tóu dì | 徒弟 tú dì |
| 搪瓷 táng cí | 条件 tiáo jiàn | 提拔 tí bá |

③ g k

g

| 共同 gòng tóng | 柜台 guì tái | 逛荡 guàng dàng |

k

| 狂暴 kuáng bào | 葵花 kuí huā | 馈赠 kuì zèng |

④ j q

j

| 竞技 jìng jì | 巨匠 jù jiàng | 健全 jiàn quán |
| 尽情 jìn qíng | 近代 jìn dài | 具备 jù bèi |

q

| 奇特 qí tè | 棋盘 qí pán | 渠道 qú dào |
| 前途 qián tú | 琴键 qín jiàn | 虔诚 qián chéng |

⑤ zh ch

zh

| 郑重 zhèng zhòng | 状态 zhuàng tài | 兆头 zhào tóu |
| 助词 zhù cí | 站台 zhàn tái | 阵地 zhèn dì |

ch

| 朝廷 cháo tíng | 陈旧 chén jiù | 纯洁 chún jié |
| 成群 chéng qún | 沉静 chén jìng | 长度 cháng dù |

⑥ z c

z

| 暂时 zàn shí | 造就 zào jiù | 罪状 zuì zhuàng |
| 座谈 zuò tán | 自动 zì dòng | 字调 zì diào |

c

| 财权 cái quán | 嘈杂 cáo zá | 慈善 cí shàn |
| 磁场 cí chǎng | 辞别 cí bié | 词牌 cí pái |

2) 朗读下面古诗词，注意带点的字的声母：

xíng lù nán　qí yī
行 路 难（其一）

lǐ bái
李 白

jīn zūn qīng jiǔ dǒu shí qiān
金 樽 清 酒 斗 十 千，

yù pán zhēn xiū zhí wàn qián
玉盘珍馐值万钱，
tíng bēi tóu zhù bù néng shí
停杯投箸不能食，
bá jiàn sì gù xīn máng rán
拔剑四顾心茫然。
yù dù huáng hé bīng sè chuān
欲渡黄河冰塞川，
jiāng dēng tài háng xuě mǎn shān
将登太行雪满山。
xián lái chuí diào bì xī shàng
闲来垂钓碧溪上，
hū fù chéng zhōu mèng rì biān
忽复乘舟梦日边。
xíng lù nán　xíng lù nán
行路难，行路难！
duō qí lù　jīn ān zài
多歧路，今安在？
cháng fēng pò làng huì yǒu shí
长风破浪会有时，
zhí guà yún fān　jì cāng hǎi
直挂云帆济沧海。

七、零声母

普通话中，有许多音节不是以辅音声母开头，而是以元音 a、o、e 和 y、u、ü 开头。例如：

安阳 ān　　欧洲 ōu　　俄语 é
衣服 yī　　乌鸦 wūyā　　雨夜 yǔyè

零声母方音辩正：

1. w—v

[v] 是 [f] 的浊音，发唇齿音 [f] 是让声带颤动就是 [v]。河南大多数市县把 w 读成 [v]。

例：王忘 wang　读成 vang　　危微 wei　读成 vei
　　万晚 wan　读成 van　　　挖娃 wa　读成 va

2. 零声母 a、o、e 前介入 [r]

[r] 是舌尖后边音声化韵，是 h 的浊化。河南话以 a、o、e、ê 等零声母开头的音节，很多前面都介入了 [r] 作声母。如：

额　读作 re　　　儿　读作 rer
袄　读作 rao　　 暗　读作 ran

[r] 加在音节开头是因质稍硬，它既不同别的声母相混，又没有区别词义的作用，但如果从严要求，河南话学习普通话时应该去掉这些音节前的摩擦音，把它们变成零声母。

【训练材料】

1）读准下列词语：
①a、o、e 起头的零声母字

a

碍眼 ài yǎn	艾叶 ài yè	癌肿 ái zhǒng	熬药 áo yào
傲骨 ào gǔ	遨游 áo yóu	鳌鱼 áo yú	棉袄 mián ǎo
矮小 ǎi xiǎo			

o

| 偶然 ǒu rán | 藕粉 ǒu fěn | 耦合 ǒu hé | |

e

鹅蛋 é dàn	定额 dìng é	俄语 é yǔ	娥眉 é méi
扼要 è yào	讹诈 é zhà	儿歌 ér gē	恩爱 ēn ài
二胡 èr hú			

②i、u、ü 起头的零声母

i（y、yi）

沿岸 yán àn	岩层 yán céng	严格 yán gé	仰望 yǎng wàng
严寒 yán hán	业务 yè wù	冶金 yě jīn	遗物 yí wù
疑问 yí wèn	议定 yì dìng	移用 yí yòng	银洋 yín yáng
毅力 yì lì	硬币 yìng bì	迎风 yíng fēng	

u（w）

袜子 wà zi	瓦房 wǎ fáng	外文 wài wén	未曾 wèi céng
味精 wèi jīng	维持 wéi chí	微弱 wēi ruò	尾巴 wěi ba
闻名 wén míng	问候 wèn hòu	文艺 wén yì	紊乱 wěn luàn
蚊香 wén xiāng	卧车 wò chē	误会 wù huì	

ü（yu）

| 愚公 yú gōng | 语言 yǔ yán | 原野 yuán yě | 元月 yuán yuè |
| 岳父 yuè fù | 玉石 yù shí | | |

2）朗读下列诗句，注意带点的字的声母：

死去元知万事空，　　Sǐ qù yuán zhī wàn shì kōng,
但悲不见九州同。　　Dàn bēi bú jiàn jiǔ zhōu tóng.
王师北定中原日，　　Wáng shī běi dìng zhōng yuán rì,
家祭无忘告乃翁。　　Jiā jì wú wàng gào nǎi wēng.
（南宋·陆游《示儿》）

3）朗读下面材料，念准加点的字：

国王越来越喜欢纳西鲁丁了，到哪儿都要带上他。有一次，国王率队出行，穿过一片沙漠时看到远处有一个小村庄。

不知什么原因，国王对纳西鲁丁说："朕很想知道这个小地方的百姓认不认识朕。不如这样，我们把车队留在这儿，朕与你徒步进村，这样朕就知道他们是否认识朕了。"

于是，国王和纳西鲁丁下了马车，沿着一条路向村子走去，一路上遇到一些村民，这些村民都朝纳西鲁丁点头微笑，但对纳西鲁丁身边的国王却视而不见。国王很生气，对纳西鲁丁说："这儿的人好像都认识你，却没有一个人认识朕。"

"陛下，他们也不认识我。"纳西鲁丁说。

"那么，他们为什么只对你点头微笑？"国王问。

"因为我对他们微笑了。"纳西鲁丁微笑着说。

（《读者》2016.19 夏殷棕 编译）

第二节　韵母辨正

一、单韵母方音辨正

1. i 与 ei 的辨正

普通话中的 i，河南有些地区读成了复韵母 ei，相反，却把普通话中有些读 ei 的字读成了 i。例如许昌、开封、南阳等地都如此：

钢笔 gāng bǐ	读成 gāng běi	彼此 bǐ cǐ	读成 běi cǐ
土坯 tǔ pī	读成 tǔ pēi	披衣 pī yī	读成 pēi yī

（以上为双唇音声母）

非常 fēi cháng	读成 fī cháng	土匪 tǔ fěi	读成 tǔ fǐ
肥料 féi liào	读成 fí liào	飞机 fēi jī	读成 fī jī

（以上为唇齿音声母）

这些变化都有规律性，即这类音节只限于唇音声母，如把 i 读成 ei 的，音节声母为 b、p。把 ei 读为 i 的，音节声母为唇齿音 f。个别记忆即可。

2. e 与 ê、uo 的辨正

普通话中 e 与舌尖中声母 d、t、n、l 和舌尖前声母 z、c、s、zh、ch、sh、r 相拼时，河南的滑县、清丰、许昌、南阳、信阳地县市则把读 e 作 ê，如："特、车、色"等分别读作 tê、chê、sê。e 与舌根音声母相拼时，一部分地区读成 uo，如"戈、科、禾、棵"等分别读作 guō、kuō、huó、kuò；一部分地区读作 ê，如"革、客"分别读作 gê、kê。

由于 ê 不单独与声母相拼，所以河南部分地区的人只要记住 ê 改为 e 即可，e 念成 uo 的也只是极个别字，所以个别记忆即可。

3. u 和 ou 的辨正

u 与舌尖中声母 d、t、n、l 相拼时，河南信阳的罗山、新县、南阳的新野、邓州、西峡、内乡、镇平、许昌的长葛等地则把 u 读成 ou，而把 ou 读成 u，如：

独自 dú zì	读成 dóu zì	计谋 jì móu	读成 jì mú
突然 tū rán	读成 tōu rán	某人 mǒu rén	读成 mǔ rén
怒火 nù huǒ	读成 nòu huǒ	否定 fǒu dìng	读成 fǔ dìng
鲁迅 lǔ xùn	读成 lǒu xùn	妯娌 zhóu li	读成 zhú li
俘虏 fú lǔ	读成 fú lǒu		

分清 ou 和 u 的方法主要凭记忆。

4. u 与 [ü] 的辨正

焦作的修武、博爱等地的字，把 u 与 zh、ch、sh 相拼的一部分字读为 [ü]。[ü] 是舌尖后圆唇韵母，发 [ü] 时让嘴唇拢圆就可以发这个音。如：

读书 dú shū　　　读成 du sh [ü]
朱庄 zhū zhuāng　　读成 zh [ü] zhuang
舒服 shū fu　　　读成 sh [ü] fu

信阳、罗山等地，则不仅把 [u] 韵母与 zh、ch、sh 相拼的一部分字改读为 [ü] 韵母，同时还把 zh、ch、sh 改读为 j、q、x，如：

母猪 mǔ zhū　　读成 mǔ jū
出来 chū lái　　读成 qū lái
说话 shuō huà　　读成 xuē huà

此外，河南很多县市把："俗、肃、宿" su 读为 xu，把"损" sun 读为"xun"，而把"全 quan 俊 jun"则读为"cuan 和 zun"。河南人在学普通话时，应注意区分"u"和"ü"。

【训练材料】

1) 读准下列词语

① 沙漠 shāmò　拔河 bá hé　巴黎 bā lí　发育 fā yù　波折 bō zhé　特殊 tè shū　歌剧 gē jù　蘑菇 mó gū

默许 mò xǔ　河马 hé mǎ　许可 xǔ kě　彻底 chè dǐ　拘束 jū shù　曲折 qū zhé　抵达 dǐ dá　气魄 qì pò

计策 jì cè　地图 dì tú　碧绿 bì lǜ　抒发 shū fā　抚摸 fǔ mō　读者 dú zhě　除夕 chú xī　富裕 fù yù

② 赤子 chì zǐ　磁石 cí shí　师资 shī zī　市志 shì zhì　试纸 shì zhǐ　誓师 shì shī　丝竹 sī zhú　值日 zhí rì

只是 zhǐ shì　咫尺 zhǐ chǐ　致辞 zhì cí　自治 zì zhì　字纸 zì zhǐ　日食 rì shí　二十 èr shí

2) 朗读下面的诗句，注意加点的字的读音：

昔人已乘黄鹤去，　　Xī rén yǐ chéng huáng hè qù，
此地空余黄鹤楼。　　Cǐ dì kōng yú huáng hè lóu。
黄鹤一去不复返，　　Huáng hè yí qù bù fù fǎn，
白云千载空悠悠。　　Bái yún qiān zǎi kōng yōu yōu。
晴川历历汉阳树，　　Qíng chuān lì lì hàn yáng shù，
芳草萋萋鹦鹉洲。　　Jué cǎo qī qī yīng wǔ zhōu。
日暮乡关何处是，　　Rì mù xiāng guān hé chù shì，
烟波江上使人愁。　　Yān bō jiāng shàng shǐ rén chóu。

（唐·崔颢《黄鹤楼》）

3) 朗读语音材料，念准加点的字：

从明天起，做个幸福的人
喂马、劈柴，周游世界
从明天起，关心粮食和蔬菜
我有一所房子，

面朝大海，春暖花开
从明天起，和每一个亲人通信
告诉他们我的幸福
那幸福的闪电告诉我的
我将告诉每一个人
给每一条河每一座山取个温暖的名字
陌生人，我也为你祝福
愿你有一个灿烂前程
给每一条河每一座山取个温暖的名字
愿你有情人终成眷属
愿你在尘世获得幸福
我只愿面朝大海，春暖花开

（海子《面朝大海春暖花开》）

二、复韵母的方音辨正

复韵母在河南方言中的变读，主要是韵头 u 的丢失或增加，个别韵母的改读现象等。

1. ai 与 e、ei 的辨正

当 ai 与声母相拼时，河南省很多地市把 ai、ei 读成 ê，如：

白菜 bái cài　　读成 bê cê　　　黑色 hēi sè　　读成 hê sê
一百 yī bǎi　　读成 yī bê　　　宅基 zhái jī　　读成 zhê jī

ê 是单韵母，口腔动程不变，而 ai 和 ei 是复韵母，口腔由大到小变化，河南人应注意把"掰、白、百、黑、麦、拍、柏、窄、拆"等音节中的 ê 韵母改读为 ai。

2. uei 和 ei 的辨正

普通话中的 uei 韵母，河南话念起来常丢失韵头 u。就音节来讲，多出现在 uei 与 z、c、s 相拼和；而丢失韵头 u 限于南阳、信阳两地区，与 d、t、sh 相拼丢失韵头 u 则反映在河南省的大部分县、市。前者如：

最后 zuì hòu　　读成 zèi hòu　　　催促 cuī cù　　读成 cēi cù
随便 suí biàn　　读成 séi biàn　　　岁月 suì yuè　　读成 sèi yuè

后者如：

睡觉 shuì jiào　　读成 shèi jiào　　　喝水 hē shuǐ　　读成 hē shěi
对待 duì dài　　读成 dèi dài　　　蜕化 tuì huà　　读成 tèi huà

与丢失普通话 uei 韵母中的韵头 u 相反，当普通话 ei 与韵母 n、l 相拼时，河南多数县市却增加了一个韵头 u，把 ei 读成了 ui。例如：

眼泪 yǎn lèi　　读成 yǎn luì　　　磊落 lěi luò　　读成 luǐ luò
入内 rù nèi　　读成 rù nuì　　　气馁 qì něi　　读成 qì nuǐ

由于普通话中 z、c、s、d、t、sh 与 ei 拼和的音节，zei 仅有"贼"与"鲗"两个音；dei 音节只有"得"一个字；shei 音节只有"谁"一个字，所以读时只要记住这四个字，其他的全改成 uei 就行了。

又因为普通话中 n、l 与 uei 根本不拼，所以在 nui、lui 里甩掉 u 更为容易。

3. 读准 üe 韵母

普通话中的 üe 是由 ü 与 e 构成，但许多方言区却把它当成 y 和 e 构成，念起来很接近 [yo] 如 "月、缺、略、决、掠、觉、掘、学、雪、鹊" 等，韵母都接近 [yo]，只要把 [yo] 韵母的音节全改为 üe 韵母的音节，就与普通话相一致了。

4. iao 与 iuo、ao 与 uo 的辨正

河南许昌、开封、郑州等地在读 j 与 iao 相拼的音节或 iao 自成音节时，常把 iao 改为 iuo，把 ao 读为 uo。例如：

药具 yào jù　　读成 yiuò jù　　　脚跟 jiǎo gēn　　读成 jiuǒ gēn
嚼碎 jiáo suì　　读成 jiuó suì　　芍药 sháo yào　　读成 shuó yuò
勺子 sháo zi　　读成 shuó zi

【训练材料】

1) 读准下列词语：

①ai—ei

zāi péi　　bái méi　　bài lèi　　bǎi bèi
栽培　　　白煤　　　败类　　　百倍

②ei—ai

pèi dài　　nèi hǎi　　hēi mài　　pēi tāi
佩带　　　内海　　　黑麦　　　胚胎

③uai—uei

kuài wèi　　shuāi tuì　　wài huì
快慰　　　　衰退　　　　外汇

④uei—uai

zuǐ guāi　　guǐ guài　　huǐ huài
嘴乖　　　　鬼怪　　　　毁坏

⑤ao—ou

bào chóu　　bǎo shǒu　　táo zǒu　　máo tóu　　pào lóu　　hào shǒu
报酬　　　　保守　　　　逃走　　　矛头　　　炮楼　　　号手

⑥ou—ao

róu dào　　tóu kǎo　　zhōu dào　　hòu dào　　shòu táo　　shǒu tào
柔道　　　投考　　　　周到　　　　厚道　　　寿桃　　　手套

⑦iao—iou

yào qiú　　biǎo jiù　　piāo yōu　　xiào yǒu　　piāo liú　　tiáo xiū
要求　　　表舅　　　　飘悠　　　　校友　　　漂流　　　调休

⑧iou—iao

yóu tiáo　　yóu piào　　jiǔ yào　　yǒu xiào　　niú jiǎo
油条　　　　邮票　　　　酒药　　　有效　　　　牛角

2) 对比辨音：

bǎi shǒu　bǎ shǒu　　　xiǎo mài　xiǎo mèi　　　fēn pài　fēn pèi
摆手—把手　　　　　　小麦—小妹　　　　　　分派—分配

mài lì　mèi lì　　　　　bèi zǐ　bài zǐ　　　　　méi tóu　mái tóu
卖力—魅力　　　　　　被子—稗子　　　　　　眉头—埋头

ānpéi　ānpái	měiguāng　mǎiguāng	huáixiǎng　huíxiǎng
安培－安排	镁光－买光	怀想－回想
guàirén　guìrén	wèilái　wàilái	guǐzǐ　guǎizǐ
怪人－贵人	未来－外来	鬼子－拐子
dàozǐ　dòuzǐ	kǎoshì　kǒushì	bìnghòu　bìnghào
稻子－豆子	考试－口试	病后－病号
gōujié　gāojié	xiāoxī　xiūxī	tiěqiáo　tiěqiú
勾结－高洁	消息－休息	铁桥－铁球
qiújiù　qiújiào	yóudòng　yáodòng	
求救－求教	游动－摇动	

3）朗读下面的诗，注意带点的字的韵母：

空山新雨后，	Kōng shān xīn yǔ hòu，
天气晚来秋。	Tiān qì wǎn lái qiū。
明月松间照，	Míng yuè sōng jiān zhào，
清泉石上流。	Qīng quán shí shàng liú。
竹喧归浣女，	Zhú xuān guī huàn nǚ，
莲动下渔舟。	Lián dòng xià yú zhōu。
随意春芳歇，	Suí yì chūn fāng xiē，
王孙自可留。	Wáng sūn zì kě liú。

（唐·王维《鹿柴》）

4）朗读语音材料：

一

小时候，我常伏在窗口痴想

——山那边是什么呢？
妈妈给我说过：海
哦，山那边是海吗？
于是，怀着一种隐秘的想望
有一天我终于爬上了那个山顶
可是，我却几乎是哭着回来了
——在山的那边，依然是山
山那边的山啊，铁青着脸
给我的幻想打字一个零分！
妈妈，那个海呢？

二

在山的那边，是海！
是用信念凝成的海
今天啊，我竟没想到
一颗从小飘来的种子

却在我的心中扎下了深根
是的，我曾一次又一次地失望过
当我爬上那一座座诱惑着我的山顶
但我又一次鼓起信心向前走去
因为我听到海依然在远方为我喧腾
——那雪白的海潮啊，夜夜奔来
一次次漫湿了我枯干的心灵……
在山的那边，是海吗？
是的！人们啊，请相信——
在不停地翻过无数座山后
在一次次地战胜失望之后
你终会攀上这样一座山顶
而在这座山的那边，就是海呀
是一个全新的世界
在一瞬间照亮你的眼睛……"

（王家新《在山的那边》）

三、鼻韵母方音辨正

1. an、ian、uan、üan 的辨正

（1）以上四个韵母都以 n 作韵尾，n 的发音部位为舌尖抵住上齿龈，以上韵母收音必须落在齿龈上，但林县、鹤壁北郊的人发这些音时习惯把 n 丢失，a、ian、uan 分别读成 ia、ua、üa。例如：

扳子 bān zi	读成 bā zi（把子）	慢车 màn chē	读成 mà chē（骂车）
战败 zhàn bài	读成 zhà bài（诈败）	山地 shān dì	读成 shā dì（沙地）
前进 qián jìn	读成 qiá jìng（抾境）	宽阔 kuān kuò	读成 kuā kuò（夸阔）
期限 qī xiàn	读成 qī xià（七下）	眼睛 yǎn jīng	读成 yǎ jīng（哑睛）
官兵 guān bīng	读成 guā bīng（刮兵）		
宣传 xuān chuán	读成 xuā chuá	捐助 juān zhù	读成 juā zhù
泉水 quán shuǐ	读成 quá shuǐ	煎药 jiān yào	读成 jiā yuò

又因为林县、鹤壁北郊把单韵母 a 发为 o，所以在这两地流传着一首打油诗，听起来很像歌谱：

诗句	普通话	林县鹤壁北郊方言	歌谱
啥饭？	shá fàn？	so fa？	54？
大米饭！	dà mǐ fàn！	do mi fa！	134
啥大米饭？	shá dà mǐ fàn？	so do mi fa？	5134？
大米稀饭。	dà mǐ xī fàn。	do mi xi fa。	1374

有趣的林县方言:"今儿个明儿个和后儿个,石巴崖有点儿疙星,采桑正雾不愣噔,有老爷儿是晴天阿,木牛老爷儿是阴天阿,囡女小伙,摒光顾的玩儿了,该收么的收么的,该嘎活儿快嘎活儿去,恁都听见阿了木牛?"

对应的普通话意思是:"今、明、后三天,石板岩有小雨,昨天有雾,有太阳是晴天,没有太阳是阴天,姑娘小伙,不要只顾着玩儿了,该收麦子的收麦子,该干活的干活,你们都听见了没有?"

【训练材料】

1) 读准下列词语:

an

chán mián	màn yán	shǎn xiàn	cān guān	dàn wán
缠 绵	蔓 延	闪 现	参 观	弹 丸
nán guān	hán xuān	pán xuán	chán juān	
难 关	寒 暄	盘 旋	婵 娟	

ian

yán ān	tián dàn	piān tǎn	yàn suàn	xiàn kuǎn
延 安	恬 淡	偏 袒	验 算	现 款
biān zuǎn	yǎn yuán	tián yuán	piān yuǎn	
编 纂	演 员	田 园	偏 远	

uan

wǎn fàn	suàn pán	chuán dān	wān yán	chuán xián
晚 饭	算 盘	传 单	蜿 蜒	船 舷
duān yàn	huán yuán	guān xián	zhuān yuán	
端 砚	还 原	官 衔	专 员	

üan

yuán bǎn	xuán àn	xuàn làn	yuǎn jiàn	quán yǎn
原 版	悬 案	绚 烂	远 见	泉 眼
quàn miǎn	xuán zhuǎn	xuān chuán	xuàn rǎn	
劝 勉	旋 转	宣 传	渲 染	

2) 朗读下面诗歌,注意带点的字的韵母:

更深月色半人家,　　Gèng shēn yuè sè bàn rén jiā,
北斗阑干南斗斜。　　Běi dòu lán gàn nán dòu xié.
今夜偏知春气暖,　　Jīn yè piān zhī chūn qì nuǎn,
虫声新透绿窗纱。　　Chóng shēng xīn tòu lǜ chuāng shā.

(唐·刘方平《月夜》)

(2) 与上面相反,新乡的长垣县在读 an、ian、uan、üan 时,则读为 ai、uai、uai、üai。

一般 yì bān　读成 yī bǎi(一百)　　馒头 mán tou　读成 mái tou(埋头)
管理 guǎn lǐ　读成 guǎi lǐ(拐理)　　现在 xiàn zài　读成 xiài zài
宣扬 xuān yáng 读成了 xuāi yáng

长垣地区还流传着这样一个顺口溜:

从南关,到北关,　　　　cóng nán guān, dào běi guān,

一路电线杆。	yí lù diàn xiàn gān。
买了几个酸丸子，	mǎi le jǐ gè suān wán zǐ，
酸甜酸甜。	suān tián suān tián。

长垣话读作：

cóng nái guāi，dào běi guāi，

yí lù diài xiài gāi。

mǎi le jǐ gè suāi wái zǐ，

suāi tiái suāi tiái。

(3) 而焦作的武陟，温县，孟县等地，则把 an、ian、uan、üan 读作 ei、iei、uei、üei。"i"仍是半鼻化的"~i"。例词：

县城 xiàn chéng　读成 xiài chéng

前进 qián jìn　读成 qiéi jìn

2. en、in、uen、ün 中的 n 读作 ng，或 en 与 ei 不分，或 uen 丢失韵头成 en。

(1) 林县，鹤壁郊区因为在读 an、ian、uan、üan 时常丢失韵尾 n，而在读 en、in、uen、ün 中又把 n 读作 ng，可以这样说，这两地方言中几乎没有前鼻韵尾 n，所以，区分 n 与 ng 成了一个大问题。例词：

根本 gēn běn　　读成 gēng běng（更绷）

笨蛋 bèn dàn　　读成 bèng dà（蹦大）

群众 qún zhòng　读成 qióng zhòng（穷众）

村庄 cūn zhuāng　读成 cōng zhuāng（忽庄）

(2) 洛宁、孟县、温县、渑池、长垣地区的人则把 en、uen 读作 ei、uei，i 为鼻化的 i。例词：

恩准 ēn zhǔn　读作 ēi zhǐ　　　顿时 dùn shí　读作 duì shí

滚蛋 gǔn dàn　读作 guǐ dài　　昏暗 hūn àn　读作 huī ài

(3) 信阳、罗山、光山、新县等地在读 uen 时，常丢失韵头，改读 en。例：

盾牌 dùn pái　读成 dèn pái　　　尊严 zūn yán　读成 zēn yán

信阳地区读准这些音时，没有规律可循，只有死记。

由于林县、鹤壁郊区没有前鼻韵母（要么丢失 n 要么变 n 为 ng），情况比较严重，这些地区学习普通话特别困难，为了帮助他们分清前后鼻韵母，特附辨音字如表 8-3 所示：

表 8-3a 韵母 en 与 eng 的常用字辨音表

声母＼韵母 例字	en	eng
b	bēn 奔贲 běn 本 bèn 笨	bēng 崩绷 bèng 泵蹦
p	pēn 喷 pén 盆	pēng 烹砰 péng 彭朋 pěng 捧 pèng 碰

续表

例字 \ 韵母 \ 声母	en	eng
m	mén 门 mèn 闷 mên 们	méng 萌盟蒙檬盟 měng 猛锰蜢 mèng 梦孟
f	fēn 分吩芬纷 fén 坟焚 fěn 粉 fèn 奋粪份愤分	fēng 风枫疯丰锋峰封峰 féng 冯逢缝（缝上） fěng 讽 fèng 凤奉缝（裂缝）
d	dèn	dēng 灯登 děng 等戥 dèng 邓凳瞪镫
t		téng 疼腾誊藤
l		léng 棱 lěng 冷 lèng 楞
g	gēn 根跟 gén 哏 gěn 艮（艮萝卜） gèn 亘	gēng 庚耕羹更（变更） gěng 梗耿 gèng 更（更加）
k	kěn 肯啃恳垦	kēng 坑吭铿
h	hén 痕 hěn 很狠 hèn 恨	hēng 哼 héng 横恒衡 hèng 横（蛮横）
zh	zhēn 珍贞真针斟胗 zhěn 疹诊枕 zhèn 振震镇阵	zhēng 征争挣睁筝蒸正（正月） zhěng 拯整 zhèng 正政症证郑
ch	chēn 抻嗔 chén 臣尘辰晨陈沉忱 chèn 衬趁称	chēng 撑撑瞠 chéng 成城诚盛（盛饭）丞呈程惩橙 chěng 逞骋 chèng 秤
sh	shēn 申伸身参深 shén 神 shěn 沈审婶 shèn 渗慎肾甚	shēng 升生牲笙甥声 shéng 绳 shěng 省 shèng 圣胜盛剩
r	rén 人仁妊壬 rěn 忍 rèn 刃纫韧认任	rēng 扔 réng 仍
z	zěn 怎	zēng 曾（曾祖母）憎增 zèng 赠
c	cēn 参（参差） cén 岑	céng 曾（曾经）层 cèng 蹭

续表

例字 韵母 声母	en	eng
s	sēn 森	sēng 僧
零声母	ēn 恩 èn 摁	

表 8-3b 韵母 uen 与 ong 的常用字辨音表

例字 韵母 声母	uen	ong
d	dūn 吨敦墩 dǔn 盹 dùn 炖炖顿囤钝	dōng 东冬氡 dǒng 董懂 dòng 动冻栋洞胴
t	tūn 吞 tún 屯囤饨豚	tōng 通 tóng 童潼瞳同桐铜
t		tǒng 统筒桶捅 tòng 恸痛
n		nóng 农浓侬哝脓 nòng 弄
l	lūn 抡 lún 仑沦轮抡伦 lùn 论	lōng 龙泷珑聋砻 lǒng 陇笼 lòng 弄（弄堂）
g	gǔn 衮滚 gùn 棍	gōng 工功攻红龚供恭弓躬 gǒng 巩拱 gòng 贡共供
k	kūn 坤昆琨锟 kǔn 悃捆 kùn 困	kōng 空箜 kǒng 恐孔 kòng 空控
h	hūn 荤昏阍婚 hún 浑魂馄 hùn 混诨	hōng 烘哄轰 hóng 红宏鸿虹洪弘泓 hǒng 哄 hòng 讧哄（起哄）
zh	zhūn 谆肫 zhǔn 准	zhōng 中忠衷钟盅终 zhǒng 种肿踵 zhòng 中（击中）种仲众重
ch	chūn 春椿 chún 淳醇鹑唇纯 chǔn 蠢	chōng 瞳艟充冲忡 chóng 虫重宠
sh	shǔn 吮 shùn 顺舜瞬	
r	rùn	róng 容溶熔蓉榕嵘融 rǒng 冗

续 表

例字 韵母 声母	uen	ong
z	zūn 尊遵樽	zōng 宗棕踪综 zòng 纵粽
c	cūn 村 cùn 寸忖 cún 蹲存 cǔn 忖	cōng 聪匆葱 cóng 淙琮从丛
s	sūn 孙荪狲 sǔn 隼榫损笋	sōng 松凇 sǒng 悚竦怂耸 sòng 宋送讼颂诵
w	wēn 温瘟 wén 闻文雯蚊纹 wěn 紊稳吻 wèn 汶问	wēng 瓮嗡 wěng 蓊 wèng 瓮蕹

表 8-3c 韵母 in 与 ing 的常用字辨音表

例字 韵母 声母	in	ing
b	bīn 彬滨宾殡斌 bìn 殡鬓	bīng 冰兵 bǐng 丙秉饼柄 bìng 病并
p	pīn 拼 pín 贫频 pǐn 品 pìn 聘	pīng 乓 píng 平凭瓶萍
m	mín 民 mǐn 敏闽抿泯	míng 名明鸣铭 mìng 命
d		dīng 丁叮钉 dǐng 鼎顶 dìng 定订
t		tīng 听厅 tíng 停亭 tǐng 挺庭艇廷
n	nín 您	níng 凝宁 nǐng 拧
l	lín 林临邻淋磷鳞 lǐn 凛檩 lìn 赁蔺	líng 灵翎 lǐng 领 lìng 令另零陵
j	jīn 进尽近今金斤 jǐn 紧仅 jìn 禁劲	jīng 惊经精晶 jǐng 井景警颈 jìng 静净镜敬靖竟

续表

例字 韵母 声母	in	ing
q	qīn 亲钦侵 qín 芹勤琴擒秦 qǐn 寝 qìn 沁	qīng 轻氢倾卿青清蜻 qíng 情晴擎 qǐng 顷请 qìng 庆亲（亲家）
x	xīn 欣心新薪锌辛馨 xìn 衅信	xīng 兴星腥猩 xíng 行刑型形邢 xǐng 省（反省）醒 xìng 杏幸性姓兴（高兴）悻
y	yīn 因姻殷音阴 yín 银淫寅吟龈 yǐn 隐瘾引蚓尹饮 yìn 印荫饮（饮马）	yīng 应英婴樱缨莺鹰鹦 yíng 营蝇盈赢迎 yǐng 影 yìng 映硬应（应酬）

表 8-3d 韵母 ün 与 iong 的常用字辨音表

声母	ün	iong
j	jūn 军君均钧鲛 jùn 骏俊郡峻竣	jiǒng 炯迥
q	qún 群裙	qióng 穷穹琼
x	xūn 勋熏醺 xùn 驯训汛讯殉	xiōng 兄凶汹匈胸 xióng 雄熊
y	yūn 晕 yún 云芸耘纭匀 yǔn 允殒陨 yùn 恽运愠蕴	yōng 庸慵雍痈佣 yǒng 永咏泳涌恿勇踊 yòng 用

【训练材料】

1）读准下列词语：

①an—ang

ān fàng	fán máng	gān zàng	nán fāng	fǎn kàng	zàn shǎng
安放	繁忙	肝脏	南方	反抗	赞赏

②ang—an

bàng wǎn	chàng tán	fāng àn	gāng bǎn	táng shān	dāng rán
傍晚	畅谈	方案	钢板	唐山	当然

③en—eng

běn néng	rén chēng	shén shèng	wén fēng	zhēn zhèng	rén zhèng
本能	人称	神圣	文风	真正	人证

④eng—en

chéng kěn	dēng mén	féng rèn	shèng rèn	chéng rèn	chéng fèn
诚 恳	登 门	缝 纫	胜 任	承 认	成 分

⑤in—ing

mín jǐng	pìn qǐng	yín xìng	xīn líng	xīn xīng	yǐn qíng
民 警	聘 请	银 杏	心 灵	新 兴	引 擎

⑥ing—in

líng mǐn	tǐng jìn	yíng xīn	yǐng yìn	lǐng jīn	qīng xīn
灵 敏	挺 进	迎 新	影 印	领 巾	倾 心

2）朗读下列古诗，注意带点的字的韵母：

云母屏风烛影深，　　Yún mǔ píng fēng zhú yǐng shēn，
长河渐落晓星沉。　　Cháng hé jiàn luò xiǎo xīng chén。
嫦娥应悔偷灵药，　　Cháng é yìng huǐ tōu líng yào，
碧海青天夜夜心。　　Bì hǎi qīng tiān yè yè xīn。

（唐•李商隐《嫦娥》）

3）朗读表 8-4 韵母易误读常用字：

表 8-4　韵母易误读的常用字

字词	正确读音	错误读音	字词	正确读音	错误读音
鲜	xian	xuan	嫩	nen	lun
吞	tun	ten	液	ye	yi
笔	bi	bei	剖	pou	poo
侦	zhen	zheng	睡	shui	shei
累类	lei	lui	沸费肥	fei	fi
跃	yue	yao	摄	she	nie
做	zuo	zu	发	fa	fe
喉	hou	hu	笼	long	lou
俗	su	xu	津	jin	jing
郝	hao	he	勺	shao	shuo
倾	qing	qiong	墨	mo	mei
披	pi	pei	弄	nong	neng
剪	jian	jiao	坯	pi	pei

4）朗读语音材料，念准加点的字：

黑夜给了我黑色的眼睛，
我却用它寻找光明，
土地是弯曲的，
土地是弯曲的，
我看不见你

我只能远远看见
你心上的蓝天
蓝吗？真蓝
那蓝色就是语言
我想使世界感到愉快
微笑却凝固在嘴边
还是给我一朵云吧
擦去晴朗的时间
我的眼睛需要泪水
我的太阳需要安眠
（顾城·《一代人》）

第三节 声调方音辨正

基本声调比较

普通话的基本调有阴平、阳平、上声、去声四种，河南省处除豫北的新乡、安阳、鹤壁等地外，多数地方声调也是阴平、阳平、上声、去声四种，豫北的新乡、安阳、鹤壁等地除四声外，还有一个入声调类，即音节发音时常以喉塞音结尾。

1. 非入声区

河南话的非入声区很多，这些地区调类的名称与普通话一样，但有百分之十几的字归类情况与普通话不相同。因为调类的名称来源于两地入声消失后分合关系的一致。豫方言与普通话都将古平声的字分成了阴平、阳平两类，古上声、去声字基本保留，古入声先后消失。于是两地声调同是四个，名称也完全相同。但古入声音消失以后，普通话将这类声调的字分别归到了阴平、阳平、上声、去声四个调里，而大部分字归入了去声。而河南非入声区的入声消失以后也将这部分字归入阴、阳、上、去四个调里，但绝大部分字归入了阴平。这种分化也造化成了一种误读现象，很多河南人把本该读二声三声的字也读成第一声，例：

国家 guó jiā	读成 guō jiā	一百 yī bǎi	读成 yī bāi
钢铁 gāng tiě	读成 gāng tiē	钢笔 gāng bǐ	读成 gāng bēi
法律 fǎ lǜ	读成 fā lǜ	北京 běi jīng	读成 bēi jīng
下雪 xià xuě	读成 xià xuē	问答 wèn dá	读成 wèn dā
讽刺 fěng cì	读成 fēng cì		

由此看来，对于以上情况，河南人只要注意把以上读成阴平的归入到阳平、上声里，学习普通话声调就减少了一些难度。

但是，不要以为本地方言与普通话调类相同的字，调值也相同。实际情况是：调类相同调值却因地而异，具有明显的个性。

河南人学习普通话的主要任务，是将本地方言的调值改为普通话的调值。实际情况是：调类相同调值（声调高低升降的读法）却因地而异，具有明显的个性。但各方言区调值与普通话调值情况有明显的对应规律。如表8-5所示。

表 8-5 河南各方言区调值与普通话调值对应规律

调类		阴平	阳平	上声	去声
例字		春天花开	急忙完成	请你走好	胜利闭幕
普通话调值		55	35	214	51
发音特点		起音高高一路平	由中到高往上升	低降然后再扬起	高起猛降到底层
方言地区调值	郑州 开封 许昌 商丘 南阳	升调或中升 24 或 34	降调 42	平调 55 或 44	低降或曲折 31 或 312
	信阳	升调 24	降调 53	平调 55	曲调 312
	洛阳	平调 44	降调 42	平调 55	曲调 312

河南人学习普通话调值有两个难点：一是阳平升不高，二是上声降不下去。

第一，阳平升不高：

普通话的阳平是中升调，河南话的阳平绝大部分县市是降调。如："农民"普通话调值为 35，而河南人念时却读为 42，河南人读阳平的通病是尾音升不高。学习普通话时，声调往往只能升到 4，或起点就从 5 开始，拼命往上抬，结果很像 55，实践证明，河南人学普通话，一是要起点合适，由 3 度开始，二是尾音一定要升到 5。升要升的自然，不可太急促。

第二，上声降不下去

上声调值为 214，而河南人学习时却读为 324，由于起点较高，降时降不到最低点，而且整个音节动程较快，感觉没有读完就结束了。河南人读上声时须下功夫练习 5 度标记法的高音，起点从 2 开始，降至最低，然后转折上升，到 4 度为止，整个动程放慢，使发音清晰完足。

2. 入声区

豫北的新乡、安阳、鹤壁等地除阴、阳、上、去之外，还有一个入声，入声调值的特点是：全部入声音节均以喉塞音结尾，读音短促，依法即逝，如"麦""福""特"等。如果仔细观察会发现：韵母变化的结果是，收尾音的开口度居中，如 a 韵母本来口腔大开，处于入声字尾音时，新乡、安阳、鹤壁地区度为口腔较闭的 [o]；普通话 i 韵母本来口腔最闭处于入声尾音时，新乡等地却读的开口度稍大。

入声区的人学习普通话的声调，首先需要将入声的调值拉长，之后自然会发现韵母读音与普通话的差异，从而调整自己的开口度，将入声分到阴、阳、上、去里，其次，也要像非入声区一样，掌握阳平读法的关键，解决阳平升不高的弱点。

入声字的声调辨正，以下三种方法可以借鉴：

第一，查入声字表记忆入声字的声调。

第二，用类推记忆法记住一部分入声字的声调。鼻音声母 m、n，边音声母 l 和零声母的古入声字绝大部分在普通话中读去声。如：

m 末磨密蜜目木麦卖灭　　　n 纳逆溺诺虐
l 辣例六麓绿虑略掠　　　　零声母 意亦叶业欲玉
第三，将常用入声字组成双音节词语进行集中强化训练。

附：常见的古入声字词语

(bǎi) 千百　柏树　　　　　　(běi) 北方
(bī) 逼迫　笔记　必须　毕业　(bó) 伯父　停泊　驳斥
(bù) 不仅　布匹　　　　　　　(pì) 偏僻
(pò) 迫使　魂魄　　　　　　　(pú) 仆人
(mài) 小麦　脉搏　　　　　　(mì) 密切　蜜蜂　寻觅
(miè) 灭亡　蔑视　　　　　　(mò) 末尾　沫子　陌生　莫非　沙漠　默写　墨水
(mù) 木头　　　　　　　　　　(fà) 法律　理发
(fú) 幸福　幅员　复习　腹部　(dé) 得到　德育
(lǎng) 朗读　　　　　　　　　(ta) 宝塔　踏青
(tè) 特殊　　　　　　　　　　(tī) 剔除
(tiě) 铁丝　　　　　　　　　　(nà) 纳入　呐喊
(niè) 姓聂　　　　　　　　　　(nüè) 虐待　疟疾
(là) 蜡烛　腊月　辣椒　　　　(lè) 快乐　勒令
(lì) 立场　力量　米粒　栗子　历史　沥青　霹雳　隶书
(liè) 列举　烈火　打猎　裂痕　劣势
(lù) 录取　鹿角　陆地　　　　(lǜ) 绿色　律师
(luò) 洛阳　骆驼　落日　　　　(lüè) 省略　掠夺
(gé) 革命　阁下　格调　　　　(gǔ) 谷物
(guó) 国家　　　　　　　　　　(kè) 克服　客车　时刻　残酷
(kuò) 括号　扩大　　　　　　　(hè) 显赫
(huò) 收获　霍然　或者　　　　(jí) 即使　级别　脊梁　事迹　寂静
(jiǎo) 脚跟　　　　　　　　　(jié) 节约　竭尽　结束
(jú) 菊花　橘子　　　　　　　(jué) 决定　觉悟
(qǐ) 乞求　　　　　　　　　　(qià) 恰巧　洽商
(qiè) 密切　　　　　　　　　　(què) 确切　退却
(xí) 袭击　空袭　　　　　　　(xù) 旭日
(xuě) 冰雪　血液　　　　　　　(zhè) 浙江
(zhì) 职务　秩序　挚友　质量　(chì) 赤道
(chù) 触犯　　　　　　　　　　(chuō) 戳穿
(shuò) 硕士　闪烁　媒妁　　　(rè) 热闹
(rì) 日期　　　　　　　　　　(ruò) 若干　弱点
(zè) 平仄　　　　　　　　　　(zú) 足够
(zuó) 昨天　　　　　　　　　　(cè) 策略　画册　厕所　测试　侧面
(sà) 拉萨　　　　　　　　　　(sè) 色彩
(sù) 宿舍　速度　　　　　　　(è) 罪恶　上颚　软腭

（yào）钥匙　毒药　　　　　（yè）哽咽　树叶　业务　页码
（yì）右翼　服役　疫苗　利益　翻译　抑制
（yù）地狱　区域　　　　　（wà）袜子
（yuè）阅读　月亮　喜悦　音乐　越冬　粤剧　跃进
（wò）握手

【训练材料】

1) 读准下列词语：

阴平－阴平

bō xuē	tū chū	jiē fā	qī hēi	qū xī
剥削	突出	揭发	漆黑	屈膝
xiē xī	qiē gē	yā suō	zhuō mō	
歇息	切割	压缩	捉摸	

阴平－阳平

bā shí	jī jí	qī liáng	qū zhé	quē fá
八十	积极	凄凉	曲折	缺乏
shī zú	wū yán	wā jué	fā dá	
失足	屋檐	挖掘	发达	

阴平－上声

chā qǔ	qī bǎi	jīn shǔ
插曲	七百	金属

阴平－去声

pāi shè	pī lì	pū miè	dū cù	gē liè
拍摄	霹雳	扑灭	督促	割裂
hū lüè	jī liè	xī lì	zhuō yuè	
忽略	激烈	淅沥	卓越	

阳平－阴平

fú jī	jié yuē	shóu xī	fú tiē	xué shuō
伏击	节约	熟悉	服帖	学说
xí jī	jié chū	zhí jiē	jié pāi	
袭击	杰出	直接	节拍	

阳平－阳平

gé mó	guó jí	jié hé	jué chá	jí gé
隔膜	国籍	结核	觉察	及格
xí sú	zhé xué	zhú dí	zhé dié	jié jú
习俗	哲学	竹笛	折迭	结局
jí hé	jié bái			
集合	洁白			

阳平－上声

bá jiǎo	huá xuě	xiá zhǎi	bié jiǎo
拔脚	滑雪	狭窄	蹩脚
xiá gǔ	zhí shǔ		
峡谷	直属		

阳平－去声

bá shè 跋涉	dá fù 答复	dé yù 德育	dí què 的确	gé shì 格式
huó yè 活页	jué cè 决策	jú cù 局促	xié zuò 协作	xué shù 学术
zhí shù 植树	dú lì 独立	jí sù 急速	hé shì 合适	jié rì 节日
shí wù 食物	gé bì 隔壁	jié lì 竭力		

上声－阴平

| mǒ shā 抹煞 | biǎn dī 贬低 | jiǎo jiān 脚尖 |

上声－阳平

| běi fá 北伐 | bǐ zhí 笔直 | pǐ dí 匹敌 | pǔ shí 朴实 | xuě bái 雪白 |
| jiǎo mó 角膜 | | | | |

上声－上声

| biě gǔ 瘪谷 | tiě tǎ 铁塔 | jiǎ gǔ 胛骨 |

上声－去声

| bǐ mò 笔墨 | fǎ lǜ 法律 | jiǎo luò 角落 |

去声－阴平

| liè jì 劣迹 | huá yī 划一 | sè cā 塞擦 | shù shuō 述说 | è shā 扼杀 |
| yè jì 业绩 | yì fā 益发 | zhì xī 窒息 | xù jī 蓄积 | |

去声－阳平

mì jí 密集	mù fá 木筏	nüè jí 疟疾	liè xí 列席	liù shí 六十
lüè duó 掠夺	chì zé 斥责	kè fú 克服	mò jú 墨菊	zhù fú 祝福
è dú 恶毒	wò bié 握别	yù shí 玉石	yuè jí 越级	yuè dú 阅读
kuò fú 阔幅	là zhú 蜡烛	què shí 确实		

去声－上声

| lèi gǔ 肋骨 | lè suǒ 勒索 | liè shǔ 烈属 | chè gǔ 彻骨 |
| yì bǐ 译笔 | yuè qǔ 乐曲 | | |

去声－去声

| jì mò 寂寞 | mò qì 默契 | mù yù 沐浴 | mù lù 目录 | fā là 发蜡 | yuè mù 悦目 |

nà rù	là yuè	lù xù	bì yè	shù fù	xuè yè
纳入	腊月	陆续	毕业	束缚	血液
wù zhì	cè lüè	mù kè	mài luò	shè lì	bì lù
物质	策略	木刻	脉络	设立	碧绿

2）朗读下面的诗，注意带点的字的读音：

千山鸟飞绝，　　　Qiān shān niǎo fēi jué,
万径人踪灭。　　　Wàn jìng rén zōng miè。
孤舟蓑笠翁，　　　Gū zhōu suō lì wēng,
独钓寒江雪。　　　Dú diào hán jiāng xuě。

（唐·柳宗元《江雪》）

3）朗读训练材料念准加点的字：

十七岁的爱情
是一抹迷蒙的晨雾
不要碰，让它轻轻地飘着
是一泓清亮的山泉
不要喝，让它轻轻地唱着
是一朵羞涩的小花
不要采，让它静静地开着
是一枚枝头的青果
不要摘，让它涩涩的挂着
你们是等待成熟的果园
十七岁的枝条依然稚弱
扛不起深沉的思索
渡过岁月卧成的河流
再看你们的生命之树
根根枝桠
将坠满甜蜜的硕果

第四节　河南方言语汇

河南方言与普通话同属北方方言区，所以河南方言中的字词读音大部分与普通话相吻合或基本吻合。但由于历史、地域以及其他方面的因素的影响，一些河南方言中的字词读音、声调和释义与普通话的差距依然很大。汲取方言中健康的、生动形象的语汇，也是学好普通话，丰富我们民族语言的很重要的组成部分。

表 8-6　河南方言中的日常用语与普通话对照表

河南方言中的词汇	普通话相对应的词汇
中（河南的代表方言）	行、可以
中（示例：1. 饭做中了。2. 这人真中）	完成、好、行

续 表

河南方言中的词汇	普通话相对应的词汇
中中、中中中（加重语气时）	肯定行、肯定可以
中中、中中中（不耐烦语气时）	将就、应付、推委
中不中（有疑问语气时）不中	可以吗？可以不可以？不可以
不中不中（加重语气时）	更加不行、确实不可以
统不中哩	更加不行
着　着不着　儿　不着	知道　知道不知道？不知道
报、白	别、不
恁（读音"nen"）恁好　恁孬　恁不中用	非常，很　很好　很不好　很不行、很笨
牟、牟有（读音"木牛"）	没有
好着雷（"雷"读音"类""哩"）	很好
不瓤、不瓤茬（夸奖语气时）	不错、好
空壳篓、木任扇（读音）	什么也没有、空空的
瓷实（表示结实疏密程度）	结实、实成、牢固
细发（表示做事认真注意细节）	仔细
约摸、大约莫	估计
杂了	怎么了
兴（示例：这地方不兴这东西）	可行、时兴、流行
应承（示例：应承下的事必须办好）	答应、许诺
抓（读音四声）	啥？干什么？多用于打招呼（口语）
弄（示例：你弄啥哩？）	干、做（示例：你干什么呢？）
啥	什么？
高低（示例：这事高低不能干）	坚决（表示态度）
贵贱（示例：这事贵贱不能干）	无论如何、千万
说（读音一声）	竖着放置（对物体）
说（示例：你靠边说着吧）	站（贬义的指使人）
包（bao）、白	别、别这样、不要这样
外快、外气（示例：你太外气了）	客气、见外
自己约	个人、独自一人
一骨段、一骨节	一截、一节、一段
一尊儿（人）	一块的、一起的、一伙的
一蹲儿（物）	一小堆

续 表

河南方言中的词汇	普通话相对应的词汇
去伙	算了、散伙
pia（仅有读音、无字）气	不好
卜查、卜查泥	稀（比喻某物）、差劲（比喻某人）
压根	从来、从开始
怪（示例：怪不好意思）	很
怪好（示例：小伙长的怪好啊）	很好（示例：小伙长得很帅啊）
原与一声（示例：早该原与一声）	吭声、说一声、告诉
这股劲气（示例：你这人咋这股劲气？）	这个样子（示例：你这人怎么这个样？）
招呼着点（有威胁的含义）	小心点
蒙（示例：这种做法显然是蒙人的）	蒙骗
对导、诓、缺、捣	欺骗、骗人、糊弄人
去球	完了、完蛋
燕儿好、燕儿美（偃门儿）	正巧、正好巧合
阿（a音或e音）杂	龌龊、垃圾
掏劲	使劲
出（读音）（示例：这布一洗，出两寸）	缩水
出不出？	缩水不缩水？
掉板（示例：这事办的太掉板）	丢脸、没成功
较起悠（有）、求其儿	有一点，稍微
不大点	可少、很小
不大里儿	差不多
约莫（示例：约莫是下半夜两点了）	估计、大约
大约母（示例：刚才说的是大约母的事）	大概、大约
瞥、瞥腔拉调	说话时拿调（装腔作势）、南腔北调
自两下子	水平不错
（门）对子	春联、对联
齐古盾儿	整齐
摸嘟儿、老末	最后
皮实（示例：这孩子可皮实了）	泼辣、健康、顽、颇皮
实受（示例：这人很实受）	老实、诚实
实受蛋（贬义）	老实过分有点愚

续 表

河南方言中的词汇	普通话相对应的词汇
派仗、排厂（人）（示例：这人很排厂）	英俊、漂亮
派仗、排厂（事）（示例：婚礼很排厂）	很好、正规
瞎话（示例：显然是说瞎话）	说谎话、撒谎
瞎话儿（示例：给大家讲个瞎话儿）	故事（示例：给大家讲个故事）
不粘咸、不粘、不粘板	不行、不可以
胡吊乱	没规矩、胡乱做事
堆门、堆为（示例：他显然是堆为的）	故意、有意
片叉、糊涂叉	不怎么地、一塌糊涂
住贵、竹贵（可喻物也可喻人）	贵重、很贵重
金贵	稀罕物品
徐古不徐古	注意没注意？
看扁人	瞧不起人、看不起人
作叶	作孽、丧良心
作溅（不好的作为、行为）	摧残
作即（积）（示例：作即的病）	结果（不好的结果）、留下后果
匡外、外气	多余的客气、见外
漏底、漏兜（示例：刚开始，就漏底了）	暴露、穿帮、被拆穿

表 8-7 描述人的动作、行为的河南方言与普通话对照表

河南方言词汇	普通话相对应的词汇
绷住嘴（示例：绷住你的嘴）	闭嘴
拢头	梳头
挺（示例：上床挺一会）	躺下、身体平躺、稍微休息一会
挺了（示例：冻挺了；死挺了）	僵硬、直挺挺
瓦（了）（示例：早就瓦了）	跑（了）、逃跑
窜（示例：早就窜的没影了）	很快逃跑了、抱头鼠窜
突鲁（示例：裤子突鲁了）	下滑、褪下
出绿（示例：从坡顶出绿下来）	很快下滑、很快不见了
板倒（示例：不小心，板倒了）	跤、摔跟斗
骨禄（示例：兰球骨禄到东边去了）	高处滚下来、滚动（物体）
骨禄（示例：你骨禄一边去吧）	滚一边、滚蛋（骂人）

续 表

河南方言词汇	普通话相对应的词汇
跌、掉（示例：从屋顶跌下来）	高处掉下来、跌落
使里慌	很累
瞅瞅	看看（一下）
眯缝眼	闭眼、半闭眼
易睁（示例：你发易睁，不知道吧）	睡觉时说梦话
易睁头	发呆、没睡醒、不着边际（形容某人）
喻（wong）	推、推磋
搁（示例：这东西搁到那儿）	放
忽、煽（巴掌）	打耳光
逮（音"开"）	捉
够	挑、取、拿（高处的东西）
合捞	用棍棒找暗处的东西
戳（用棍捅）	捅
仰卜叉（示例：不小心，摔了个仰卜叉）	后仰、四肢朝天
箍（gu）脊、姑堆	蹲下
光嘟鲁、赤马肚子	裸体、不穿衣服光屁股
拍巴掌	鼓掌
揣（示例：怀里揣着一包东西）	藏放、放在身上（口袋）
踹（示例：被踹了一脚，现在还疼）	踢
蒯（读音"快"）痒痒	抓痒、挠痒
格致（为使对方发笑的挠痒）	挠痒痒肉
对（堆）（示例：他先对了我一拳，……）	打、击
格气	闹别扭（多用于儿童）
布拉（示例：衣服脏了，快布拉布拉）	用手拍拍、抚平
拽（示例：快拽我一把）	拉、扯、搀扶
库券（示例：睡觉时库券着腿）	腿弯曲
藏模乎（示例：一群小孩做藏模乎游戏）	捉迷藏
扳道（绊倒）（示例：地太滑，扳道了）	摔跤、摔跟斗
抛撒（示例：暴乱抛撒）	浪费（示例：不要浪费）
扳（示例：这东西没用了，扳了吧）	扔掉（示例：这东西没用了，扔掉吧）

续 表

河南方言词汇	普通话相对应的词汇
豁（示例：把脏水豁了吧）	倒掉、泼水（或抛弃掉液体物）
压（示例：压这条路走）	沿着
缺（示例：缺点蒜）	捣制（示例：捣制点蒜泥）
舀、瓦（饭、菜、水）	盛（饭、菜、水）
布住（示例：好好的布住孩子）	抱着、抱住（示例：抱着孩子）
急里麻察（表示动作行为慌乱）	慌乱
磨蹭、磨磨蹭蹭	动作迟缓、很慢、故意放慢速度
磨洋工	消极怠工、故意放慢速度
麻离里、利索	动作快
拢灼火、拢火	点燃火（点燃炉灶）
出门（示例：今早就出门了）	外出
出远门（示例：今早就出远门了）	到外地
悠悠、逛逛、逛悠、悠逛	游玩、散步、散心
玩、耍	各种休闲活动统称
各气	闹别扭、打嘴仗（多用于小孩子之间）
赶会	逛庙会
杀	宰（杀鸡、羊等动物）
杀个瓜	切个瓜
憋勒慌、憋屈	郁闷
冤屈、憋屈	委屈、冤枉
窝憋、窝曲	委曲、郁闷
出马（示例：看来这事需要老兄出马了）	出手、参与
拾道、摆制（示例：拾道拾道这个人）	打、教训（人）
拾道（示例：家里拾道后，干净了）	收拾、整理（物）
摆制（示例：收音机摆制响了）	修理（物）
摆制（示例：真会摆制人）	玩弄（人）
摆制（示例：你的病得去医院摆制摆制）	医治
可张（示例：这孩子从小就可张）	过分张扬、不稳重、爱显示自己
卖能（示例：这人总是爱卖能）	卖弄、逞能、显示小本领、耍小聪明
扁（示例：他该扁一回了）	揍人、打人

续 表

河南方言词汇	普通话相对应的词汇
厥人、卷人	骂人
幺火，协活	喊、叫
喷、喷喷	聊天（侃大山、拉瓜）
啪啪（示例：抽空咱俩啪啪）	说知心话、聊天
徐哩很、徐叨	啰嗦、唠叨得很
磨牙（示例：给他多说也是白磨牙）	纠缠、唠叨废话
嚷、挨嚷（示例：这孩子早该挨嚷）	训斥、口头批评、挨说、挨训
串门子	去邻居家闲坐
扯球蛋	闲扯、胡扯
赌咒（示例：这事我敢对天赌咒）	发誓
戳祸、戳马蜂窝（比喻） （示例：这件事是戳了马蜂窝）	惹祸
求告、求爷爷告奶奶	祈祷、请求、哀求
祷告	祈祷
卖野眼（示例：他像丢魂似的卖野眼）	东张西望、精力不集中
地道（人）（示例：买卖做得很地道）	正经人（示例：地道的商人）
地道（物）（示例：地道的郑州货）	好的、正宗
待见（指某人招人喜欢）	招人喜欢
娶媳妇	结婚
出门儿（示例：闺女三月初就出门儿）	嫁女、女儿出嫁
信（示例：你信给我点青菜下面条）	白拿，白要
信给（示例：这东西是别人信给的）	送给别人东西、赠送
欣（信）（示例：闺女欣下了没有？）	嫁人、出嫁
欣（信）（示例：二孩快到信媳妇了）	娶
摆置	处理、解决、掌握、拥有、玩弄、整治
摽劲	跟某人斗气、对着干
不捏不捏	用两手指轻轻转动某物
缠磨头	对某人某事爱纠缠不休
早晨	清儿起儿
撑	长时间保持某种状态。"他撑足有五块钱。"
搐　搐腰带（diao）	系裤子　腰带

续 表

河南方言词汇	普通话相对应的词汇
撮（chua）	把别人手里的东西抢过来
疵毛	不行、差劲、没能力
抡（leng）夯（hang）挺（ting）	打
籴（di）	买粮食
多嫌	厌烦某人在某场合的存在
登倒	互换
邋遢 邋磨	不利索 不卫生 不整洁
迷瞪	头脑不灵活、没有眼色、动作迟缓
目眨	闭上眼睛休息一会儿
腻歪	让人恶心、不喜欢
齐整	好看、漂亮
上脸	借势撒娇或恶作剧
闪	丢下或甩下
奢 急奢慌	着急、慌了手脚
森	害怕、恐慌、恐吓 "蛇的样子很森人"
甩呼	打招呼、交朋友 "你不学好，没有人甩呼你"
浪白（bei）	轻薄、不庄重
妥	中、行
枯揪 枯揪皮	干枯、衰老、萎缩 皱纹
些	很、非常、特别 "他跑得些快"
熊	斥责 "挨熊" 骂人 "你这个熊人"
老柞（zha）	不时髦、土气、过时
支棱	作物受灾后重新生长，或某人春风得意。
支应	伺候
姿腻	漂亮、好
夜隔儿 夜喝儿响	昨天
撮住	由五个手指头聚拢的手势引申出停住、闭口
作	不行普事、为非作歹
吱唠 喳呼	人大声说话 大声吵闹
行易	习以为常
蛄泳	蠕动

表8-8 描述心情及环境的河南方言与普通话对照表

河南方言中的词汇	普通话相对应的词汇
脑了	生气了、发脾气
不份儿（示例：他的态度真叫人不份儿）	不服气
紧巴、紧紧巴巴	勉强（经济困难或时间紧张）
拿捏（示例：总不能让人拿捏着过日子）	约束、受限制、摆布
骚（示例：有一股尿骚味）	难闻的气味
骚了（示例：这东西骚，不能吃了）	变味、变质、"甜"的反义词
骚主意、骚办法	馊主意
可俅美（示例：这事办的可俅美了）	真是好
办瞎了	事儿办错了（办坏了）
叉屁、屁了（示例：这事叉屁了）	完了、办坏了
晒百、甩脸子（示例：我被晒百一顿）	不满意、不给好脸看
屙囊（示例：这地方真屙囊）	脏
窝囊（示例：这人真窝囊）	脏、没本领
各意、各意人	恶心人、烦人
各蔫（形容人不精神，像霜打过一样）	没精打采
嗑衬（示例：这事办的真嗑衬）	恶心人、不欢迎
得劲（河南的代表方言）	舒服，爽、如意
得劲（示例：这事做的得劲）	好、很好
不得劲、不舒坦（示例：身体不得劲）	身体不舒服、有小疾病
美气（表示心情）	舒服，高兴
清气（表示环境）	干净、整洁、清净
眼气（表示心理）	眼馋、羡慕
搁住不搁住（示例：搁不住生气）	值不值得？
卜土（示例：衣服上有卜土，拍打一下）	灰尘、尘土
卜土刚天（示例：道路上卜土刚天）	尘土飞扬

第九章

朗　　读

第一节　朗读的概述

一、朗读的含义

朗读就是运用普通话把书面语言清晰、响亮、富有感情地读出来，变文字这种视觉形象为听觉形象。朗读是一项口头语言表达艺术，需要创造性地还原语气，把无声的书面语言变成活生生的有声的口头语言。写文章是一种创造，朗读则是一种再创造，这正如北京大学学者孔庆东所言："朗读是文本在头脑中的再现，声音带动了整体的思维，听了以后需要再创作。"

二、朗读与朗诵的区别

有人常常把朗读和朗诵混为一谈，认为朗读就是朗诵，朗诵就是朗读，其实这是一种误解。下面我们就从这两种语言形式所承担的任务、文本选择、评价标准和技巧方面，谈一谈它们之间的区别和联系。

朗读就是出声地读。一切文字都可以作为朗读对象，长到一篇长篇小说，短到一个字、一个词。它所承担的任务只是传递信息，朗读者所要做的就是"照本宣科"，把"沉默"的字、词、句、章转换成有声语言。评价一个人朗读水平的好坏，就是看他这个转换是否正确、清晰、完整。要做到这几点其实不容易。除了要读准声、韵、调，还要做到不添字、不漏字、不回读、不颠倒语序、语调平稳。概括地说，朗读就是用声音再现文本内容，不仅再现文字，甚至标点符号、行文格式、表达的内容都要再现出来。因此，朗读除了要求说好普通话，还要正确处理好停顿、语调、语气，并力求做到"眼口不一"，即嘴读到这一句时眼已看到下一句。

朗诵属于艺术表演范畴。朗读是一种再现，而朗诵是一种再创造。朗诵是依托文本，结合自己的审美体验进行二次创作。朗读强调的是忠实于原文，朗诵则允许朗诵者在忠实原文的基础上进行艺术加工，用丰富多彩的语言手段及其他声音形式（比如音乐）创造优美动人的意境和形象。因此，评价朗诵的优劣往往是看朗诵者的艺术创造是否能给人一种美的享受。这样，朗诵者的文化修养、对语言文字的感悟能力、语音运用技巧、艺术表现能力往往就成了决定朗诵水平高低的因素。朗诵文本的选择范围较朗读狭窄得多。一般说来，抒情色彩较浓的文学作品适宜作为朗诵的文本；另外，在选择文本时还要兼顾到朗诵者的性别、年龄、个性特征及音色等因素。一个文弱且音域狭窄的少女不宜选豪放的"大江东去"，一个豪情万丈、声如洪钟的关东大汉朗诵李清照的早期词作也未免显得有些忸怩作态。朗读考虑的是让听众听清楚，朗诵考虑的是让听众受感动。而要感动别人，首先要感动自己。所以，朗诵时一定要做到"眼前有景，心中有情"，可以借助音乐、态势等辅助手段造成一种"未有曲调先有情"的氛围。在音色、音量、语速、节律等方面也可作些适当的夸张，以渲染气氛。

当朗读的对象为抒情浓郁的文学作品时，朗读和朗诵的区别基本也就不着痕迹了。

第二节 朗读的基本要求

一、用普通话语音朗读

朗读和说话不同，它除了要求朗读者忠于作品原貌，不添字、漏字、改字、回读外，还要求朗读时在声母、韵母、声调、轻声、儿化、音变以及语句的表达方式等方面都要符合普通话语音的规范。

（一）注意普通话和自己方言在语音上的差异

普通话和方言在语音上的差异，很多情况下都是有规律可循的。这种规律分为大规律和小规律，规律之中往往还包含一些例外，这些要靠我们自己去总结。但是光总结还不够，平时要多查字典和词典，反复练习，这样才能加强记忆。

（二）注意多音字的读音

一字多音是容易产生误读的重要原因之一，必须十分注意。多音字可以从两个方面学习。第一个方面是意义不同的多音字，要着重弄清它的各个不同的意义，从各个不同的意义去记住它不同的读音。例如："冠"，表示帽子、形状像帽子或在顶上的东西时，读"guān"；表示把帽子戴在头上、居第一位或在前面加上某种名号或文字时，读作"guàn"。第二个方面是意义相同的多音字，要着重弄清它不同的使用场合。例如："血"，单说时读 xiě，在双音节词语或成语中一般读"xuè"，如血压、血液。最典型的例子就是"血海深仇"。

（三）注意由字形相近或偏旁类推引起的误读

由于字形相近造成张冠李戴，这种误读情况十分常见；由偏旁本身的读音或者由偏旁组成的常用字的读音去类推一个生字的读音而造成的误读，这种情况也很常见。所谓"秀才认字读半边"，就是指这种情况。例如："菅"，正确的读音是"jiān"，因与"官"形似，常导致误读；另外还有"绽"，正确的读音是"zhàn"，不少人按声旁类推，也很容易误读。

二、把握作品的基调

所谓作品的基调是指作品的基本情调,即作品的总的态度、感情色彩和分量。朗读基调是朗读者在深入研究作品的基础上,根据作品实际内容确定作品感情色彩的基本倾向特征。朗读作品必须要把握准作品的基调,因为作品的基调是一个整体概念,是层次段落语句中具体思想感情的综合表露。要把握准基调,必须深入分析理解作品的思想内容,其实就是把握作品的整体感。不同体裁的文章,语言风格不同,表达内容不同,情感的表达方式不同,基调也就不同。正确确定文章基调,把握住朗读作品的总体语言风格,是朗读好作品的重要基础,意义重大。

第三节 朗读的技巧

掌握和运用朗读的基本技巧,可以更好地发挥有声语言的作用,是达到理想朗读效果的一种手段。朗读技巧主要包括停连、重音、节奏、语调等。

一、停连技巧

停连是指朗读语流中声音的暂时休止和接续,可以说它是有声语言表达中的标点符号。一方面,停连是作品内容、情感表达的需要。在适当的地方利用停连,造成声音的暂时间歇或延续,能帮助听者更好地理解和感受作品的思想内容。另一方面,它也是朗读者生理上的需要。

(一)停连的分类

停连可以分为语法停连和强调停连两类。

1. 语法停连

语法停连是反映词句间的语法关系、显示语法结构的停连。例如:

亲爱的爸爸妈妈:/欢迎您!

亲爱的爸爸:/妈妈欢迎您!

亲爱的:/爸爸妈妈欢迎您!

可见,停连的位置不同,显示的语法关系和结构也不相同。语法停连可分为两种:

一是句逗停连。

标点符号是书面语的重要组成部分,在口语中则用停顿来表示,其停顿时间的长短,一般由标点的类型决定。常用的标点符号停顿时间大致是:句号、问号、叹号>分号、冒号>逗号>顿号。例如:

山是墨一般的黑,//陡立着,//倾向江心,//仿佛就要扑跌下来,///而月光,//从山顶上,//顺着深深的、直立的谷壑,//把它那清冽的光辉,//一直泻到江面。////……

标点符号虽是停顿的重要标志,但也不能生搬硬套,要根据语意的表达和语气的需要灵活处理。(斜竖线的多少表示停连时间的长短)

二是语组停连。

语组停连是指在没有标点符号的地方,按照语法关系所做的停顿。语组停顿比句逗停顿的时间要短些。一般说来,主谓之间、动宾之间、修饰成分与中心语之间,都可以有停顿。例如：

海/翻了个身似的/泼天的/大雨，将要/洗干净/太阳上的/白翳。

夕阳/把水面/映得/通红，把天空/也染成/万道彩霞。

2. 强调停连

强调停连是为了突出某种事物或表达某种特殊感情所做的停连。它不受语法停连的限制，而是依据表情达意的需要来决定停连的位置和时间。它可表示某种特殊的语意，还可显现出它前后连接部分的某种特殊的关系。主要有以下几类：

一是表现语句中的区分关系。例如：

伊/伏在地上；车夫/便也立住脚。他/对于/我，渐渐又几乎变成了一种威压……

在"伊"和"车夫"后面略有一顿挫，人物关系、动作更为明了，如在眼前。

二是表现语句中的呼应关系。例如：

在这叫喊声里，乌云听出了/愤怒的力量，热情的火焰和胜利的信心。

这里"乌云听出了"是呼，后面三个短语"愤怒的力量""热情的火焰""胜利的信心"是应。在"听出了"后面要停顿明确，后面三个短语之间要紧凑。如果机械地按标点符号停顿，便成为：在这叫喊声里，乌云听出了愤怒的力量，/热情的火焰和胜利的信心。

这样朗读就破坏了句子内部的对应关系，造成语意不清。

三是表现语句中的并列关系。例如：

用它/搭过帐篷，用它/打过梭镖，用它/当缶盛过水，当碗蒸过饭，用它/做过扁担与吹火筒。

这一句话有四个并列短句，可以在"用它"之后略一停顿，显示出它的并列感。特别是第三个短句："用它/当缶盛过水，当碗蒸过饭"，中间要连起来，不能按标点停顿，否则就形成了五个短句，语意就散乱了。

四是表现句中的转换关系。例如：

我便对他说："没有什么的。走你的罢！"//车夫毫不理会，—或者并没有听到，却放下车子，扶那老女人慢慢起来，搀着臂膊立定……（—表示连接）

在作品中，语句并不都是平铺直叙的，随着内容、情节的发展，在语句之间往往会形成语意的变化、感情的反差。上举两句之间的转换性停顿，就将"我"的无所谓和"车夫"的关注形成了一种强烈的对比。

（二）停连的方法

从语句的停连和连续来看，主要有四种方式：

一是落停，即停顿时间相对较长，句尾声音顺势而落，声止气也尽。这种停顿多用在一个相对完整的意思讲完之后，句逗停顿多用在句号、问号、感叹号处。

二是扬停，即停顿时间相对较短，停之前声音稍上扬或持平，声虽止但气未尽，一听便知是仅仅说了半句话，还有下文。多用在一个意思还未说完，而中间又需要停顿之处。句逗停顿多用在分号、逗号、顿号处。

三是直连，即顺势而下，连接迅速，不露连接的痕迹。多用于内容联系紧密、持续抒发感情的地方。一般与扬停配合使用。例如：

四是曲连，即在连接处有一定空隙，但又连环相接，迂回向前。多用于既要连接，又

要有所区分处,常与落停配合使用。例如:

梅雨潭是一个瀑布潭。//仙岩有三个瀑布,/梅雨潭最低。//走到山边,/便听见哗哗哗哗的声音;/抬起头,/镶在两条湿湿的黑边里的,/一带白而发亮的水便呈现于眼前了。//(//为落停、/为扬停)

二、重音技巧

重音是朗读时对句子中某些词或词组在声音上给予突出或强调、读得特别重的音。重音是语言艺术加工的一个重要因素,我们在说话时往往要对主要的意思加重语气,以引起听者的注意,而这常常要靠重读来表现。一般重音可以分为语法重音、逻辑重音和感情重音。

(一)语法重音

根据语法结构的特点来处理的重音叫语法重音。它是由语句中的语法结构确定的。常见的规律有以下几种:

句子的谓语要重读。例如:

山朗润起来了,水涨起来了,太阳的脸红起来了。

句子中的定语要重读。例如:

伟大的祖国,伟大的人民。

句子中的状语要重读。例如:

我特地起个大早!

句子中的补语要重读。例如:

燕子飞倦了。

(二)逻辑重音

逻辑重音是在上下文的逻辑关系中强调特殊语音的重音。同一句话,如果重音位置不同,所强调的意义也就不同。例如:

"他明天回上海"(强调的是"他"去,而不是别人)

"他明天回上海"(强调的是去的时间)

"他明天回上海"(强调的行为)

"他明天回上海"(强调去的是"上海",不是别的地方)

可见,能否选准重点确实是准确表情达意的关键。

(三)感情重音

为了表达某种特定感情所读的重音,叫感情重音。用感情重音可使语言色彩丰富、血肉丰满、生机盎然、富有感染力。如果感情重音处理得好,还可以将文章的感情表达得更细腻、更充分。强烈的感情重音,还可以表达某种激情。例如:

这几天,大家晓得,在昆明出现了在历史上最卑劣、最无耻的事情!李先生究竟犯了什么罪,竟遭此毒手?

今天,这里有没有特务?你站出来!是好汉的站出来!你出来讲!凭什么要杀死李先生?(厉声,热烈地鼓掌)杀死了人,又不敢承认,还要诬蔑人,说什么"桃色事件",说什么共产党杀共产党,无耻啊!无耻啊!(热烈地鼓掌)这是某集团的无耻,恰是李先生

的光荣！李先生在昆明被暗杀，是李先生留给昆明的光荣！也是昆明人民的光荣！（热烈地鼓掌）

三、节奏技巧

节奏是指朗读全篇作品过程中所显示的声音形式的回环往复。节奏的把握应立足于作品的全篇和整体。朗读中运用节奏，应从具体作品、具体层次、具体思想感情的运动状态入手。节奏除了依靠感情的内推力外，还必须借助于文章中一组一组的词语层层推进。在节奏上要能控制速度，不要忽高忽低、忽快忽慢，要读得从容不迫。

根据节奏的基本特点与表现形式，可以将节奏分为以下几种：

（一）轻快型

这种节奏的特点是语速较快，多轻少重，多扬少抑，语节少而词的密度大，语气转换显得轻快。常用于表示欢快欣慰的句子。例如：

我说你是人间的四月天；笑响点亮了四面风；轻灵在春的光艳中交舞着变。你是四月早天里的云烟，黄昏吹着风的软，星子在无意中闪，细雨点洒在花前。

（二）凝重型

这种节奏的特点是语调平稳凝重，多重少轻，多抑少扬，音强而有力，词语密度疏。常用于表示严肃的气氛和悲痛的情感。例如：

灵车队，万众心相随。哭别总理心欲碎，八亿神州泪纷飞。红旗低垂，新华门前洒满泪。日理万机的总理啊，您今晚几时回？

（三）低沉型

这种节奏的特点是语调压抑，语气沉重，停顿多而长，音色偏暗，语流沉缓。常用于表示悲哀的心情。例如：

灵车缓缓地前进，牵动着千万人的心。许多人在人行道上追着灵车奔跑。人们多么希望车子能停下来，希望时间能停下来！可是灵车渐渐地远去了，最后消失在苍茫的夜色中了。人们还是面向灵车开去的方向，静静地站着，站着，好像在等待周总理回来。

（四）紧张型

这种节奏的特点是多连少停，多重少轻，多扬少抑，语节内词的密度大，音短气急促。常用于表达紧张、急迫的内容，以及焦急的心情或恐惧的心理。例如：

在苍茫的大海上，狂风卷集着乌云。在乌云和大海之间，海燕像黑色的闪电，在高傲地飞翔。一会儿翅膀碰着波浪，一会儿箭一般地直冲向乌云，它叫喊着——就在这勇敢的叫喊声里，乌云听出了欢乐。

（五）舒缓型

这种节奏的特点是语调多扬少抑，语音清朗柔和，气息畅达，语流舒展。常用于表示慢慢品味、感觉上很惬意舒心的句子，也可以表现舒展的情怀。例如：

大海上一片静寂。在我们的脚下，波浪轻轻吻着岩石，朦朦胧胧欲睡似的。在平静的深黯的海面上，月光劈开了一款狭长的明亮的云汀，闪闪地颤动着，银鳞一般。

（六）高亢型

这种节奏的特点是语调高昂，多重少轻，语音响亮，语句连贯，语流畅达。常用于表达振奋的、狂喜的、激情的内容。例如：

啊，卷起我吧！如同翻卷波浪、或像横扫落叶、或像驱赶浮云！我跃进人生的荆棘，鲜血直淌！岁月的重负缚住了我这颗灵魂，它太像你了；敏捷、高傲、不驯。

四、语调技巧

语调指朗读时声音升降平曲、高低起伏的变化形式，它是通过控制声带的松紧来实现的。语调一般分为四种：

（一）语调由平升高，高亢激昂，称为"扬"

例如：

当年毛委员和朱军长带领队伍下山去挑粮食，不就是用这样的扁担吗？（上扬调，表示疑问）

（二）语调先平后降，低沉持重，称为"抑"

例如：

盼望着，盼望着，东风来了，春天的脚步近了。（降抑调，表示肯定）

（三）语调缺少变化，平缓舒展，称为"平"

例如：

我家的后面有一个很大的花园，相传叫百草园。（平直调，叙述、说明）

（四）语调升降频繁，起伏不定，称为"曲"

例如：

这真是所谓"你不说我还明白，你越说我越糊涂了"……（曲折调，揶揄语气）

第四节　"文章朗读"测试应试技巧

朗读是一种技能，不经过刻苦练习是难以提高水平的。文章朗读测试时，朗读材料有60篇之多，它们的文体和风格又不尽相同，这就要求应试者在测试前应认真练习，做好充分的准备。

一、重视正音

朗读测试时，对语音的评分十分严格。因此，练习起始，就要做好正音的工作。正音时，一要注意文后的语音提示，这些字词是朗读中比较容易念错的。二要勤查词典，碰到吃不准读音的字，不能主观臆断，而应翻查词典或测试手册。三要有针对性，几乎每个人都有自己的语音薄弱环节，要做到心中有数，着重纠正。

二、加强对文章的分析理解

要读好一篇文章，首先需要理解内容，知道作者想说什么、说了什么、怎么说的。了解了这些，朗读就有了内在的心理依托，就能做到情绪自然、语脉流畅，表意准确也就不难了。否则,眼前只见白纸黑字,难免念得平淡无味,流露出方言语调。因此,在练习的初期,应该对文章做些分析,要了解文章的体裁、风格,把握文章的中心思想,理清文章的结构关系,还要感受文章的情感变化,为读好文章打下基础。

三、针对难点,强化练习

60篇短文中,每一篇都有一些朗读难点。对于这些难点,应试者测试时,在比较紧张的氛围中十分容易出现失误。如有些结构复杂的长句,即使事先安排好了顿歇处,没朗读经验的人还是易读破句。又如有的短文中儿化较为集中,有的短文中外国人名多,有的短文中还有些拗口的句子……对这类难点,必须进行强化训练,方法只有一个:反复朗读,读到准确、流畅、和谐为止。

四、克服不良的语言习惯

有些应试者有一些不良的语言习惯,如通篇用一种语调,或全扬,或全抑;又如每句话的木尾读得特别重或特别轻;再如常回头重复读,等等。在测试中,这些现象都会被判为方言语调,或被视为严重失误。练习时,要注意发现自己的不良语言习惯,尽力加以克服。

五、充分利用朗读示范录音磁带

规定的朗读篇目,都有规范的标准的朗读录音,可以模仿别人的语音语调和语速节奏进行练习,以培养语感、增强语感,帮助朗读。

综合训练

1. 朗读以下熟语。

人无远虑,必有近忧。耳听为虚,眼见为实。心中有底,说话有准。
知己知彼,百战百胜。道听途说,不可尽信。千槌打鼓,一锣定音。
看菜吃饭,量体裁衣。熟能生巧,巧能生妙。鸡不撒尿,自有便道。
豪猪打洞,另有办法。会者不忙,忙者不会。听不如看,看不如干。
少而不学,老而无识。人到事中迷,就怕没人提。劈柴劈小头,问路问老头。
事前不知道,坐了没底轿。隔行如隔山,隔行不隔理。乖子看一眼,痴子看到晚。
同样的米面,各人的手段。师傅领进门,修行在个人。劈柴不照纹,累死劈柴人。
明白人好讲,糊涂人难缠。近水知鱼性,靠山识鸟音。少壮不努力,老大徒伤悲。
补漏趁天晴,读书趁年轻。

2. 朗读以下诗词名句。

春蚕到死丝方尽,蜡炬成灰泪始干。
黑云压城城欲摧,甲光向日金鳞开。
旧时王谢堂前燕,飞入寻常百姓家。
沉舟侧畔千帆过,病树前头万木春。
请君莫奏前朝曲,听唱新翻杨柳枝。
商女不知亡国恨,隔江犹唱后庭花。

3. 朗读下面的诗歌。

北方

一天，
那个科尔沁草原上的诗人
对我说：
"北方是悲哀的。"
不错，
北方是悲哀的。
从塞外吹来的
沙漠风，
已卷去
北方的生命的绿色
与时日的光辉
——一片暗淡的灰黄，
蒙上一层揭不开的沙雾；
那天边疾奔而至的呼啸，
带来了恐怖，
疯狂地
扫荡过大地；
荒漠的原野
冻结在十二月的寒风里，
村庄呀，山坡呀，河岸呀，
颓垣与荒冢呀，
都披上了土色的忧郁……
孤单的行人，
上身俯前
用手遮住了脸颊，
在风沙里
困苦地呼吸，
一步一步地
挣扎着前进……
几只驴子
——那有悲哀的眼
和疲乏的耳朵的畜生，
载负了土地的
痛苦的重压，
它们厌倦的脚步，
徐缓地踏过

北国的
修长而又寂寞的道路……
那些小河早已枯干了
河底也已画满了车辙,
北方的土地和人民
在渴求着
那滋润生命的流泉啊!
枯死的林木
与低矮的住房
稀疏地,阴郁地
散布在灰暗的天幕下:
天上,
看不见太阳,
只有那结成大队的雁群
惶乱的雁群,
击着黑色的翅膀,
叫出它们的不安与悲苦,
从这荒凉的地域逃亡,
逃亡到
绿荫蔽天的南方去了……
北方是悲哀的;
而万里的黄河
汹涌着混浊的波涛,
给广大的北方
倾泻着灾难与不幸;
而年代的风霜,
刻画着
广大的北方的
贫穷与饥饿啊!
而我
——这来自南方的旅客,
却爱这悲哀的北国啊!
扑面的风沙
与入骨的冷气,
决不曾使我咒诅;
我爱这悲哀的国土,
一片无垠的荒漠,
也引起了我的崇敬:
——我看见

我们的祖先
带领了羊群，
吹着茄笛，
沉浸在这大漠的黄昏里……
我们踏着的
古老的
松软的黄土层里，
埋有我们祖先的骸骨啊，
——这土地是他们所开垦，
几千年了
他们曾在这里
和带给他们以打击的自然相搏斗，
他们为保卫土地
从不曾屈辱过一次，
他们死了
把土地遗留给我们——
我爱这悲哀的国土，
它的广大而瘦瘠的土地，
带给我们以淳朴的言语
与宽阔的姿态，
我相信：这言语与姿态
坚强地生活在大地上，
永远不会灭亡；
我爱这悲哀的国土
古老的国土
——这国土
养育了为我所爱的
世界上最艰苦
与最古老的种族。
　　　　　——艾青

附录　普通话水平测试 60 篇朗读作品

作品 1 号

那是力争上游的一种树，笔直的干，笔直的枝。它的干呢，通常是丈把高，像是加以人工似的①，一丈以内，绝无旁枝；它所有的桠枝②呢，一律向上，而且紧紧靠拢，也像是加以人工似的，成为③一束，绝无横斜逸出；它的宽大的叶子也是片片向上，几乎没有斜生的，更不用说倒垂④了；它的皮，光滑而有银色的晕圈⑤，微微泛出淡青色。这是虽在北方的风雪的压迫下却保持着倔强挺立的一种树！哪怕只有碗来粗细罢，它却努力向上发展，高到丈许，二丈，参天耸立，不折不挠⑥，对抗着西北风。

这就是白杨树，西北极普通的一种树，然而决不是平凡的树！

它没有婆娑⑦的姿态，没有屈曲盘旋的虬枝⑧，也许你要说它不美丽，——如果美是专指"婆娑"或"横斜逸出"之类而言，那么白杨树算不得树中的好女子；但是它却是伟岸，正直，朴质，严肃，也不缺乏温和⑨，更不用提它的坚强不屈与挺拔，它是树中的伟丈夫！当你在积雪初融的高原上走过，看见平坦的大地上傲然挺立这么一株或一排白杨树，难道你就只觉得树只是树，难道你就不想到它的朴质，严肃，坚强不屈，至少也象征了北方的农民；难道你竟一点儿也不联想到，在敌后的广大//土地上，到处有坚强不屈，就像这白杨树一样傲然挺立的守卫他们家乡的哨兵！难道你又不更远一点想到这样枝枝叶叶靠紧团结，力求上进的白杨树，宛然⑩象征了今天在华北平原纵横决荡用血写出新中国历史的那种精神和意志。

节选自茅盾《白杨礼赞》

语音提示：

①似的 shì de　　②桠枝 yā zhī　　③成为 chéng wéi
④倒垂 dào chuí　　⑤晕圈 yùn quān　　⑥不折不挠 bù zhé bù náo
⑦婆娑 pó suō　　⑧虬枝 qiú zhī　　⑨温和 wēn hé
⑩宛然 wǎn rán

作品 2 号

两个同龄的年轻人同时受雇于一家店铺①，并且拿同样的薪水②。

可是一段时间后，叫阿诺德的那个小伙子青云直上，而那个叫布鲁诺③的小伙子却仍在原地踏步④。布鲁诺很不满意老板的不公正待遇。终于有一天他到老板那儿发牢骚⑤了。老板一边耐心地听着他的抱怨，一边在心里盘算着怎样向他解释清楚他和阿诺德之间的差别。

"布鲁诺先生，"老板开口说话了，"您现在到集市上去一下，看看今天早上有什么⑥卖的。"布鲁诺从集市上回来向老板汇报说，今早集市上只有一个农民拉了一车土豆在卖。

"有多少？"老板问。

布鲁诺赶快戴上帽子又跑到集上，然后回来告诉老板一共四十袋土豆。

"价格是多少?"

布鲁诺又第三次跑到集上问来了价格。

"好吧,"老板对他说,"现在请您坐到这把椅子上一句话也不要说,看看阿诺德怎么⑦说。"

阿诺德很快就从集市上回来了。向老板汇报说到现在为止只有一个农民在卖土豆,一共四十口袋,价格是多少多少;土豆质量⑧很不错,他带回来一个让老板看看。这个农民一个钟头以后还会弄来几箱西红柿,据他看价格非常公道。昨天他们⑨铺子的西红柿卖得很快,库存已经不//多了。他想这么便宜⑩的西红柿,老板肯定会要进一些的,所以他不仅带回了一个西红柿做样品,而且⑪把那个农民也带来了,他现在正在外面等回话呢。

此时老板转向了布鲁诺,说:"现在您肯定知道为什么阿诺德的薪水比您高了吧!"

节选自张健鹏、胡足青《故事时代》之《差别》

语音提示:

①店铺 diàn pù　　　②薪水 xīn shuǐ　　　③布鲁诺 bù lǔ nuò
④踏步 tà bù　　　　⑤牢骚 láo sao　　　　⑥什么 shén me
⑦怎么 zěn me　　　 ⑧质量 zhì liàng　　　⑨他们 tā men
⑩便宜 pián yi　　　 ⑪而且 ér qiě

作品 3 号

我常常遗憾我家门前那块丑石:它黑黝黝①地卧在那里,牛似的模样②;谁也不知道③是什么时候留在这里的,谁也不去理会它。只是麦收时节,门前摊了麦子,奶奶总是说:这块丑石,多占地面呀,抽空④把它搬走吧。

它不像汉白玉那样的细腻,可以刻字雕花,也不像大青石那样的光滑,可以供来浣纱捶布。它静静地卧在那里,院边的槐荫没有庇覆⑤它,花儿也不再在它身边生长。荒草便繁衍出来,枝蔓⑥上下,慢慢地,它竟锈上了绿苔⑦、黑斑。我们这些做孩子的,也讨厌起它来,曾合伙要搬走它,但力气⑧又不足;虽时时咒骂它,嫌弃它,也无可奈何,只好任它留在那里了。

终有一日,村子里来了一个天文学家。他在我家门前路过,突然发现了这块石头,眼光立即⑨就拉直了。他再没有离开,就住了下来;以后又来了好些人,都说这是一块陨石⑩,从天上落下来已经有二三百年了,是一件了不起的东西。不久便来了车,小心翼翼地将它运走了。

这使我们都很惊奇,这又怪又丑的石头,原来是天上的啊!它补过天,在天上发过热、闪过光,我们的先祖或许仰望过它,它给了他们光明、向往、憧憬;而它落下来了,在污土里,荒草里,一躺就//是几百年了!

我感到自己的可耻,也感到了丑石的伟大,我甚至怨恨它这么多年竟会默默地忍受着这一切!而我又立即深深地感到它那种不屈于误解、寂寞的生存的伟大。

节选自贾平凹《丑石》

语音提示：

①黑黝黝 hēi yǒu yǒu（口语一般读 hēiyōuyōu）
②模样 mú yàng　　③知道 zhī dào　　④抽空 chōu kòng
⑤庇覆 bì fù　　　 ⑥枝蔓 zhī màn　　⑦绿苔 lǜ tái
⑧力气 lì qi　　　 ⑨立即 lì jí　　　⑩陨石 yǔn shí

作品 4 号

在达瑞八岁的时候，有一天他想去看电影。因为没有钱，他想是向爸妈要钱，还是自己挣钱。最后他选择①了后者。他自己调制了一种汽水，向过路的行人出售。可那时正是寒冷的冬天，没有人买，只有两个人例外——他的爸爸和妈妈。

他偶然②有一个和非常成功的商人谈话的机会。当他对商人讲述了自己的"破产史"后，商人给了他两个重要的建议：一是尝试为别人解决一个难题；二是把精力集中在你知道的、你会的和你拥有的东西上。

这两个建议很关键。因为对于一个八岁的孩子而言，他不会做的事情很多。于是他穿过大街小巷，不停地思考：人们会有什么③难题，他又如何利用这个机会？

一天，吃早饭时父亲让达瑞去取报纸。美国的送报员总是把报纸从花园篱笆④的一个特制的管子里塞进来。假如你想穿着睡衣舒舒服服地吃早饭和看报纸，就必须离开温暖⑤的房间，冒着寒风，到花园去取。虽然路短，但十分麻烦⑥。

当达瑞为父亲取报纸的时候，一个主意⑦诞生了。当天他就按响邻居的门铃，对他们说，每个月只需付给他一美元，他就每天早上把报纸塞到他们的房门底下。大多数人都同意了，很快他有//了七十多个顾客。一个月后，当他拿到自己赚⑧的钱时，觉得自己简直是飞上了天。

很快他又有了新的机会，他让他的顾客每天把垃圾袋放在门前，然后由他早上运到垃圾桶里，每个月加一美元。之后他还想出了许多孩子赚钱的办法，并把它集结成书，书名为《儿童挣钱的二百五十个主意》。为此，达瑞十二岁时就成了畅销书作家，十五岁有了自己的谈话节目，十七岁就拥有了几百万美元。

节选自［德］博多·舍费尔《达瑞的故事》，刘志明译

语音提示：

①选择 xuǎn zé　　②偶然 ǒu rán　　③什么 shén me
④篱笆 lí ba　　　⑤温暖 wēn nuǎn　⑥麻烦 má fan
⑦主意 zhǔ yi　　 ⑧赚 zhuàn

作品 5 号

这是入冬以来，胶东半岛上第一场雪。

雪纷纷扬扬，下得很大。开始还伴着一阵儿①小雨，不久就只见大片大片的雪花，从彤云密布的天空中飘落下来。地面上一会儿②就白了。冬天的山村，到了夜里就万籁俱寂③，只听得雪花簌簌地④不断往

下落，树木的枯枝被雪压断了，偶尔⑤咯吱一声响。

大雪整整下了一夜。今天早晨，天放晴了，太阳出来了。推开门一看，嗬！好大的雪啊⑥！山川、河流、树木、房屋，全都罩上了一层⑦厚厚的雪，万里江山，变成了粉妆玉砌⑧的世界。落光了叶子的柳树上挂满了毛茸茸亮晶晶的银条儿⑨；而那些冬夏常青的松树和柏树上，则挂满了蓬松松沉甸甸的雪球儿⑩。一阵风吹来，树枝轻轻地摇晃，美丽的银条儿和雪球儿簌簌地落下来，玉屑似的雪末儿随风飘扬，映着清晨的阳光，显出一道道五光十色的彩虹。

大街上的积雪足有一尺多深，人踩上去，脚底下发出咯吱咯吱的响声。一群群孩子在雪地里堆雪人⑪，掷雪球儿。那欢乐的叫喊声，把树枝上的雪都震落下来了。

俗话说，"瑞雪兆丰年"。这个话有充分的科学根据，并不是一句迷信的成语。寒冬大雪，可以冻死一部分越冬的害虫；融化了的水渗进土层深处，又能供应⑫//庄稼⑬生长的需要。我相信这一场十分及时的大雪，一定会促进明年春季作物，尤其是小麦的丰收。有经验的老农把雪比做是"麦子的棉被"。冬天"棉被"盖得越厚，明春麦子就长得越好，所以又有这样一句谚语："冬天麦盖三层被，来年枕着馒头⑭睡。"

我想，这就是人们为什么把及时的大雪称为"瑞雪"的道理吧。

节选自峻青《第一场雪》

语音提示：
①一阵儿 yī zhènr　　②一会儿 yī hùr　　③万籁俱寂 wàn lài jù jì
④簌簌地 sù sù de　　⑤偶尔 ǒu ěr　　⑥啊 a
⑦一层 yī céng　　⑧粉妆玉砌 fěn zhuāng yù qì　　⑨银条儿 yín tiáor
⑩雪球儿 xuě qiúer　　⑪雪人儿 xuě rér　　⑫供应 gòng yìng
⑬庄稼 zhuāng jia　　⑭馒头 mán tou

作品 6 号

我常想读书人是世间幸福①人，因为他除了拥有现实的世界之外，还拥有另一个更为浩瀚②也更为丰富的世界。现实的世界是人人都有的，而后一个世界却为③读书人所独有。由此我想，那些失去或不能阅读的人是多么的不幸，他们的丧失是不可补偿④的。世间有诸多的不平等，财富⑤的不平等，权力的不平等，而阅读能力的拥有或丧失却体现为精神⑥的不平等。

一个人的一生，只能经历自己拥有的那一份欣悦⑦，那一份苦难，也许再加上他亲自闻知的那一些关于自身以外的经历和经验。然而⑧，人们通过阅读，却能进入不同时空的诸多他人的世界。这样，具有阅读能力的人，无形间获得了超越⑨有限生命的无限可能性。阅读不仅使他多识了草木虫鱼之名，而且可以上溯远古下及未来，饱览存在的与非存在的奇风异俗。

更为重要的是，读书加惠于人们的不仅是知识的增广，而且还在于精神的感化与陶冶⑩。人们从读书学做人，从那些往哲先贤以及当代才俊的著述中学得他们的人格。人们从《论语》中学得智慧的思考，从《史记》中学得严肃的历史精神，从《正气歌》中学得人格的刚烈，从马克思学得人世//的激情，从鲁迅学得批判精神，从托尔斯泰学得道德的执着⑪。歌德的诗句刻写着睿智⑫的人生，拜伦的诗句呼唤着奋斗的热情。一个读书人，一个有机会拥有超乎个人生命体验的幸运⑬人。

节选自谢冕《读书人是幸福人》

语音提示：

①幸福 xìng fú　　　②浩瀚 hào hàn　　　③为 wéi
④补偿 bǔ cháng　　⑤财富 cái fù　　　　⑥精神 jīng shén
⑦欣悦 xīn yuè　　　⑧然而 rán ér　　　　⑨超越 chāo yuè
⑩陶冶 táo yě　　　　⑪执着 zhí zhuó　　　⑫睿智 ruì zhì
⑬幸运 xìng yùn

作品 7 号

一天，爸爸①下班回到家已经很晚了，他很累也有点儿②烦，他发现五岁的儿子靠在门旁正等着他。

"爸，我可以问您一个问题吗？"

"什么问题？""爸，您一小时可以赚多少③钱？""这与你无关，你为什么④问这个问题？"父亲生气地说。

"我只是想知道⑤，请告诉⑥我，您一小时赚多少钱？"小孩儿哀求道。"假如你一定要知道的话，我一小时赚二十美金。"

"哦，"小孩儿低下了头，接着又说，"爸，可以借我十美金吗？"父亲发怒⑦了："如果你只是要借钱去买毫无意义的玩具的话，给我回到你的房间睡觉去。好好想想为什么你会那么自私。我每天辛苦⑧工作，没时间和你玩儿⑨小孩子的游戏。"

小孩儿默默地回到自己的房间关上门。

父亲坐下来还在生气。后来，他平静下来了。心想他可能对孩子太凶了——或许孩子真的很想买什么东西⑩，再说他平时很少要过钱。

父亲走进孩子的房间："你睡了吗？""爸，还没有，我还醒着。"孩子回答。

"我刚才可能对你太凶了，"父亲说，"我不应该发那么大的火儿⑪——这是你要的十美金。""爸，谢谢您。"孩子高兴地从枕头下拿出一些被弄⑫皱的钞票⑬，慢慢⑭地数着。

"为什么你已经有钱了还要？"父亲不解地问。

"因为原来不够，但现在凑⑮够了。"孩子回答："爸，我现在有//二十美金了，我可以向您买一个小时的时间吗？明天请早一点儿回家——我想和您一起吃晚餐。"

节选自唐继柳编译《二十美金的价值》

语音提示：

①爸爸 bà ba　　　　②有点儿 yǒu diǎr　　③多少 duō shao
④为什么 wèi shén me　⑤知道 zhī dào　　　⑥告诉 gào su
⑦发怒 fā nù　　　　⑧辛苦 xīn kǔ　　　　⑨玩儿 wár
⑩东西 dōng xi　　　⑪火儿 huǒr　　　　⑫弄 nòng
⑬钞票 chāo piào　　⑭慢慢地 màn màn de　⑮凑 còu

作品 8 号

我爱月夜①,但我也爱星天。从前在家乡七八月的夜晚在庭院里纳凉②的时候③,我最爱看天上密密麻麻的繁星。望着星天,我就会忘记一切,仿佛回到了母亲的怀里似的。

三年前在南京我住的地方④有一道后门,每晚我打开后门,便看见一个静寂⑤的夜。下面是一片菜园⑥,上面是星群密布的蓝天。星光在我们的肉眼里虽然微小,然而它使我们觉得光明无处不在。那时候我正在读一些天文学的书,也认得一些星星⑦。好像它们就是我的朋友,它们常常在和我谈话一样。

如今在海上,每晚和繁星相对,我把它们认得很熟了。我躺在舱面上,仰望天空。深蓝色的天空里悬着无数半明半昧⑧的星。船在动,星也在动,它们是这样低,真是摇摇欲坠⑨呢!渐渐地我的眼睛模糊⑩了,我好像看见无数萤火虫在我的周围飞舞。海上的夜是柔和⑪的,是静寂的,是梦幻的。我望着许多认识的星,我仿佛看见它们在对我眨眼⑫,我仿佛听见它们在小声说话。这时我忘记了一切。在星的怀抱中我微笑着,我沉睡着。我觉得自己是一个小孩子,现在睡在母亲的怀里了。

有一夜,那个在哥伦波上船的英国人指给我看天上的巨人。他用手指着://那四颗明亮的星是头,下面的几颗是身子,这几颗是手,那几颗是腿和脚,还有三颗星算是腰带。经他这一番指点,我果然看清楚⑬了那个天上的巨人。看,那个巨人还在跑呢!

节选自巴金《繁星》

语音提示:

①月夜 yuè yè　　　　②纳凉 nà liáng　　　　③时候 shí hou
④地方 dì fang　　　　⑤静寂 jìng jì　　　　⑥菜园 cài yuán
⑦星星 xīng xing　　　⑧半明半昧 bàn míng bàn mèi
⑨摇摇欲坠 yáo yáo yù zhuì　　　　　　　⑩模糊 mó hu
⑪柔和 róu hé　　　　⑫眨眼 zhǎ yǎn　　　　⑬清楚 qīng chu

作品 9 号

假日①到河滩上转转②,看见许多孩子在放风筝③。一根根长长的引线,一头系在天上,一头系在地上,孩子同风筝都在天与地之间悠荡④,连心也被悠荡得恍恍惚惚了,好像又回到了童年。

儿时放的风筝,大多是自己的长辈或家人编扎⑤的,几根削得很薄的篾⑥,用细纱线扎成各种鸟兽的造型,糊上雪白的纸片,再用彩笔勾勒⑦出面孔与翅膀的图案。通常扎得最多的是"老雕""美人儿""花蝴蝶"等。

我们家前院就有位叔叔,擅扎风筝,远近闻名。他扎得风筝不只体型好看,色彩艳丽,放飞得高远,还在风筝上绷一叶用蒲苇⑧削成的膜片⑨,经风一吹,发出"嗡嗡"的声响,仿佛是风筝的歌唱,在蓝天下播扬,给开阔的天地增添了无尽的韵味⑩,给驰荡的童心带来几分疯狂。

我们那条胡同⑪的左邻右舍的孩子们放的风筝几乎都是叔叔编扎的。他的风筝不卖钱,谁上门去要,就给谁,他乐意自己贴钱买材料。

后来,这位叔叔去了海外,放风筝也渐与孩子们远离了。不过年年叔叔给家乡写信,总不忘提起儿时的放风筝。香港回归之后,他在家信中说到,他这只被故乡放飞到海外的风筝,尽管飘荡游弋⑫,经沐风雨,可那线头儿一直在故乡和亲人手中牵着,如今飘得太累了,也该要回归到家乡和//亲人身边来了。

是的。我想,不光是叔叔,我们每个人都是风筝,在妈妈手中牵着,从小放到大,再从家乡放到祖国最需要的地方⑬去啊!

节选自李恒瑞《风筝畅想曲》

语音提示:

①假日 jià rì　　　　②转转 zhuàn zhuan　　　③风筝 fēng zheng
④悠荡 yōu dàng　　　⑤编扎 biān zā　　　　　⑥篾 miè
⑦勾勒 gōu lè　　　　⑧蒲苇 pú wěi　　　　　⑨膜片 mó piàn
⑩韵味 yùn wèi　　　　⑪胡同 hú tòng　　　　　⑫飘荡游弋 piāo dàng yóu yì
⑬地方 dì fang

作品10号

爸不懂得①怎样表达爱,使我们一家人融洽②相处③的是我妈。他只是每天上班下班,而妈则把我们做过的错事开列清单,然后由他来责骂我们。

有一次我偷了一块糖果,他要我把它送回去,告诉④卖糖的说是我偷来的,说我愿意替他拆箱卸货⑤作为赔偿。但妈妈却明白⑥我只是个孩子。

我在运动场打秋千跌断了腿,在前往医院途中一直抱着我的,是我妈。爸把汽车停在急诊室门口,他们叫他驶开,说那空位⑦是留给紧急车辆停放的。爸听了便叫嚷⑧道:"你以为这是什么车?旅游车?"

在我生日会上,爸总是显得有些不大相称⑨。他只是忙于吹气球,布置餐桌⑩,做杂务。把插着蜡烛的蛋糕推过来让我吹的,是我妈。

我翻阅⑪照相册时,人们总是问:"你爸爸是什么样子的?"天晓得!他老是忙着替别人⑫拍照。妈和我笑容可掬⑬地一起拍的照片⑭,多得不可胜数。

我记得妈有一次叫他教我骑自行车。我叫他别放手,但他却说是应该放手的时候了。我摔倒之后,妈跑过来扶我,爸却挥手要她走开。我当时生气极了,决心要给他点儿颜色看。于是我马上爬上自行车,而且自己骑给他看。他只是微笑。

我念大学时,所有的家信都是妈写的。他//除了寄支票外,还寄过一封短柬⑮给我,说因为我不在草坪上踢足球了,所以他的草坪长得很美。

每次我打电话回家,他似乎都想跟我说话,但结果总是说:"我叫你妈来接。"

我结婚时,掉眼泪的是我妈。他只是大声擤⑯了一下鼻子,便走出房间。

我从小到大都听他说:"你到哪里去?什么时候回家?汽车有没有汽油?不,不准去。"爸完全不知道怎样表达爱。除非……

会不会是他已经表达了,而我却未能察觉⑰?

节选自〔美〕艾尔玛·邦贝克《父亲的爱》

语音提示：

①懂得 dǒng de　　②融洽 róng qià　　③相处 xiāng chǔ
④告诉 gào su　　⑤卸货 xiè huò　　⑥明白 míng bai
⑦空位 kòng wèi　　⑧叫嚷 jiào rǎng　　⑨相称 xiāng chèn
⑩餐桌 cān zhuō　　⑪翻阅 fān yuè　　⑫别人 bié rén
⑬笑容可掬 xiào róng kě jū　　⑭照片 zhào piàn　　⑮短柬 duǎn jiǎn
⑯擤 xǐng　　⑰察觉 chá jué

作品 11 号

一个大问题一直盘踞①在我脑袋②里：

世界杯怎么③会有如此巨大的吸引力？除去足球本身的魅力④之外，还有什么超乎其上而⑤更伟大的东西？

近来观看世界杯，忽然从中得到了答案⑥：是由于一种无上崇高的精神情感——国家荣誉⑦感！

地球上的人都会有国家的概念⑧，但未必时时都有国家的感情。往往人到异国，思念家乡，心怀故国，这国家概念就变得有血有肉⑨，爱国之情来得非常具体。而现代社会，科技昌达，信息快捷，事事上网，世界真是太小太小，国家的界限似乎⑩也不那么⑪清晰了。再说足球正在快速世界化，平日里各国球员频繁转会，往来随意，致使越来越多的国家联赛都具有国际的因素。球员们不论国籍，只效力于自己的俱乐部，他们比赛时的激情中完全没有爱国主义的因子。

然而⑫，到了世界杯大赛，天下大变。各国球员都回国效力，穿上与光荣的国旗同样色彩的服装。在每一场比赛⑬前，还高唱国歌以宣誓⑭对自己祖国的挚爱⑮与忠诚。一种血缘⑯情感开始在全身的血管里燃烧起来，而且立刻热血沸腾。

在历史时代，国家间经常发生对抗，好男儿戎装⑰卫国。国家的荣誉往往需要以自己的生命去//换取。但在和平时代，唯有这种国家之间大规模对抗性的大赛，才可以唤起那种遥远而神圣⑱的情感，那就是：为祖国而战！

节选自冯骥才《国家荣誉感》

语音提示：

①盘踞 pán jù　　②脑袋 nǎo dai　　③怎么 zěn me
④魅力 mèi lì　　⑤而 ér　　⑥答案 dá àn
⑦荣誉 róng yù　　⑧概念 gài niàn　　⑨有血有肉 yǒu xiě yǒu ròu
⑩似乎 sì hū　　⑪那么 nà me　　⑫然而 rán ér
⑬比赛 bǐ sài　　⑭宣誓 xuān shì　　⑮挚爱 zhì ài
⑯血缘 xuè yuán　　⑰戎装 róng zhuāng　　⑱神圣 shén shèng

作品 12 号

夕阳落山不久，西方的天空，还燃烧着一片橘红色①的晚霞。大海，也被这霞光染成了红色，而且比天空的景色更要壮观。因为②它是活动的，每当一排排波浪涌起的时候③，那映照④在浪峰上的霞光，又红又亮，简直就像一片片霍霍燃烧⑤着的火焰，闪烁着，消失了。而后面的一排，又闪烁着，滚动着，涌了过来。

天空的霞光渐渐地淡下去了，深红的颜色变成了绯红⑥，绯红又变为浅红。最后，当这一切红光都消失了的时候，那突然显得高而远了的天空，则呈现出一片肃穆⑦的神色。最早出现的启明星，在这蓝色的天幕上闪烁起来了。它是那么大，那么亮，整个广漠的天幕上只有它在那里放射着令人注目的光辉，活像一盏悬挂⑧在高空的明灯。

夜色加浓，苍空中的"明灯"越来越多了。而城市各处的真的灯火也次第亮了起来，尤其是围绕⑨在海港周围山坡上的那一片灯光，从半空倒映⑩在乌蓝的海面上，随着波浪，晃动着，闪烁着，像一串流动着的珍珠，和那一片片密布在苍穹⑪里的星斗互相辉映，煞⑫是好看。

在这幽美的夜色中，我踏着⑬软绵绵⑭的沙滩，沿着海边，慢慢地向前走去。海水，轻轻地抚摸⑮着细软的沙滩，发出温柔的//刷刷声。晚来的海风，清新而又凉爽。我的心里，有着说不出的兴奋⑯和愉快。

夜风轻飘飘地吹拂着，空气中飘荡着一种大海和田禾相混合的香味儿⑰，柔软的沙滩上还残留着白天太阳炙晒⑱的余温。那些在各个工作岗位上劳动了一天的人们，三三两两地来到这软绵绵的沙滩上，他们浴着凉爽的海风，望着那缀满⑲了星星的夜空，尽情地说笑，尽情地休憩。

节选自峻青《海滨仲夏夜》

语音提示：

①橘红色 jú hóng sè　　②因为 yīn wèi　　③时候 shí hòu
④映照 yìng zhào　　⑤霍霍燃烧 huò huò rán shāo　　⑥绯红 fēi hóng
⑦肃穆 sù mù　　⑧悬挂 xuán guà　　⑨围绕 wéi rào
⑩倒映 dào yìng　　⑪苍穹 cāng qióng　　⑫煞 shà
⑬踏着 tà zhe　　⑭软绵绵 ruǎn mián mián　　⑮抚摸 fǔ mō
⑯兴奋 xìng fèn　　⑰香味儿 xiāng wèr　　⑱炙晒 zhì shài
⑲缀满 zhuì mǎn

作品 13 号

生命在海洋里诞生绝不是偶然的，海洋的物理和化学性质，使它成为①孕育②原始生命的摇篮。

我们知道③，水是生物的重要组成部分，许多动物组织的含水量在百分④之八十以上，而一些海洋生物的含水量高达百分之九十五。水是新陈代谢的重要媒介⑤，没有它，体内的一系列生理和生物化学反应就无法进行，生命也就停止。因此，在短时期内动物缺水要比缺少食物更加危险。水对今天的生命是如此重要，它对脆弱⑥的原始生命，更是举足轻重了。生命在海洋里诞生，就不会有缺水之忧。

水是一种良好的溶剂⑦。海洋中含有许多生命所必需的无机盐，如氯化钠、氯化钾、碳酸盐、磷酸盐，还有溶解氧，原始生命可以毫不费力地从中吸取它所需要的元素。

水具有很高的热容量，加之海洋浩大，任凭⑧夏季烈日曝晒⑨，冬季寒风扫荡，它的温度变化却比较小。因此，巨大的海洋就像是天然的"温箱"，是孕育原始生命的温床。

阳光虽然为⑩生命所必需，但是阳光中的紫外线却有扼杀⑪原始生命的危险。水能有效地吸收紫外线，因而又为原始生命提供了天然的"屏障"⑫。

这一切都是原始生命得以产生和发展的必要条件。//

节选自童裳亮《海洋与生命》

语音提示：

①成为 chéng wéi　　②孕育 yùn yù　　③知道 zhī dao
④分 fēn　　　　　　⑤媒介 méi jiè　　⑥脆弱 cuì ruò
⑦溶剂 róng jì　　　⑧任凭 rèn píng　　⑨曝晒 bào shài
⑩为 wéi　　　　　　⑪扼杀 è shā　　　⑫屏障 píng zhàng

作品 14 号

读小学的时候，我的外祖母去世了。外祖母生前最疼爱我，我无法排除自己的忧伤，每天在学校的操场上一圈儿①又一圈儿地跑着，跑得累倒在地上，扑在草坪上痛哭。

那哀痛的日子②，断断续续地持续了很久，爸爸③妈妈④也不知道如何安慰我。他们知道与其⑤骗我说外祖母睡着了⑥，还不如对我说实话：外祖母永远不会回来了。

"什么是永远不会回来呢？"我问着。

"所有时间里的事物，都永远不会回来。你的昨天过去，它就永远变成昨天。你不能再回到昨天。爸爸以前也和你一样小，现在也不能回到你这么小的童年了；有一天你会长大，你会像外祖母一样老；有一天你度过了你的时间，就永远不会回来了。"爸爸说。

爸爸等于给我一个谜语，这谜语比课本上的"日历挂在墙壁，一天撕去一页，使我心里着急⑦"和"一寸光阴一寸金，寸金难买寸光阴"还让我感到可怕；也比作文本上的"光阴似箭⑧，日月如梭"更让我觉得有一种说不出的滋味⑨。

时间过得那么飞快，使我的小心眼儿里不只是着急，还有悲伤。有一天我放学回家，看到太阳快落山了，就下决心⑩说："我要比太阳更快地回家。"我狂奔回去，站在庭院前喘气的时候，看到太阳//还露着半边脸，我高兴地跳跃⑪起来，那一天我跑赢了太阳。以后我就时常做那样的游戏，有时和太阳赛跑，有时和西北风比快，有时一个暑假才能做完的作业，我十天就做完了；那时我三年级，常常把哥哥五年级的作业拿来做。每一次比赛胜过时间，我就快乐得不知道怎么⑫形容。

如果将来我有什么⑬要教给我的孩子，我会告诉他：假若你一直和时间比赛，你就可以成功！

节选自（台湾）林清玄《和时间赛跑》

语音提示：

①一圈儿 yī quānr　　②日子 rì zi　　③爸爸 bà ba
④妈妈 mā ma　　⑤与其 yǔ qí　　⑥睡着了 shuì zháo le
⑦着急 zháo jí　　⑧光阴似箭 guāng yīn sì jiàn　　⑨滋味 zī wèi
⑩决心 jué xīn　　⑪跳跃 tiào yuè　　⑫怎么 zěn me
⑬什么 shén me

作品 15 号

三十年代初，胡适在北京大学任教授。讲课时他常常对白话文大加称赞①，引起一些只喜欢文言文而不喜欢白话文的学生②的不满。

一次，胡适正讲得得意的时候③，一位姓魏的学生突然站了起来，生气地问："胡先生，难道说白话文就毫无缺点吗？"胡适微笑着回答说："没有。"那位学生更加激动了："肯定有！白话文废话太多，打电报用字多，花钱多。"胡适的目光顿时变亮了。轻声地解释说，"不一定吧！前几天有位朋友给我打来电报，请我去政府④部门工作，我决定不去，就回电拒绝⑤了。复电是用白话写的，看来也很省字。请同学们根据我这个意思⑥，用文言文写一个回电，看看究竟⑦是白话文省字，还是文言文省字？"胡教授刚说完，同学们立刻认真地写了起来。

十五分钟过去，胡适让同学举手，报告用字的数目，然后挑了一份用字最少的文言电报稿，电文是这样写的：

"才疏学浅，恐难胜任，不堪从命。"白话文的意思是：学问不深，恐怕很难担任这个工作，不能服从⑧安排。

胡适说，这份写得确实不错，仅用了十二个字。但我的白话电报却只用了五个字：

"干不了，谢谢⑨！"

胡适又解释说："干不了"就有才疏学浅、恐难胜任的意思；"谢谢"既//对朋友的介绍表示感谢，又有拒绝的意思。所以，废话多不多，并不看它是文言文还是白话文，只要注意⑩选用字词，白话文是可以比文言文更省字的。

节选自陈灼主编《实用汉语中级教程》（上）中《胡适的白话电报》

语音提示：

①称赞 chēng zàn　　②学生 xué sheng　　③时候 shí hou
④政府 zhèng fǔ　　⑤拒绝 jù jué　　⑥意思 yì si
⑦究竟 jiū jìng　　⑧服从 fú cóng　　⑨谢谢 xiè xie
⑩注意 zhù yì

作品 16 号

很久以前，在一个漆黑①的秋天的夜晚，我泛舟②在西伯利亚一条阴森森的河上。船到一个转弯处，只见前面黑魆魆③的山峰下面一星火光④地一闪。

火光又明又亮，好像就在眼前……

"好啦，谢天谢地！"我高兴地说，"马上就到过夜的地方⑤啦！"

船夫扭头朝身后的火光望了一眼，又不以为然地划⑥起桨来。

"远着呢！"

我不相信他的话，因为火光冲破朦胧的夜色，明明在那儿闪烁⑦。不过船夫是对的，事实上，火光的确还远着呢。

这些黑夜的火光的特点是：驱散黑暗，闪闪发亮，近在眼前，令人神往。乍一看，再划几下就到了……其实却还远着呢！……

我们在漆黑如墨的河上又划了很久。一个个峡谷和悬崖⑧，迎面驶来，又向后移去，仿佛消失在茫茫的远方，而火光却依然停在前头，闪闪发亮，令人神往——依然是这么近，又依然是那么远……

现在，无论是这条被悬崖峭壁的阴影笼罩的漆黑的河流，还是那一星明亮的火光，都经常浮现在我的脑际，在这以前和在这以后，曾有许多火光，似乎⑨近在咫尺⑩，不止使我一人心驰神往。可是生活之河却仍然在那阴森森的两岸之间流着，而火光也依旧非常遥远。因此，必须加劲划桨……

然而，火光啊……毕竟……毕竟就//在前头！……

节选自［俄］柯罗连科《火光》，张铁夫译

语音提示：

①漆黑 qī hēi　　　②泛舟 fàn zhōu　　　③黑黢黢 hēi qū qū

④蓦 mò　　　　　⑤地方 dì fang　　　　⑥划 huá

⑦闪烁 shǎn shuò　⑧悬崖 xuán yá　　　　⑨似乎 sì hū

⑩咫尺 zhǐ chǐ

作品 17 号

对于一个在北平住惯的人，像我，冬天要是不刮风，便觉得是奇迹①；济南的冬天是没有风声的。对于一个刚由伦敦回来②的人，像我，冬天要能看得见日光，便觉得是怪事；济南的冬天是响晴的。自然③，在热带的地方④，日光永远是那么⑤毒，响亮的天气，反有点儿⑥叫人害怕。可是，在北方的冬天，而能有温晴的天气，济南真得⑦算个宝地。

设若单单是有阳光，那也算不了出奇。请闭上眼睛⑧想：一个老城，有山有水，全在天底下晒着阳光，暖和⑨安适地睡着⑩，只等春风来把它们唤醒，这是不是理想的境界？小山把济南围了个圈儿⑪，只有北边缺着点口儿⑫。这一圈小山在冬天特别可爱，好像是把济南放在一个小摇篮里，它们安静不动地低声地说："你们放心⑬吧，这儿准保暖和。"真的，济南的人们在冬天是面上含笑的。他们一看那些小山，心中便觉得有了着落⑭，有了依靠。他们由天上看到山上，便不知不觉地想起：明天也许就是春天了吧？这样的温暖，今天夜里山草也许就绿起来了吧？就是这点儿幻想不能一时实现，他们也并不着急，因为这样慈善的冬天，干什么还希望别的呢！

最妙的是下点儿⑮小雪呀。看吧，山上的矮松越发的青黑，树尖儿⑯上顶//着一髻儿⑰白花，好像日本看护妇⑱。山尖儿⑲全白了，给蓝天镶上一道银边。山坡上，有的地方雪厚点儿，有的地方草色还露着⑳；这样，一道儿白，一道儿暗黄，给山们穿上一件带水纹儿的花衣；看着看着，这件花衣好像被风儿㉑吹动，叫你希望看见一点儿更美的山的肌肤。等到快日落的时候，微黄的阳光斜射在山腰上，那点儿薄雪好像忽然害羞，微微露出点儿粉色。就是下小雪吧，济南是受不住大雪的，那些小山太秀气。

节选自老舍《济南的冬天》

语音提示：

①奇迹 qí jì　　　　②回来 huí lái　　　　③自然 zì rán
④地方 dì fang　　　⑤那么 nà me　　　　⑥有点儿 yǒu diǎr
⑦得 děi　　　　　　⑧眼睛 yǎn jīng　　　⑨暖和 nuǎn huo
⑩睡着 shuì zhe　　　⑪圈儿 quār　　　　　⑫口儿 kǒur
⑬放心 fàng xīn　　　⑭着落 zháo luò　　　⑮点儿 diǎr
⑯树尖儿 shù jiār　　⑰一髻儿 yī jiér　　　⑱看护妇 kàn hù fù
⑲山尖儿 shān jiār　 ⑳露着 lòu zhe　　　　㉑风儿 fēr

作品 18 号

纯朴的家乡村边有一条河，曲曲弯弯，河中架一弯石桥，弓样的小桥横跨两岸。

每天，不管是鸡鸣晓月，日丽中天，还是月华泻地，小桥都印下串串①足迹②，洒落③串串汗珠。那是乡亲为了追求多棱④的希望，兑现⑤美好的遐想。弯弯小桥，不时荡过轻吟低唱，不时露出⑥舒心的笑容。

因而，我稚小的心灵，曾将心声献给小桥：你是一弯银色的新月，给人间普照光辉；你是一把闪亮的镰刀⑦，割刈⑧着欢笑的花果；你是一根晃悠悠的扁担⑨，挑起了彩色的明天！哦，小桥走进我的梦中。

我在他乡飘泊⑩的岁月，心中总涌动着故乡的河水，梦中总看到弓样的小桥。当我访南疆探北国，眼帘闯进座座雄伟的长桥时，我的梦变得丰满了，增添了赤橙黄绿青蓝紫。

三十多年过去，我带着满头霜花回到故乡，第一紧要的便是去看望小桥。

啊！小桥呢？它躲起来了？河中一道长虹，浴着朝霞熠熠闪光⑪。哦，雄浑的大桥敞开胸怀，汽车的呼啸、摩托的笛音、自行车的叮铃，合奏⑫着进行交响乐；南来的钢筋、花布，北往的柑橙、家禽，绘出交流欢悦图……

啊！蜕变⑬的桥，传递了家乡进步的消息，透露⑭了家乡富裕的声音。时代的春风，美好的追求，我蓦地记起儿时唱//给小桥的歌，哦，明艳艳的太阳照耀了，芳香甜蜜的花果捧来了，五彩斑斓⑮的岁月拉开了！

我心中涌动的河水，激荡起甜美的浪花。我仰望一碧蓝天，心底轻声呼喊：家乡的桥啊，我梦中的桥！

节选自郑莹《家乡的桥》

语音提示：

①串串 chuàn chuàn　②足迹 zú jī　③洒落 sǎ luò
④多棱 duō léng　⑤兑现 duì xiàn　⑥露出 lòu chū
⑦镰刀 lián dāo　⑧割刈 gē yì　⑨扁担 biǎn dan
⑩飘泊 piāo bó　⑪熠熠闪光 yì yì shǎn guāng　⑫合奏 hé zòu
⑬蜕变 tuì biàn　⑭透露 tòu lù　⑮五彩斑斓 wǔ cǎi bān lán

作品 19 号

三百多年前，建筑设计师莱伊恩受命设计了英国温泽市政府大厅。他运用工程力学的知识①，依据②自己多年的实践，巧妙地设计了只用一根柱子支撑③的大厅天花板。一年以后，市政府权威人士进行工程验收时，却说只用一根柱子支撑天花板太危险，要求莱伊恩再多加几根柱子。

莱伊恩自信只要一根坚固的柱子足以保证大厅安全，他的"固执"惹恼④了市政官员，险些被送上法庭。他非常苦恼，坚持自己原先的主张吧，市政官员肯定会另找人修改设计；不坚持吧，又有悖⑤自己为人的准则⑥。矛盾了很长一段时间，莱伊恩终于想出了一条妙计，他在大厅里增加了四根柱子，不过这些柱子并未与天花板接触⑦，只不过是装装样子。

三百多年过去了，这个秘密始终没有被人发现。直到前两年，市政府准备修缮⑧大厅的天花板，才发现莱伊恩当年的"弄虚作假"。消息传出后，世界各国的建筑专家和游客云集，当地政府对此也不加掩饰⑨，在新世纪到来之际，特意将大厅作为一个旅游景点对外开放，旨在引导人们崇尚⑩和相信科学。

作为一名建筑师，莱伊恩并不是最出色的。但作为一个人，他无疑非常伟大，这种//伟大表现在他始终恪守⑪着自己的原则，给高贵的心灵一个美丽的住所，哪怕是遭遇⑫到最大的阻力，也要想办法抵达胜利。

节选自游宇明《坚守你的高贵》

语音提示：

①知识 zhī shi　②依据 yī jù　③支撑 zhī chēng
④惹恼 rě nǎo　⑤悖 bèi　⑥准则 zhǔn zé
⑦接触 jiē chù　⑧修缮 xiū shàn　⑨掩饰 yǎn shì
⑩崇尚 chóng shàng　⑪恪守 kè shǒu　⑫遭遇 zāo yù

作品 20 号

自从传言有人在萨文河畔散步时无意发现了金子后，这里便常有来自四面八方的淘金者①。他们都想成为富翁，于是寻遍了整个河床，还在河床上挖出很多大坑，希望借助它们找到更多的金子。的确，有一些人找到了，但另外一些人因为一无所得而只好扫兴②归去。

也有不甘心落空的，便驻扎③在这里，继续寻找。彼得·弗雷特就是其中一员。他在河床附近买了一块没人要的土地，一个人默默地工作。他为了找金子，已把所有的钱都押在这块土地上。他埋头④苦干了几个月，直到土地全变成了坑坑洼洼，他失望了——他翻遍了整块土地，但连一丁点儿金子都没看见。

六个月后，他连买面包的钱都没有了。于是他准备离开这儿到别处去谋生⑤。

就在他即将⑥离去的前一个晚上，天下起了倾盆大雨⑦，并且一下就是三天三夜。雨终于⑧停了，彼得走出小木屋，发现眼前的土地看上去好像和以前不一样：坑坑洼洼已被大水冲刷平整，松软⑨的土地上长出一层绿茸茸⑩的小草。

"这里没找到金子，"彼得忽有所悟地说，"但这土地很肥沃，我可以用来种化，并且拿到镇上去卖给那些富人，他们一定会买些花装扮他们华丽的客厅。如果真是这样的话，那么我一定会赚许多钱，有朝一日我也会成为富人……"

于是他留了下来。彼得花了不少精力培育花苗，不久田地里长满了美丽娇艳的各色鲜花。

五年以后，彼得终于实现了他的梦想——成了一个富翁。"我是唯一一个找到真金的人！"他时常不无骄傲地告诉⑪别人，"别人在这儿找不到金子后便远远地离开，而我的'金子'是在这块土地里，只有诚实的人用勤劳才能⑫采集到。"

节选自陶猛译《金子》

语音提示：

①淘金者 táo jīn zhě　　②扫兴 sǎo xìng　　③驻扎 zhù zhā
④埋头 mái tóu　　⑤谋生 móu shēng　　⑥即将 jí jiāng
⑦倾盆大雨 qīng pén dà yǔ　　⑧终于 zhōng yú　　⑨松软 sōng ruǎn
⑩绿茸茸 lǜ róng róng　　⑪告诉 gào su　　⑫才能 cái néng

作品 21 号

我在加拿大①学习期间②遇到过两次募捐③，那情景至今使我难以忘怀。

一天，我在渥太华的街上被两个男孩子拦住去路。他们十来岁，穿得整整齐齐，每人头上戴着个做工精巧、色彩鲜艳的纸帽，上面写着"为帮助患小儿麻痹的伙伴募捐"。其中的一个，不由分说就坐在小凳上给我擦起皮鞋来，另一个则彬彬有礼地发问："小姐，您是哪国人？喜欢渥太华④吗？""小姐，在你们国家有没有小孩儿患小儿麻痹？谁给他们医疗费？"一连串的问题，使我这个有生以来头一次在众目睽睽⑤之下让别人擦鞋的异乡人，从近乎狼狈的窘态⑥中解脱出来。我们像朋友一样聊起天儿⑦来……

几个月之后，也是在街上。一些十字路口处或车站坐着几位老人。他们满头银发⑧，身穿各种老式军装，上面布满了大大小小形形色色的徽章⑨、奖章，每人手捧一大束鲜花，有水仙、石竹、玫瑰⑩及叫不出名字⑪的，一色雪白。匆匆过往的行人纷纷止步，把钱投进这些老人身旁的白色木箱内，然后向他们微微鞠躬⑫，从他们手中接过一朵花。我看了一会儿，有人投一两元，有人投几百元，还有人掏出支票填好后投进木箱。那些老军人毫不注意人们捐多少钱，一直不//停地向人们低声道谢。同行⑬的朋友告诉我，这是为纪念二次大战中参战的勇士，募捐救济残废军人和烈士遗孀⑭，每年一次；认捐的人可谓踊跃，而且秩序井然，气氛庄严。有些地方⑮，人们还耐心地排着队。我想，这是因为他们都知道：正是这些老人们的流血牺牲换来了包括他们信仰自由在内的许许多多。

我两次把那微不足道⑯的一点儿钱捧给他们，只想对他们说声"谢谢"⑰。

节选自青白《捐诚》

语音提示：
①加拿大 Jiā ná dà　　②期间 qī jiān　　③募捐 mù juān
④渥太华 Wò tài huá　　⑤众目睽睽 zhòng mù kuí kuí　　⑥窘态 jiǒng tài
⑦天儿 tiār　　⑧银发 yín fà　　⑨徽章 huī zhāng
⑩玫瑰 méi gui　　⑪名字 míng zi　　⑫鞠躬 jū gōng
⑬同行 tóng xíng　　⑭遗孀 yí shuāng　　⑮地方 dì fang
⑯微不足道 wēi bù zú dào　　⑰谢谢 xiè xie

作品 22 号

没有一片绿叶，没有一缕①炊烟，没有一粒泥土，没有一丝花香，只有水的世界，云的海洋。

一阵台风袭过②，一只孤单的小鸟无家可归，落到被卷到洋里的木板上，乘流而下，姗姗而来，近了，近了！……

忽然，小鸟张开翅膀，在人们头顶盘旋了几圈儿③，"噗啦"④一声落到了船上。许是累了？还是发现了"新大陆"？水手撵⑤它它不走，抓它，它乖乖地落在掌心⑥。可爱的小鸟和善良的水手结成了朋友⑦。

瞧，它多美丽，娇巧的小嘴，啄理着⑧绿色的羽毛，鸭子样的扁脚，呈现出春草的鹅黄。水手们把它带到舱里⑨，给它"搭铺"⑩，让它在船上安家落户，每天，把分到的一塑料筒⑪淡水匀给它喝，把从祖国带来的鲜美的鱼肉分给它吃，天长日久，小鸟和水手的感情日趋笃厚⑫。清晨、当第一束阳光射进舷窗⑬时，它便敞开美丽的歌喉，唱啊唱，嘤嘤有韵，宛如春水淙淙。人类给它以生命，它毫不悭吝⑭地把自己的艺术青春奉献给了哺育⑮它的人。可能都是这样？艺术家们的青春只会献给尊敬他们的人。

小鸟给远航生活蒙上了一层浪漫色调。返航时，人们爱不释手，恋恋不舍地想把它带到异乡。可小鸟憔悴⑯了，给水，不喝！喂肉，不吃！油亮的羽毛失去了光泽。是啊⑰，我//们有自己的祖国，小鸟也有它的归宿，人和动物都是一样啊⑱，哪儿也不如故乡好！

慈爱的水手们决定放开它，让它回到大海的摇篮去，回到蓝色的故乡去。离别前，这个大自然的朋友与水手们留影纪念。它站在许多人的头上，肩上，掌上，胳膊上，与喂养过它的人们，一起融进那蓝色的画面……

节选自王文杰《可爱的小鸟》

语音提示：
①一缕 yī lǔ　　②袭过 xí guò　　③几圈儿 jǐ quār
④噗啦 pū lā　　⑤撵 niǎn　　⑥掌心 zhǎng xīn
⑦朋友 péng you　　⑧啄理着 zhuó lǐ zhe　　⑨舱里 cāng li

⑩搭铺 dā pù　　　　　⑪塑料筒 sù liào tǒng　　　⑫日趋笃厚 rì qū dǔ hòu
⑬舷窗 xián chuāng　　⑭毫不悭吝 háo bù qiān lìn　⑮哺育 bǔ yù
⑯憔悴 qiáo cuì　　　　⑰是啊 shì a　　　　　　　⑱一样啊 yī yàng a

作品 23 号

纽约①的冬天常有大风雪，扑面的雪花不但令人难以睁开眼睛②，甚至呼吸都会吸入冰冷的雪花。有时前一天晚上还是一片晴朗，第二天拉开窗帘，却已经积雪盈尺，连门都推不开了。

遇到这样的情况，公司、商店常会停止上班，学校也通过广播，宣布停课。但令人不解的是，唯有公立小学，仍然③开放。只见黄色的校车，艰难地在路边接孩子，老师则一大早就口中喷着热气，铲去车子前后的积雪④，小心翼翼地开车去学校。

据统计，十年来纽约的公立小学只因为超级暴风雪停过七次课。这是多么令人惊讶的事。犯得着在大人都无须上班的时候让孩子去学校吗？小学的老师也太倒霉⑤了吧？

于是，每逢大雪而小学不停课时，都有家长打电话去骂。妙的是，每个打电话的人，反应全一样——先是怒气冲冲地责问，然后满口道歉，最后笑容满面地挂上电话。原因是，学校告诉⑥家长：

在纽约有许多百万富翁，但也有不少贫困的家庭。后者白天开不起暖气，供不起午餐⑦，孩子的营养全靠学校里免费的中饭，甚至可以多拿⑧些回家当晚餐。学校停课一天，穷孩子就受一天冻，挨一天饿，所以老师们宁愿⑨自己苦一点儿，也不能停课。//

或许有家长会说：何不让富裕⑩的孩子在家里，让贫穷的孩子去学校享受暖气和营养午餐呢？

学校的答复⑪是：我们不愿让那些穷苦的孩子感到他们是在接受救济，因为施舍的最高原则是保持受施者的尊严。

节选自（台湾）刘墉《课不能停》

语音提示：

①纽约 Niǔ yuē　　　　②眼睛 yǎn jing　　　　③仍然 réng rán
④积雪 jī xuě　　　　　⑤倒霉 dǎo méi　　　　　⑥告诉 gào su
⑦午餐 wǔ cān　　　　⑧拿 ná　　　　　　　　⑨宁愿 nìng yuàn
⑩富裕 fù yù　　　　　⑪答复 dá fù

作品 24 号

十年，在历史上不过是一瞬间①。只要稍加注意，人们就会发现：在这一瞬间里，各种事物都悄悄经历了自己的千变万化。

这次重新访日，我处处感到亲切和熟悉②，也在许多方面发觉了日本的变化。就拿奈良的一个角落来说吧，我重游了为之感受很深的唐招提寺③，在寺内各处匆匆走了一遍，庭院依旧，但意想不到还看到了一些新的东西。其中之一，就是近几年从中国移植来的"友谊④之莲"。

在存放鉴真遗像的那个院子里，几株中国莲昂然挺立，翠绿的宽大荷叶正迎风而舞，显得十分愉快。开花的季节已过,荷花朵朵已变为莲蓬累累。莲子的颜色正在由青转紫,看来已经成熟⑤了。

我禁不住想:"因"已转化为"果"。

中国的莲花开在日本,日本的樱花开在中国,这不是偶然⑥。我希望这样一种盛况延续⑦不衰。可能有人不欣赏花,但决不会有人欣赏落在自己面前的炮弹。

在这些日子里,我看到了不少多年不见的老朋友,又结识⑧了一些新朋友。大家喜欢涉及的话题之一,就是古长安和古奈良。那还用得着问吗,朋友们缅怀⑨过去,正是瞩望⑩未来。瞩目于未来的人们必将获得未来。

我不例外,也希望一个美好的未来。

为//了中日人民之间的友谊,我将不浪费今后生命的每一瞬间。

节选自严文井《莲花和樱花》

语音提示:
①瞬间 shùn jiān　　②熟悉 shú xī　　③招提寺 zhāo tí sì
④友谊 yǒu yì　　⑤成熟 chéng shú　　⑥偶然 ǒu rán
⑦延续 yán xù　　⑧结识 jié shí　　⑨缅怀 miǎn huái
⑩瞩望 zhǔ wàng

作品 25 号

梅雨潭闪闪的绿色招引着我们,我们开始追捉①她那离合的神光了。揪着草,攀着乱石,小心探身下去,又鞠躬②过了一个石穹门③,便到了汪汪一碧的潭边了。

瀑布在襟袖④之间,但是我的心中已没有瀑布了。我的心随潭水的绿而摇荡。那醉人的绿呀!仿佛一张极大极大的荷叶铺着⑤,满是奇异的绿呀。我想张开两臂抱住她,但这是怎样一个妄想啊⑥。

站在水边,望到那面,居然觉着有些远呢!这平铺着、厚积着的绿,着实⑦可爱。她松松的皱缬⑧着,像少妇拖着的裙幅;她滑滑的明亮着,像涂了"明油"一般,有鸡蛋清那样软,那样嫩;她又不杂些尘滓⑨,宛然一块温润的碧玉,只清清的一色——但你却看不透她!

我曾见过北京什刹海⑩拂地的绿杨,脱不了鹅黄的底子,似乎太淡了。我又曾见过杭州虎跑寺近旁高峻而深密的"绿壁",丛叠⑪着无穷的碧草与绿叶的,那又似乎太浓了。其余呢,西湖的波太明了,秦淮河的也太暗了。可爱的,我将什么⑫来比拟你呢?我怎么比拟得出呢?大约潭是很深的,故能蕴蓄⑬着这样奇异的绿;仿佛蔚蓝的天融了一块在里面似的,这才这般的鲜润啊⑭。

那醉人的绿呀!我若能裁你以为带,我将赠给那轻盈女//舞女,她必能临风飘举了。我若能挹⑮你以为眼,我将赠给那善歌的盲妹,她必明眸善睐⑯了。我舍不得你,我怎舍得你呢?我用手拍着你,抚摩⑰着你,如同一个十二三岁的小姑娘。我又掬你入口,便是吻着她了。我送你一个名字,我从此叫你"女儿绿",好吗?

第二次到仙岩的时候,我不禁惊诧⑱于梅雨潭的绿了。

节选自朱自清《绿》

语音提示：

①追捉 zhuī zhuō　　②鞠躬 jū gōng　　③石穹门 shí qióng mén
④襟袖 jīn xiù　　⑤铺着 pū zhe　　⑥啊 a
⑦着实 zhuó shí　　⑧皱缬 zhòu xié　　⑨尘滓 chén zǐ
⑩什刹海 shí chà hǎi　　⑪丛叠 cóng dié　　⑫什么 shén me
⑬蕴蓄 yùn xù　　⑭啊 na　　⑮挹 yì
⑯明眸善睐 míng móu shàn lài　　⑰抚摩 fǔ mó　　⑱惊诧 jīng chà

作品 26 号

我们家的后园有半亩空地①，母亲说："让它荒着怪可惜的，你们那么②爱吃花生，就开辟出来种花生吧。"我们姐弟几个都很高兴，买种③，翻地，播种，浇水，没过几个月，居然收获了。

母亲说："今晚我们过一个收获节，请你们父亲也来尝尝④我们的新花生，好不好？"我们都说好。母亲把花生做成了好几样食品，还吩咐⑤就在后园的茅亭里过这个节。

晚上⑥天色不太好，可是父亲也来了，实在很难得。

父亲说："你们爱吃花生吗？"

我们争着答应："爱！"

"谁能把花生的好处说出来？"

姐姐⑦说："花生的味美。"

哥哥⑧说："花生可以榨油。"

我说："花生的价钱⑨便宜⑩，谁都可以买来吃，都喜欢⑪吃。这就是它的好处。"

父亲说："花生的好处很多，有一样最可贵：它的果实埋在地里⑫，不像桃子、石榴⑬、苹果那样，把鲜红嫩绿的果实高高地挂在枝头上，使人一见就生爱慕之心。你看它矮矮地长在地上，等到成熟了，也不能立刻分辨出来它有没有果实，必须挖出来才知道。"

我们都说是，母亲也点点头。

父亲接下去说："所以你们要像花生，它虽然不好看，可是很有用，不是外表好看而没有实用的东西⑭。"

我说："那么，人要做有用的人，不要做只讲体面，而对别人⑮没有好处的人了。"//

父亲说："对。这是我对你们的希望。"

我们谈到夜深才散。花生做的食品都吃完了，父亲的话却深深地印在我的心上。

节选自许地山《落花生》

语音提示：

①空地 kòng dì　　②那么 nà me　　③买种 mǎi zhǒng
④尝尝 cháng chang　　⑤吩咐 fēn fu　　⑥晚上 wǎn shàng
⑦姐姐 jiě jie　　⑧哥哥 gē ge　　⑨价钱 jià qian
⑩便宜 pián yi　　⑪喜欢 xǐ huan　　⑫地里 dì li
⑬石榴 shí liu　　⑭东西 dōng xi　　⑮别人 bié ren

作品 27 号

我打猎归来，沿着花园的林荫路走着。狗跑在我前边。

突然，狗放慢脚步，蹑足潜行①，好像嗅②到了前边有什么野物。

我顺着林路望去，看见了一只嘴边还带黄色、头上生着柔毛的小麻雀。风猛烈地吹打着林荫路上的白桦树③，麻雀从巢里跌落④下来，呆呆地伏在地上，孤立无援地张开两只羽毛还未丰满的小翅膀。

我的狗慢慢向它靠近。忽然，从附近一棵树上飞下一只黑胸脯⑤的老麻雀，像一颗石子似的⑥落到狗的跟前。老麻雀全身倒竖着羽毛，惊恐万状，发出绝望、凄惨的叫声，接着向露出牙齿、大张着的狗嘴扑去。

老麻雀是猛扑下来救护幼雀的。它用身体掩护着自己的幼儿……但它整个小小的身体因恐怖而战栗⑦着，它小小的声音也变得粗暴嘶哑⑧，它在牺牲自己！

在它看来，狗该是多么庞大的怪物啊！然而，它还是不能站在自己高高的、安全的树枝上……一种比它的理智更强烈的力量，使它从那儿扑下身来。

我的狗站住了，向后退了退……看来，它也感到了这种力量。

我赶紧唤住惊慌失措⑨的狗，然后我怀着崇敬的心情，走开了。

是啊，请不要见笑。我崇敬那只小小的、英勇的鸟儿，我崇敬它那种爱的冲动和力量。

爱，我想，比//死和死的恐惧⑩更强大。只有依靠它，依靠这种爱，生命才能维持下去，发展下去。

节选自［俄］屠格涅夫《麻雀》，巴金译

语音提示：

①蹑足潜行 niè zú qián xíng　②嗅 xiù　③白桦树 bái huà shù
④跌落 diē luò　⑤胸脯 xiōng pú　⑥似的 shì de
⑦战栗 zhàn lì　⑧嘶哑 sī yǎ　⑨惊慌失措 jīng huāng shī cuò
⑩恐惧 kǒng jù

作品 28 号

那年我六岁。离我家仅一箭之遥的小山坡旁，有一个早已被废弃的采石场，双亲从来不准我去那儿①，其实那儿风景十分迷人。

一个夏季的下午，我随着一群小伙伴偷偷上那儿去了。就在我们穿越了一条孤寂的小路后，他们却把我一个人留在原地，然后奔②向"更危险的地带"了。

等他们走后，我惊慌失措地发现，再也找不到要回家的那条孤寂③的小道了。像只无头的苍蝇④，我到处乱钻⑤，衣裤上挂满了芒刺。太阳已经落山，而此时此刻，家里一定开始吃晚餐了，双亲正盼着我回家……想着想着，我不由得背靠着一棵树，伤心地呜呜大哭起来……

突然，不远处传来了声声柳笛。我像找到了救星，急忙循声⑥走去。一条小道边的树桩上坐着一位吹笛人，手里还正削着什么⑦。走近细看，他不就是被大家称为"乡巴佬儿"的卡廷吗？

"你好，小家伙儿⑧，"卡廷说，"看天气多美，你是出来散步的吧？"

我怯生生⑨地点点头，答道："我要回家了。"

"请耐心等上几分钟，"卡廷说，"瞧，我正在削一支柳笛，差不多就要做好了，完工后就送给你吧！"

卡廷边削边不时把尚未成形的柳笛放在嘴里试吹一下。没过多久，一支柳笛便递到我手中。我俩在一阵阵清脆悦耳⑩的笛音//中，踏上了归途……

当时，我心中只充满感激，而今天，当我自己也成了祖父时，却突然领悟到他用心之良苦！那天当他听到我的哭声时，便判定我一定迷了路，但他并不想在孩子面前扮演"救星"的角色⑪，于是吹响柳笛以便让我能发现他，并跟着他走出困境！就这样，卡廷先生⑫以乡下人的纯朴，保护了一个小男孩儿⑬强烈的自尊。

节选自唐若水译《迷途笛音》

语音提示：

①那儿 nàr　　　　　②奔 bèn　　　　　③孤寂 gū jì
④苍蝇 cāng ying　　⑤乱钻 luàn zuān　⑥循声 xún shēng
⑦什么 shén me　　　⑧小家伙儿 xiǎo jiā huǒr　⑨怯生生 qiè shēng shēng
⑩清脆悦耳 qīng cuì yuè ěr　⑪角色 jiǎo sè　⑫先生 xiān sheng
⑬男孩儿 nán hár

作品29号

在浩瀚无垠的沙漠里，有一片美丽的绿洲，绿洲里藏着一颗闪光的珍珠。这颗珍珠就是敦煌①莫高窟②。它坐落在我国甘肃省敦煌市三危山和鸣沙山的怀抱中。

鸣沙山东麓③是平均高度为十七米的崖壁。在一千六百多米长的崖壁上，凿④有大小洞窟七百余个，形成了规模宏伟的石窟群。其中四百九十二个洞窟中，共有彩色塑像两千一百余尊，各种壁画共四万五千多平方米。莫高窟是我国古代无数艺术匠师留给人类的珍贵文化遗产。

莫高窟的彩塑，每一尊都是一件精美的艺术品。最大的有九层楼那么高，最小的还不如一个手掌大。这些彩塑个性鲜明，神态各异。有慈眉善目的菩萨⑤，有威风凛凛的天王，还有强壮勇猛的力士……

莫高窟壁画的内容丰富多彩，有的是描绘古代劳动人民打猎、捕鱼、耕田、收割的情景，有的是描绘人们奏乐、舞蹈、演杂技的场面，还有的是描绘大自然的美丽风光。其中最引人注目的是飞天。壁画上的飞天，有的臂挎⑥花篮，采摘鲜花；有的反弹琵琶⑦，轻拨银弦；有的倒悬身子，自天而降；有的彩带飘拂，漫天遨游；有的舒展着双臂，翩翩⑧起舞。看着这些精美动人的壁画，就像走进了//灿烂辉煌的艺术殿堂。

莫高窟里还有一个面积不大的洞窟——藏经洞。洞里曾藏有我国古代的各种经卷、文书、帛画、刺绣、铜像等共六万多件。由于清朝政府腐败无能，大量珍贵的文物被外国强盗掠走⑨。仅存的部分经卷⑩，现在陈列于北京故宫等处。

莫高窟是举世闻名的艺术宝库。这里的每一尊彩塑、每一幅壁画、每一件文物，都是中国古代人民智慧的结晶。

节选自小学《语文》第六册中《莫高窟》

语音提示：

①敦煌 dūn huáng　　②莫高窟 mò gāo kū　　③东麓 dōng lù
④凿 záo　　　　　　⑤菩萨 pú sà　　　　　⑥挎 kuà
⑦琵琶 pí pá　　　　⑧翩翩 piān piān　　　⑨掠走 lüè zǒu
⑩经卷 jīng juàn

作品 30 号

其实你在很久以前并不喜欢①牡丹②，因为它总被人作为富贵膜拜。后来你目睹了一次牡丹的落花，你相信所有的人都会为之感动：一阵清风徐来，娇艳鲜嫩③的盛期牡丹忽然整朵整朵地坠落，铺撒一地绚丽的花瓣。那花瓣落地时依然鲜艳夺目，如同一只奉上祭坛④的大鸟脱落的羽毛，低吟着壮烈的悲歌离去。

牡丹没有花谢花败之时，要么烁于枝头，要么归于泥土，它跨越萎顿⑤和衰老，由青春而死亡，由美丽而消遁⑥。它虽美却不吝惜⑦生命，即使告别也要展示给人最后一次的惊心动魄。

所以在这阴冷的四月里，奇迹⑧不会发生。任凭游人扫兴和诅咒⑨，牡丹依然安之若素⑩。它不苟且、不俯就、不妥协、不媚俗⑪，甘愿自己冷落自己。它遵循自己的花期自己的规律，它有权利为自己选择每年一度的盛大节日。它为什么不拒绝寒冷？

天南海北的看花人，依然络绎不绝⑫地涌入洛阳城。人们不会因牡丹的拒绝而拒绝它的美。如果它再被贬谪⑬十次，也许它就会繁衍出十个洛阳牡丹城。

于是你在无言的遗憾中感悟到，富贵与高贵只是一字之差⑭。同人一样，花儿也是有灵性的，更有品位之高低。品位这东西为⑮气为魂为//筋骨为神韵，只可意会。你叹服牡丹卓尔不群⑯之姿，方知品位是多么容易被世人忽略或是漠视的美。

节选自张抗抗《牡丹的拒绝》

语音提示：

①喜欢 xǐ huan　　　　　②牡丹 mǔ dān　　　　③鲜嫩 xiān nèn
④祭坛 jì tán　　　　　 ⑤萎顿 wěi dùn　　　　⑥消遁 xiāo dùn
⑦吝惜 lìn xī　　　　　 ⑧奇迹 qí jì　　　　　⑨诅咒 zǔ zhòu
⑩安之若素 ān zhī ruò sù ⑪媚俗 mèi sú　　　　 ⑫络绎不绝 luò yì bù jué
⑬贬谪 biǎn zhé　　　　 ⑭差 chā　　　　　　　⑮为 wéi
⑯卓而不群 zhuō ér bù qún

作品 31 号

森林涵养水源，保持水土，防止水旱灾害①的作用非常大。据专家测算②，一片十万亩面积③的森林，相当于一个两百万立方米的水库，这正如农谚④所说的："山上多栽树，等于修水库。雨多它能吞，雨少它能吐。"

说起森林的功劳，那还多得很。它除了为人类提供木材及许多种生产、生活的原料之外，在维护生态环境方面也是功劳卓著⑤，它用另一种"能吞能吐"的特殊功能孕育⑥了人类。因为地球在形成之初，大气中的二氧化碳含量很高，氧气很少，气温也高，生物是难以生存的。大约在四亿年之前，陆地才产生了森林。森林慢慢将大气中的二氧化碳吸收，同时吐出新鲜⑦氧气，调节气温：这才具备了人类生存的条件，地球上才最终有了人类。

森林，是地球生态系统的主体，是大自然的总调度室⑧，是地球的绿色之肺。森林维护地球生态环境的这种"能吞能吐"的特殊功能是其他任何物体都不能取代的。然而，由于地球上的燃烧物增多，二氧化碳的排放量急剧增加，使得地球生态环境急剧恶化，主要表现为全球气候变暖，水分⑨蒸发加快，改变了气流的循环，使气候变化加剧，从而⑩引发热浪、飓风、暴雨、洪涝及干旱。

为了∥使地球的这个"能吞能吐"的绿色之肺恢复健壮，以改善生态环境，抑制全球变暖，减少水量等自然灾害，我们应该大力造林、护林，使每一座荒山都绿起来。

节选自《中考语文课外阅读试题精选》中《"能吞能吐"的森林》

语音提示：

①灾害 zāi hài　　②测算 cè suàn　　③面积 miàn jī
④农谚 nóng yàn　　⑤卓著 zhuō zhù　　⑥孕育 yùn yù
⑦新鲜 xīn xiān　　⑧调度室 diào dù shì　　⑨水分 shuǐ fèn
⑩从而 cóng ér　　⑪飓风 jù fēng　　⑫洪涝 hóng lào

作品 32 号

朋友即将远行。

暮春时节，又邀了几位朋友在家小聚。虽然都是极熟①的朋友②，却是终年难得一见，偶尔③电话里相遇，也无非是几句寻常话。一锅小米稀饭，一碟大头菜，一盘自家酿制④的泡菜，一只巷口买回的烤鸭，简简单单，不像请客，倒⑤像家人团聚。

其实，友情也好，爱情也好，久而久之都会转化为亲情。

说也奇怪，和新朋友会谈文学、谈哲学、谈人生道理等，和老朋友却只话家常，柴米油盐，细细碎碎，种种琐事。很多时候，心灵的契合⑥已经不需要太多的言语来表达。

朋友新烫了个头，不敢回家见母亲，恐怕惊骇⑦了老人家⑧，却欢天喜地来见我们，老朋友颇⑨能以一种趣味性的眼光欣赏这个改变。

年少的时候，我们差不多都在为别人而活，为苦口婆心的父母活，为循循善诱的师长活，为许多观念、许多传统的约束力而活。年岁逐增，渐渐挣脱外在的限制与束缚⑩，开始懂得为自己活，照自己的方式做一些自己喜欢⑪的事，不在乎⑫别人⑬的批评意见，不在乎别人的诋毁流言，只在乎那一份随心所欲的舒坦自然。偶尔，也能够纵容自己放浪一下，并且有一种恶作剧的窃喜。

就让生命顺其自然，水到渠成吧，犹如窗前的//乌桕⑭，自生自落之间，自有一份圆融丰满的喜悦。春雨轻轻落着，没有诗，没有酒，有的只是一份相知相属的自在自得。

夜色在笑语中渐渐沉落，朋友起身告辞，没有挽留，没有送别，甚至也没有问归期。

已经过了大喜大悲的岁月，已经过了伤感流泪的年华，知道了聚散原来是这样的自然和顺理成章，懂得这点，便懂得珍惜每一次相聚的温馨，离别便也欢喜⑥。

节选自（台湾）杏林子《朋友和其他》

语音提示：

①极熟 jí shú　　②朋友 péng you　　③偶尔 ǒu ěr
④酿制 niàng zhì　　⑤倒 dào　　⑥契合 qì hé
⑦惊骇 jīng hài　　⑧老人家 lǎo rén jiā　　⑨颇 pō
⑩束缚 shù fù　　⑪喜欢 xǐ huan　　⑫在乎 zài hu
⑬别人 bié rén　　⑭乌桕 wū jiù　　⑮欢喜 huān xǐ

作品 33 号

我们在田野散步：我，我的母亲，我的妻子和儿子。

母亲本不愿出来的。她老了，身体不好，走远一点①儿就觉得②很累。我说，正因为如此，才应该多走走③。母亲信服④地点点头，便去拿外套。她现在很听我的话，就像我小时候⑤很听她的话一样。

这南方初春的田野，大块小块的新绿随意地铺着，有的浓，有的淡，树上的嫩芽⑥也密了，田里的冬水也咕咕地起着水泡。这一切都使人想着一样东西——生命。

我和母亲走在前面，我的妻子和儿子走在后面。小家伙⑦突然叫起来："前面是妈妈⑧和儿子⑨，后面⑩也是妈妈和儿子。"我们都笑了。

后来发生了分歧：母亲要走大路，大路平顺；我的儿子要走小路，小路有意思。不过，一切都取决⑪于我。我的母亲老了，她早已习惯听从她强壮的儿子；我的儿子还小，他还习惯听从他高大的父亲；妻子呢，在外面，她总是听我的。一霎时我感到了责任的重大。我想找一个两全的办法，找不出；我想拆散一家人，分成两路，各得其所，终不愿意。我决定委屈⑫儿子，因为我伴同他的时日还长。我说："走大路。"

但是母亲摸摸孙儿的小脑瓜，变了主意⑬："还是走小路吧。"她的眼随小路望去：那里有金色的菜花，两行整齐的桑树，//尽头一口水波粼粼的鱼塘。"我走不过去的地方，你就背着我。"母亲⑭对我说。

这样，我们在阳光下，向着那菜花、桑树和鱼塘走去。到了一处，我蹲下来，背起了母亲；妻子也蹲下来，背起了儿子。我和妻子都是慢慢地，稳稳地，走得很仔细，好像我背上的同她背上的加起来，就是整个世界。

节选自莫怀戚《散步》

语音提示：

①一点儿 yī diǎr　　②觉得 jué dé　　③走走 zǒu zou
④信服 xìn fú　　⑤小时候 xiǎo shí hou　　⑥嫩芽 nèn yá
⑦小家伙 xiǎo jiā huo　　⑧妈妈 mā ma　　⑨儿子 ér zi
⑩后面 hòu miàn　　⑪取决 qǔ jué　　⑫委屈 wěi qu
⑬主意 zhǔ yi　　⑭母亲 mǔ qīn

作品 34 号

地球上是否真的存在"无底洞"？按说地球是圆的，由地壳①、地幔②和地核③三层组成，真正的"无底洞"是不应存在的，我们所看到的各种山洞、裂口、裂缝，甚至火山口也都只是地壳浅部的一种现象。然而中国一些古籍却多次提到海外有个深奥莫测的无底洞。事实上地球上确实有这样一个"无底洞"。

它位于希腊亚各斯古城的海滨。由于濒临④大海，大涨潮时，汹涌的海水便会排山倒海般地涌入洞中，形成一股湍湍的急流。据测，每天流入洞内的海水量达三万多吨⑤。奇怪的是，如此大量的海水灌入洞中，却从来没有把洞灌满。曾有人怀疑，这个"无底洞"，会不会就像石灰岩地区的漏斗⑥、竖井、落水洞一类的地形。然而从二十世纪三十年代以来，人们就做了多种努力企图寻找它的出口，却都是枉费心机⑦。

为了揭开这个秘密，一九五八年美国地理学会派出一支考察队，他们把一种经久不变的带色染料溶解在海水中，观察染料是如何随着海水一起沉下去。接着又察看了附近海面以及岛上的各条河、湖，满怀希望地寻找这种带颜色的水，结果令人失望。难道是海水量太大把有色水稀释得太淡，以致无法发现？//

至今谁也不知道⑧为什么⑨这里的海水会没完没了地"漏"下去，这个"无底洞"的出口又在哪里⑩，每天大量的海水究竟⑪都流到哪里去了？

节选自罗伯特·罗威尔《神秘的"无底洞"》

语音提示：

①地壳 dì qiào　　②地幔 dì màn　　③地核 dì hé
④濒临 bīn lín　　⑤吨 dūn　　⑥漏斗 lòu dǒu
⑦枉费心机 wǎng fèi xīn jī　　⑧知道 zhī dào　　⑨为什么 wèi shén me
⑩哪里 nǎ lǐ　　⑪究竟 jiū jìng

作品 35 号

我在俄国见到的景物再没有比托尔斯泰墓更宏伟、更感人的。

完全按照托尔斯泰的愿望，他的坟墓①成了世间最美的，给人印象最深刻的坟墓。它只是树林中的一个小小的长方形土丘，上面开满鲜花——没有十字架，没有墓碑，没有墓志铭，连托尔斯泰这个名字②也没有。

这位比谁都感到受自己的声名所累③的伟人，却像偶尔被发现的流浪汉，不为人知的士兵，不留名姓地被人埋葬了。谁都可以踏进④他最后的安息地，围在四周稀疏的木栅栏是不关闭的——保护列夫·托尔斯泰得以安息的没有任何别的东西⑤，唯有人们的敬意；而通常，人们却总是怀着好奇，去破坏伟人墓地的宁静。

这里，逼人的朴素禁锢住任何一种观赏的闲情，并且不容许你大声说话。风儿俯临，在这座无名者之墓的树木之间飒飒⑦响着，和暖的阳光在坟头嬉戏；冬天，白雪温柔地覆盖这片幽暗的圭土地⑧。无论你在夏天或冬天经过这儿⑨，你都想象不到，这个小小的、隆起的长方体里安放着一位当代最伟大的人物。

然而，恰恰是这座不留姓名的坟墓，比所有挖空心思用大理石和奢华⑩装饰建造的坟墓更扣人心弦。在今天这个特殊的日子//里，到他的安息地来的成百上千人中间，没有一个有勇气，哪怕仅仅从这幽暗的土丘上摘下一朵花留作纪念。人们重新感到，世界上再没有比托尔斯泰最后留下的、这座纪念碑式的朴素坟墓，更打动人心的了。

节选自［奥］茨威格《世间最美的坟墓》，张厚仁译

语音提示：

①坟墓 fén mù　　　②名字 míng zi　　　③累 lèi
④踏进 tà jìn　　　⑤东西 dōng xi　　　⑥禁锢 jìn gù
⑦飒飒 sà sà　　　⑧圭土地 guī tǔ dì　　⑨这儿 zhèr
⑩奢华 shē huá

作品 36 号

我国的建筑，从古代的宫殿到近代的一般住房，绝大部分①是对称的，左边②怎么③样，右边④怎么样。苏州园林可绝不讲究⑤对称⑥，好像故意避免似的。东边⑦有了一个亭子或者一道回廊，西边⑧决不会来一个同样的亭子或者一道同样的回廊。这是为什么？我想，用图画来比方⑨，对称的建筑是图案画，不是美术画，而园林是美术画，美术画要求自然之趣，是不讲究对称的。

苏州园林里都有假山和池沼。

假山的堆叠，可以说是一项艺术而不仅是技术。或者是重峦叠嶂，或者是几座小山配合着竹子花木，全在乎⑩设计者和匠师们生平多阅历，胸中有丘壑⑪，才能使游览者攀登的时候⑫忘却苏州城市，只觉得身在山间。

至于池沼，大多引用活水。有些园林池沼宽敞，就把池沼作为全园的中心，其他景物配合着布置。水面假如成河道模样⑬，往往安排桥梁。假如安排两座以上的桥梁，那就一座一个样，决不雷同。

池沼或河道的边沿很少砌⑭齐整的石岸，总是高低屈曲任其自然。还在那儿⑮布置几块玲珑的石头⑯，或者种些花草。这也是为了取得从各个角度看都成一幅⑰画的效果。池沼里养着金鱼或各色鲤鱼，夏秋季节荷花或睡莲开//放，游览者看"鱼戏莲叶间"，又是入画的一景。

节选自叶圣陶《苏州园林》

语音提示：

①部分 bù fēn　　　②左边 zuǒ biān　　　③怎么 zěn me

④右边 yòu biān　　⑤讲究 jiǎng jiū　　⑥对称 duì chèn
⑦东边 dōng biān　　⑧西边 xī biān　　⑨比方 bǐ fang
⑩在乎 zài hu　　⑪丘壑 qiū hè　　⑫时候 shí hou
⑬模样 mú yàng　　⑭砌 qì　　⑮那儿 nàr
⑯石头 shí tou　　⑰一幅 yī fú

作品 37 号

一位访美中国女作家，在纽约遇到一位卖花的老太太①。老太太穿着②破旧，身体虚弱，但脸上的神情却是那样祥和兴奋③。女作家挑了一朵花说："看起来，你很高兴。"老太太面带微笑地说："是的，一切都这么④美好，我为什么不高兴呢？""对烦恼，你倒真能看得开。"女作家又说了一句。没料到，老太太的回答更令女作家大吃一惊："耶稣在星期五被钉上⑤十字架时，是全世界最糟糕的一天，可三天后就是复活节。所以，当我遇到不幸时，就会等待三天，这样一切就恢复正常了。"

"等待三天"，多么富于哲理的话语，多么⑥乐观的生活方式。它把烦恼和痛苦抛下，全力去收获快乐。

沈从文在"文革"期间，陷入了非人的境地。可他毫不在意，他在咸宁时给他的表侄、画家黄永玉写信说："这里的荷花真好，你若来……"身陷苦难却仍为荷花的盛开欣喜赞叹不已，这是一种趋于澄明的境界，一种旷达洒脱的胸襟⑦，一种面临磨难坦荡从容的气度，一种对生活童子般的热爱和对美好事物无限向往⑧的生命情感。

由此可见，影响一个人快乐的，有时并不是困境及磨难⑨，而是一个人的心态。如果把自己浸泡在积极⑩、乐观、向上的心态中，快乐必然会//占据你的每一天。

节选自《态度创造快乐》

语音提示：
①老太太 lǎo tài tai　　②穿着 chuān zhuó　　③兴奋 xìng fèn
④这么 zhè me　　⑤钉上 dìng shàng　　⑥多么 duō me
⑦胸襟 xiōng jīn　　⑧向往 xiàng wǎng　　⑨磨难 mó nàn
⑩积极 jī jí

作品 38 号

泰山极顶看日出，历来被描绘成十分壮观的奇景。有人说：登泰山而看不到日出，就像一出大戏没有戏眼，味儿①终究②有点寡淡。

我去爬山那天，正赶上个难得的好天，万里长空，云彩③丝儿④都不见。素常，烟雾腾腾的山头，显得眉目分明。同伴们都欣喜地说："明儿早晨⑤准可以看见⑥日出了。"我也是抱着这种想头⑦，爬上山去。

一路从山脚往上爬，细看山景，我觉得挂在眼前的不是五岳独尊的泰山，却像一幅规模惊人的青绿山水画，从下面倒展开来。在画卷中最先露出⑧的是山根底那座明朝建筑岱宗坊⑨，慢慢地便现出王母池、斗母宫、经石峪⑩。山是一层比一层深，一叠比一叠奇，层层叠叠，不知还会有多深多奇，万山丛中，时而点染⑪着极其工细的人物。王母池旁的吕祖殿里有不少尊明塑，塑着吕洞宾等一些人，姿态神青是那样有生气，你看了，不禁会脱口赞叹说："活啦。"

画卷继续展开，绿阴森森的柏洞⑫露面⑬不太久，便来到对松山。两面奇峰对峙⑭着，满山峰都是奇形怪状的老松，年纪怕都有上千岁了，颜色竟那么⑮浓，浓得好像要流下来似的。来到这儿⑯，你不妨权当一次画里的写意人物，坐在路旁的对松亭里，看看⑰山色，听听流//水和松涛。

一时间，我又觉得自己不仅是在看画卷，却又像是在零零乱乱翻着一卷历史稿本。

节选目杨朔《泰山极顶》

语音提示：

①味儿 wèr　　　　②终究 zhōng jiū　　　③云彩 yún cai
④丝儿 sēr　　　　⑤早晨 zǎo chén　　　⑥看见 kàn jiàn
⑦想头 xiǎng tou　⑧露出 lòu chū　　　　⑨岱宗坊 dài zōng fāng
⑩经石峪 jīng shí yù　⑪点染 diǎn rǎn　　⑫柏洞 bǎi dòng
⑬露面 lòu miàn　　⑭对峙 duì zhì　　　　⑮那么 nà me
⑯这儿 zhèr　　　　⑰看看 kàn kan

作品 39 号

育才小学校长陶行知在校园看到学生①王友用泥块砸②自己班上的同学，陶行知当即③喝止了他，并令他放学后到校长室去。无疑，陶行知是要好好教育这个"顽皮"的学生。那么④他是如何教育的呢？

放学后，陶行知来到校长室，王友已经⑤等在门口准备挨训⑥了。可一见面，陶行知却掏出一块糖果送给王友，并说："这是奖给你的，因为你按时来到这里，而我却迟到了。"王友惊疑地接过糖果。

随后，陶行知又掏出一块糖果放到他手里⑦，说："这第二块糖果也是奖给你的，因为当我不让你再打人时，你立即就住手了，这说明你很尊重我，我应该奖你。"王友更惊疑了，他眼睛睁得大大的。

陶行知又掏出第三块糖果塞到王友手里，说："我调查过了，你用泥块砸那些男生，是因为他们不守游戏规则，欺负女生；你砸他们⑧，说明你很正直善良，且有批评不良行为的勇气，应该奖励你啊⑨！"王友感动极了，他流着眼泪后悔地喊道："陶……陶校长你打我两下吧！我砸的不是坏人，而是自己的同学啊⑩……"

陶行知满意地笑了，他随即掏出⑪第四块糖果递给王友，说："为你正确地认识⑫错误⑬，我再奖给你一块糖果，只可惜我只有这一块糖了。我的糖果//没有了，我看我们的谈话也该结束了吧！"说完，就走出了校长室。

节选自《教师博览·百期精华》中《陶行知的"四块糖果"》

语音提示：

①学生 xué sheng　　②砸 zá　　　　③当即 dāng jí

④那么 nà me　　　⑤已经 yǐ jīng　　　⑥挨训 ái xùn
⑦手里 shǒu lǐ　　　⑧他们 tā men　　　⑨啊 ya
⑩啊 ya　　　　　　⑪掏出 tāo chū　　　⑫认识 rèn shi
⑬错误 cuò wù

作品 40 号

享受幸福是需要学习的，当它即将①来临的时刻需要提醒。人可以自然而然地学会感官的享乐，却无法天生地掌握幸福的韵律②。灵魂的快意同器官的舒适像一对孪生兄弟，时而相傍相依③，时而南辕北辙。

幸福是一种心灵的震颤。它像会倾听音乐的耳朵④一样，需要不断地训练。

简而言之，幸福就是没有痛苦的时刻。它出现的频率并不像我们想象的那样少。人们常常只是在幸福的金马车已经驶过去很远时，才拣起地上的金鬃毛说，原来我见过它。

人们喜爱回味幸福的标本，却忽略它披着露水散发清香的时刻。那时候⑤我们往往步履匆，瞻前顾后不知在忙着什么⑥。

世上有预报台风的，有预报蝗灾的，有预报瘟疫⑦的，有预报地震的。没有人预报幸福。

其实幸福和世界万物一样，有它的征兆。

幸福常常是朦胧的，很有节制地向我们喷洒甘霖。你不要总希望轰轰烈烈的幸福，它多半只是悄悄地扑面而来。你也不要企图把水龙头拧⑧得更大，那样它会很快地流失。你需要静静地以平和之心，体验它的真谛。

幸福绝大多数是朴素的。它不会像信号弹似的，在很高的天际闪烁红色的光芒。它披着本色的外衣，亲//切温暖地包裹起我们。

幸福不喜欢喧嚣⑨浮华，它常常在暗淡中降临。贫困中相濡以沫的一块糕饼，患难中心心相印的一个眼神，父亲一次粗糙的抚摸，女友一张温馨的字条……这都是千金难买的幸福啊⑩。像一粒粒缀在旧绸子上的红宝石，在凄凉中愈发熠熠夺目⑪。

节选自毕淑敏《提醒幸福》

语音提示：

①即将 jí jiāng　　　　②韵律 yùn lǜ
③相傍相依 xiāng bàng xiāng yī
④耳朵 ěr duo　　　⑤时候 shí hou　　　⑥什么 shén me
⑦瘟疫 wēn yì　　　⑧拧 nǐng　　　　　⑨喧嚣 xuān xiāo
⑩幸福（啊）xìng fú a　　⑪熠熠夺目 yì yì duó mù

作品 41 号

在里约热内卢的一个贫民窟里，有一个男孩子，他非常喜欢①足球，可是又买不起，于是就踢塑料盒，踢汽水瓶，踢从垃圾箱里拣来的椰子壳。他在胡同②里踢，在能找到的任何一片空地③上踢。

有一天，当他在一处干涸④的水塘里猛踢一个猪膀胱时，被一位足球教练看见了。他发现这个男孩儿踢得很像是那么回事，就主动提出要送给他一个足球。小男孩儿得到足球后踢得更卖劲⑤了。不久，他就能准确地把球踢进远处随意摆放的一个水桶里。

圣诞节到了，孩子的妈妈说："我们没有钱买圣诞礼物送给我们的恩人，就让我们为他祈祷吧。"

小男孩儿⑥跟随妈妈祈祷完毕，向妈妈要了一把铲子便跑了出去。他来到一座别墅⑦前的花园里，开始挖坑。

就在他快要挖好坑的时候⑧，从别墅里走出一个人来，问小孩儿在干什么，孩子抬起满是汗珠的脸蛋儿，说："教练，圣诞节到了，我没有礼物送给您，我愿给您的圣诞树挖一个树坑。"

教练把小男孩儿从树坑里拉上来，说，我今天得到了世界上最好的礼物。明天你就到我的训练⑨场去吧。

三年后，这位十七岁的男孩儿在第六届足球锦标赛上独进二十一球，为巴西第一次捧回了金杯。一个原来不//为世人所知的名字⑩——贝利，随之传遍世界。

节选自刘燕敏《天才的造就》

语音提示：

①喜欢 xǐ huan　　②胡同 hú tòng　　③空地 kòng dì
④干涸 gān hé　　⑤卖劲 mài jìn　　⑥男孩 nán hái
⑦别墅 bié shù　　⑧时候 shí hou　　⑨训练 xùn liàn
⑩名字 míng zi

作品42号

记得我十三岁时，和母亲住在法国东南部的耐斯城。母亲没有丈夫①，沮没有亲戚②，够清苦的，但她经常能拿出令人吃惊的东西③，摆在我面前。她从来不吃肉，一再说自己是素食者。然而有一天，我发现母亲正仔细地用一小块碎④面包擦那给我煎牛排用的油锅。我明白⑤了她称自己为⑥素食者的真正原因。

我十六岁时，母亲成了耐斯市美蒙旅馆的女经理。这时，她更忙碌了。一天，她瘫在椅子上，脸色苍白，嘴唇发灰。马上找来医生，做出诊断：她摄取⑦了过多的胰岛素。直到这时我才知道母亲多年一直对我隐瞒的疾痛——糖尿病。

她的头歪向枕头一边，痛苦地用手抓挠⑧胸口。床架上方，则挂着一枚我一九三二年赢得耐斯市少年乒乓球冠军的银质奖章。

啊，是对我的美好前途的憧憬⑨支撑着她活下去，为了给她那荒唐的梦至少加一点真实的色彩，我只能继续努力，与时间竞争，直至一九三八年我被征任空军。巴黎很快失陷，我辗转调到英国皇家空军。刚到英国就接到了母亲的来信。这些信是由在瑞士的一个朋友秘密地转到伦敦，送到我手中的。

现在我要回家了，胸前佩戴着醒目的绿黑两色的解放十字绶//带⑩，上面挂着五六枚我终身难忘的勋章⑪，肩上还佩戴着军官肩章。到达旅馆时，没有一个人跟我打招呼⑫。原来，我母亲在三年半以前就已经离开人间了。

在她死前的几天中，她写了近二百五十封信，把这些信交给她在瑞士的朋友，请这个朋友定时寄给我。就这样，在母亲死后的三年半的时间里，我一直从她身上吸取着力量和勇气——这使我能够继续战斗到胜利那一天。

节选自［法］罗曼·加里《我的母亲独一无二》

语音提示：

①丈夫 zhàng fu　　②亲戚 qīn qi　　③东西 dōng xi
④碎 suì　　　　　⑤明白 míng bai　⑥为 wéi
⑦摄取 shè qǔ　　　⑧抓挠 zhuā nao　⑨憧憬 chōng jǐng
⑩绶带 shòu dài　　⑪勋章 xūn zhāng　⑫招呼 zhāo hu

作品 43 号

生活对于任何人都非易事，我们必须有坚韧不拔的精神。最要紧的，还是我们自己要有信心。我们必须相信，我们对每一件事情都具有天赋①的才能，并且，无论付出任何代价，都要把这件事完成。当事情结束的时候②，你要能问心无愧地说："我已经尽我所能了。"

有一年的春天，我因病被迫在家里休息③数周④。我注视着我的女儿们所养的蚕正在结茧，这使我很感兴趣。望着这些蚕执著地、勤奋地工作，我感到我和它们非常相似⑤。像它们一样，我总是耐心地把自己的努力集中在一个目标上。我之所以如此，或许是因为有某种力量在鞭策⑥着我——正如蚕被鞭策着去结茧一般。

近五十年来，我致力于科学研究，而研究，就是对真理的探讨。我有许多美好快乐的记忆。少女时期我在巴黎大学，孤独地过着求学的岁月；在后来献身科学的整个时期，我丈夫和我专心致志，像在梦幻中一般，坐在简陋⑦的书房里艰辛地研究，后来我们就在那里发现了镭⑧。

我永远追求安静的工作和简单的家庭生活。为了实现这个理想，我竭力保持宁静的环境，以免受人事的干扰和盛名的拖累⑨。

我深信，在科学方面我们有对事业而不是∥对财富的兴趣。我的唯一奢望是在一个自由国家中，以一个自由学者的身份从事研究工作。

我一直沉醉于世界的优美之中，我所热爱的科学也不断增加它崭新⑩的远景。我认定科学本身就具有伟大的美。

节选自［波兰］玛丽·居里《我的信念》，剑捷译

语音提示：

①天赋 tiān fù　　②时候 shí hou　　③休息 xiū xi
④数周 shù zhōu　⑤相似 xiāng sì　　⑥鞭策 biān cè
⑦简陋 jiǎn lòu　　⑧镭 léi　　　　　⑨拖累 tuō lěi
⑩崭新 zhǎn xīn

作品 44 号

我为什么非要教书不可?是因为我喜欢①当教师的时间安排表和生活节奏。七、八、九三个月给我提供了进行回顾、研究、写作的良机,并将三者有机融合②,而善于回顾、研究和总结正是优秀教师素质中不可缺少的成分。

干这行给了我多种多样的"甘泉"去品尝,找优秀的书籍去研读,到"象牙塔"和实际世界里去发现。教学③工作给我提供了继续学习的时间保证,以及多种途径、机遇和挑战。

然而,我爱这一行的真正原因,是爱我的学生④。学生们在我的眼前成长、变化。当教师意味着亲历"创造"过程的发生——恰似⑤亲手赋予⑥一团泥土以生命,没有什么⑦比目睹它开始呼吸更激动人心的了。

权利我也有了:我有权利去启发诱导,去激发智慧的火花,去问费心思考的问题,去赞扬回答的尝试,去推荐书籍,去指点迷津。还有什么别的权利能与之相比呢?

而且,教书还给我金钱和权利之外的东西⑧,那就是爱心。不仅有对学生的爱,对书籍的爱,对知识⑨的爱,还有教师才能感受到的对"特别"学生的爱。这些学生,有如冥顽不灵的泥块,由于接受了老师的炽爱⑩才勃发了生机。

所以,我爱教书,还因为,在那些勃发生机的"特//别"学生身上,我有时发现自己和他们呼吸相通,忧乐与共。

节选自[美]彼得·基·贝得勒《我为什么当教师》

语音提示:

①喜欢 xǐ huan　　②融合 róng hé　　③教学 jiào xué
④学生 xué sheng　　⑤恰似 qià sì　　⑥赋予 fù yǔ
⑦什么 shén me　　⑧东西 dōng xi　　⑨知识 zhī shi
⑩炽爱 chì ài

作品 45 号

中国西部我们通常是指黄河与秦岭相连一线以西,包括西北和西南的十二个省、市、自治区。这块广袤①的土地面积为五百四十六万平方公里,占国土总面积的百分之五十七;人口二点八亿,占全国总人口的百分之二十三。

西部是华夏文明的源头。华夏祖先的脚步是顺着水边走的:长江上游出土过元谋人②牙齿化石,距今约一百七十万年;黄河中游出土过蓝田人头盖骨,距今约七十万年。这两处古人类都比距今约五十万年的北京猿人资格更老。

西部地区是华夏文明的重要发源③地。秦皇汉武以后,东西方文化在这里交汇融合,从而④有了丝绸之路的驼铃声声,佛院深寺的暮鼓晨钟。敦煌莫高窟是世界文化史上的一个奇迹,它在继承汉晋艺术传统的基础上,形成了自己兼收并蓄⑤的恢宏气度、展现出精美绝伦的艺术形式和博大精深的文化内涵。秦始皇兵马俑、西夏王陵、楼兰古国、布达拉宫、三星堆、大足石刻等历史文化遗产,同样为世界所瞩目,成为中华文化重要的象征。

西部地区又是少数民族及其文化的集萃⑥地，几乎包括了我国所有的少数民族。在一些偏远的少数民族地区，仍保留//了一些久远时代的艺术品种，成为珍贵的"活化石"，如纳西古乐、戏曲、剪纸、刺绣、岩画等民间艺术和宗教艺术。特色鲜明、丰富多彩，犹如一个巨大的民族民间文化艺术宝库。

我们要充分重视和利用这些得天独厚的资源优势，建立良好的民族民间文化生态环境，为西部大开发做出贡献。

节选自《中考语文课外阅读试题精选》中《西部文化和西部开发》

语音提示：
①广袤 guǎng mào　　②元谋人 yuán móu rén　　③发源 fā yuán
④从而 cóng ér　　⑤兼收并蓄 jiān shōu bìng xù　　⑥集萃 jí cuì

作品 46 号

高兴，这是一种具体的被看得到摸得着的事物所唤起的情绪。它是心理的，更是生理的。它容易①来也容易去，谁也不应该对它视而不见失之交臂，谁也不应该总是做那些使自己不高兴也使旁人不高兴的事。让我们说一件最容易做也最令人高兴的事吧，尊重②你自己，也尊重别人，这是每一个人的权利，我还要说这是每一个人的义务。

快乐，它是一种富有概括性的生存状态、工作状态。它几乎是先验的，它来自生命本身的活力，来自宇宙③、地球和人间的吸引，它是世界的丰富、绚丽④、阔大、悠久的体现。快乐还是一种力量，是埋在地下的根脉⑤。消灭一个人的快乐比挖掘掉一棵大树的根要难得多。

欢欣⑥，这是一种青春的、诗意的情感。它来自面向着未来伸开双臂奔跑的冲力，它来自一种轻松而又神秘、朦胧而又隐秘的激动，它是激情即将到来的预兆⑦，它又是大雨过后的比下雨还要美妙得多也久远得多的回味……

喜悦，它是一种带有形而上色彩的修养和境界。与其说它是一种情绪，不如说它是一种智慧、一种超拔⑧、一种悲天悯人⑨的宽容和理解，一种饱经沧桑的充实和自信，一种光明的理性，一种坚定//的成熟，一种战胜了烦恼和庸俗的清明澄澈。它是一潭清水，它是一抹朝霞，它是无边的平原，它是沉默的地平线。多一点儿，再多一点儿喜悦吧，它是翅膀，也是归巢。它是一杯美酒，也是一朵永远开不败的莲花。

节选自王蒙《喜悦》

语音提示：
①容易 róng yì　　②尊重 zūn zhòng　　③宇宙 yǔ zhòu
④绚丽 xuàn lì　　⑤根脉 gēn mài　　⑥欢欣 huān xīn
⑦预兆 yù zhào　　⑧超拔 chāo bá　　⑨悲天悯人 bēi tiān mǐn rén

作品 47 号

在湾仔①，香港最热闹的地方，有一棵榕树，它是最贵的一棵树，不光在香港，在全世界，都是最贵的。

树，活的树，又不卖，何言其贵？只因它老，它粗，是香港百年沧桑的活见证，香港人不忍看着它被砍伐②，或者被移走，便跟要占用这片山坡的建筑者谈条件：可以在这儿建大楼盖商厦，但一不准砍树，二不准挪③树，必须把它原地精心养起来，成为香港闹市中的一景。太古大厦的建设者最后签了合同，占用这个大山坡建豪华商厦的先决条件是同意保护这棵老树。

树长在半山坡上，计划将树下面的成千上万吨山石全部掏空取走，腾出地方来盖楼，把树架在大楼上面，仿佛它原本是长在楼顶上似的。建设者就地造了一个直径十八米、深十米的大花盆，先固定好这棵老柳，再在大花盆底下盖楼。光这一项就花了两千三百八十九万港币，堪称④是最昂贵的保护措施了。

太古大厦落成之后，人们可以乘滚动扶梯一次到位，来到太古大厦的顶层。出后门，那儿是一片自然景色。一棵大树出现在人们面前，树干有一米半粗，树冠直径足有二十多米，独木成林，非常壮观，形成一座以它为中心的小公园，取名叫"榕圃"⑤。树前面 // 插着铜牌，说明缘由。此情此景，如不看铜牌的说明，绝对想不到巨树根底下还有一座宏伟的现代大楼。

节选自舒乙《香港：最贵的一棵树》

语音提示：
①湾仔 wān zǎi　　②砍伐 kǎn fá　　③挪 nuó
④堪称 kān chēng　　⑤榕圃 róng pǔ

作品 48 号

我们的船渐渐地逼近榕树了。我有机会看清它的真面目：是一棵大树，有数不清的丫枝①，枝上又生根，有许多根一直垂到地上，伸进泥土里。一部分树枝垂到水面，从远处看，就像一棵大树斜躺在水面上一样。

现在正是枝繁叶茂的时节。这棵榕树好像在把它的全部生命力展示给我们看。那么多的绿叶，一簇②堆在另一簇的上面，不留一点儿缝隙③。翠绿的颜色明亮地在我们的眼前闪耀，似乎每一片树叶上都有一个新的生命在颤动，这美丽的南国的树！

船在树下泊④了片刻，岸上很湿，我们没有上去。朋友⑤说这里是"鸟的天堂"，有许多鸟在这棵树上做窝，农民不许人去捉它们。我仿佛听见几只鸟扑翅的声音，但是等到我的眼睛⑥注意地看那里时，我却看不见一只鸟的影子，只有无数的树根立在地上，像许多根木桩。地是湿的，大概涨潮时河水常常冲上岸去。"鸟的天堂"里没有一只鸟，我这样想。船开了，一个朋友拨着船，缓缓地流到河中间去。

第二天，我们划着船到一个朋友的家乡去，就是那个有山有塔的地方⑦。从学校出发，我们又经过那"鸟的天堂"。

这一次是在早晨，阳光照在水面上，也照在树梢⑧上。一切都 // 显得非常光明。我们的船也在树下泊了片刻。

起初四周围非常清静。后来忽然起了一声鸟叫。我们把手一拍，便看见一只大鸟飞了起来，接着又看见第二只，第三只。我们继续拍掌，很快地这个树林就变得很热闹⑨了。

到处都是鸟声，到处都是鸟影。大的，小的，花的，黑的，有的站在枝上叫，有的飞起来，在扑翅膀。

节选自巴金《小鸟的天堂》

语音提示：

①丫枝 yā zhī　　　　②簇 cù　　　　　　③缝隙 fèng xi
④泊 bó　　　　　　⑤朋友 péng you　　⑥眼睛 yǎn jing
⑦地方 dì fang　　　⑧树梢 shù shāo　　⑨热闹 rè nao

作品 49 号

有这样一个故事。

有人问：世界上什么东西的气力最大？回答纷纭①得很，有的说"象"，有的说"狮"，有人开玩笑似的②说：是"金刚"，金刚有多少气力，当然大家全不知道。

结果③，这一切答案完全不对，世界上气力最大的，是植物的种子。一粒种子所可以显现出来的力，简直是超越一切。

人的头盖骨，结合得非常致密与坚固，生理学家和解剖学者用尽了一切的方法，要把它完整地分出来，都没有这种力气。后来忽然有人发明了一个方法，就是把一些植物的种子放在要剖析④的头盖骨里，给它以温度与湿度，使它发芽。一发芽，这些种子便以可怕的力量，将一切机械力所不能分开的骨骼，完整地分开了。植物种子力量之大，//如此如此。

这，也许特殊了一点儿，常人不容易理解。那么，你看见过笋的成长吗？你看见过被压在瓦砾⑤和石块下面的一棵小草的生长吗？它为着向往阳光，为着达成它的生之意志，不管上面的石块如何重，石与石之间如何狭，它必定要曲曲折折地，但是顽强不屈地透到地面上来。它的根往土壤钻，它的芽往地面挺，这是一种不可抗拒的力，阻止它的石块，结果也被它掀翻，一粒种子的力量之大，//如此如此。

没有一个人将小草叫做"大力士"，但是它的力量之大，的确是世界无比。这种力是一般人看不见的生命力。只要生命存在，这种力就要显现。上面的石块，丝毫不足以阻挡。因为它是一种"长期抗战"的力；有弹性，能屈能伸的力；有韧性⑥，不达目的不止的力。

节选自夏衍《野草》

语音提示：

①纷纭 fēn yún　　　②似的 sì de　　　　③结果 jié guǒ
④剖析 pōu xī　　　　⑤瓦砾 wǎ lì　　　　⑥韧性 rèn xìng

作品 50 号

著名教育家班杰明曾经接到一个青年人的求救电话，并与那个向往成功、渴望指点的青年人约好了见面的时间和地点。

待那个青年如约而至时，班杰明的房门敞开着，眼前的景象却令青年人颇①感意外——班杰明的房间里乱七八糟、狼藉②一片。

没等青年人开口，班杰明就招呼道："你看我这房间，太不整洁了，请你在门外等候一分钟，我收拾③一下，你再进来吧。"一边说着，班杰明就轻轻地关上了房门。

不到一分钟的时间，班杰明就又打开了房门并热情地把青年人让进客厅。这时，青年人的眼前展现出另一番景象——房间内的一切已变得井然有序④，而且有两杯刚刚倒好的红酒，在淡淡的香水气息里还漾⑤着微波。

可是，没等青年人把满腹的有关人生和事业的疑难问题向班杰明讲出来，班杰明就非常客气⑥地说道："干杯。你可以走了。"

青年人手持酒杯一下子愣住了，既尴尬⑦又非常遗憾地说："可是，我……我还没向您请教呢……"

"这些……难道还不够吗？"班杰明一边微笑着，一边扫视着自己的房间，轻言细语地说，"你进来又有一分钟了。"

"一分钟……一分钟……"青年人若有所思也说："我懂了，您让我明白⑧了一分钟的时间可以做许//多事情⑨，可以改变许多事情的深刻道理。"

班杰明舒心地笑了。青年人把杯里的红酒一饮而尽。向班杰明连连道谢后，开心地走了。

其实，只要把握好生命的每一分钟，也就把握了理想的人生。

节选自纪广洋《一分钟》

语音提示：

①颇 pō　　　　　　②狼藉 láng jí　　　　　③收拾 shōu shi
④井然有序 jǐng rán yǒu xù　⑤漾 yàng　　　　　⑥客气 kè qi
⑦尴尬 gān gà　　　　⑧明白 míng bai　　　　⑨事情 shì qing

作品 51 号

有个塌鼻子的小男孩儿①，因为两岁时得过脑炎，智力受损，学习起来很吃力。打个比方②，别人写作文能写二三百字，他却只能写三五行。但即便这样的作文，他同样能写得很动人。

那是一次作文课，题目是《愿望》。他极其认真地想了半天，然后极认真地写，那作文极短。只有三句话：我有两个愿望，第一个是，妈妈天天笑眯眯地看着我说："你真聪明③。"第二个是，老师天天笑眯眯地看着我说："你一点儿也不笨。"

于是，就是这篇作文，深深地打动了他的老师，那位妈妈式的老师不仅给了他最高分，在班上带感情地朗读了这篇作文，还一笔一画地批道：你很聪明，你的作文写得非常感人，请放心，妈妈肯定会格外喜欢你的，老师肯定会格外喜欢你的，大家肯定会格外喜欢你的。

捧着作文本，他笑了，蹦蹦跳跳地回家了，像只喜鹊。但他并没有把作文本拿给妈妈看，他是在等待，等待着一个美好的时刻。

那个时刻终于到了，是妈妈的生日——一个阳光灿烂④的星期天：那天，他起得特别早，把作文本装在一个亲手做的美丽的大信封里，等着妈妈醒来。妈妈刚刚睁眼醒来，他就笑眯眯地走到妈妈跟前说:"妈妈,今天是您的生日,我要//送给您一件礼物。"

果然,看着这篇作文,妈妈甜甜地涌出了两行热泪,一把搂住小男孩儿,搂得很紧很紧。

是的,智力可以受损,但爱永远不会。

节选自张玉庭《一个美丽的故事》

语音提示:
①小男孩儿 xiǎo nán hár ②比方 bǐ fang
③聪明 cōng ming ④灿烂 càn làn

作品 52 号

小学的时候①,有一次我们去海边远足,妈妈没有做便饭,给了我十块钱买午餐。好像走了很久、很久,终于到海边了,大家坐下来便吃饭,荒凉的海边没有商店,我一个人跑到防风林外面去,级任老师要大家把吃剩的饭菜分给我一点儿。有两三个男生留下一点儿给我,还有一个女生,她的米饭拌了酱油,很香。我吃完的时候,她笑眯眯地看着我,短头发②,脸圆圆的。

她的名字③叫翁香玉。

每天放学的时候,她走的是经过我们家的一条小路,带着一位比她小的男孩儿④,可能是弟弟⑤。小路边是一条清澈⑥见底的小溪,两旁竹阴覆盖,我总是远远地跟在她后面⑦,夏日的午后特别炎热⑧,走到半路她会停下来,拿手帕在溪水里浸湿⑨,为小男孩儿擦脸。我也在后面停下来,把肮脏⑩的手帕弄湿了擦脸,再一路远远跟着她回家。

后来我们家搬到镇上去了,过几年我也上了中学。有一天放学回家,在火车上,看见斜对面一位短头发、圆圆脸的女孩儿,一身素净⑪的白衣黑裙。我想她一定不认识⑫我了。火车很快到站了,我随着人群挤向门口,她也走近了,叫我的名字。这是她第一次和我说话。

她笑眯眯的,和我一起走过月台。以后就没有再见过//她了。

这篇文章收在我出版的《少年心事》这本书里。

书出版后半年,有一天我忽然收到出版社转来的一封信,信封上是陌生⑬的字迹⑭,但清楚地写着我的本名。

信里面说她看到了这篇文章心里非常激动,没想到在离开家乡,漂泊⑮异地这么⑯久之后,会看见自己仍然⑰在一个人的记忆里,她自己也深深记得这其中的每一幕,只是没想到越过遥远的时空,竟然另一个人也深深记得。

节选自苦伶《永远的记忆》

语音提示:
①时候 shí hou ②头发 tóu fa ③名字 míng zi
④男孩儿 nán hár ⑤弟弟 dì di ⑥清澈 qīng chè
⑦后面 hòu miàn ⑧炎热 yán rè ⑨浸湿 jìn shī
⑩肮脏 āng zāng ⑪素净 sù jing ⑫认识 rèn shi

⑬陌生 mò shēng　　⑭字迹 zì jì　　⑮漂泊 piāo bó
⑯这么 zhè me　　⑰仍然 réng rán

作品 53 号

在繁华①的巴黎大街的路旁，站着一个衣衫褴褛②、头发斑白、双目失明的老人。他不像其他乞丐那样伸手向过路行人乞讨，而是在身旁立一块木牌，上面写着："我什么也看不见！"街上过往的行人很多，看了木牌上的字都无动于衷③，有的还淡淡一笑，便姗姗④而去了。

这天中午，法国著名诗人让·彼浩勒也经过这里。他看看木牌上的字，问盲老人："老人家，今天上午有人给你钱吗？"

盲老人叹息着回答："我，我什么也没有得到。"说着，脸上的神情非常悲伤。

让·彼浩勒听了，拿起笔悄悄地在那行字的前面添上了"春天到了，可是"几个字，就匆匆地离开了。

晚上，让·彼浩勒又经过这里，问那个盲老人下午的情况。盲老人笑着回答说："先生，不知为什么，下午给我钱的人多极了！"让·彼浩勒听了，摸着胡子满意地笑了。

"春天到了，可是我什么也看不见！"这富有诗意的语言，产生这么大的作用，就在于它有非常浓厚⑤的感情色彩。是的，春天是美好的，那蓝天白云，那绿树红花，那莺歌燕舞，那流水人家，怎么不叫人陶醉呢？但这良辰美景，对于一个双目失明的人来说，只是一片漆黑。当人们想到这个盲老人，一生中竟连万紫千红⑥的春天//都不曾看到，怎能不对他产生同情之心呢？

节选自小学《语文》第六册中《语言的魅力》

语音提示：

①繁华 fán huá　　　　　　②褴褛 lán lǚ
③无动于衷 wú dòng yú zhōng　　④姗姗 shān shān
⑤浓厚 nóng hòu　　　　　　⑥万紫千红 wàn zǐ qiān hóng

作品 54 号

有一次，苏东坡的朋友张鹗①拿着一张宣纸来求他写一幅字，而且希望他写一点儿关于养生②方面的内容。苏东坡思索③了一会儿，点点头说："我得到了一个养生长寿古方，药只有四味，今天就赠给你吧。"于是，东坡的狼毫在纸上挥洒④起来，上面⑤写着："一曰无事以当⑥贵，二曰早寝⑦以当富，三曰安步以当车，四曰晚食以当肉。"

这哪里有药？张鹗一脸茫然⑧地问。苏东坡笑着解释说，养生长寿的要诀⑨，全在这四句里面。

所谓"无事以当贵"，是指人不要把功名利禄、荣辱过失考虑得太多，如能在情志上潇洒大度，随遇而安，无事以求，这比富贵更能使你终其天年。

"早寝以当富"，指吃好穿好、财货充足，并非就能使你长寿。对老年人来说，养成良好的起居习惯，尤其是早睡早起，比获得任何财富更加宝贵。

"安步以当车",指人不要过于讲求安逸⑩、肢体不劳,而应多以步行来替代骑马乘车,多运动才可以强健体魄,通畅气血。

"晚食以当肉",意思是人应该用已饥方食、未饱先止代替对美味佳肴⑪的贪吃无厌。他进一步解释,饿了以后才进食,虽然是粗茶淡饭,但其香甜可口会胜过山珍;如果饱了还要勉强吃,即使美味佳肴摆在眼前也难以//下咽。

苏东坡的四味"长寿药",实际上是强调了情志、睡眠、运动、饮食四个方面对养生长寿的重要性,这种养生观点即使在今天仍然值得借鉴。⑫

节选自蒲昭和《赠你四味长寿药》

语音提示:

①张鹗 zhāng è　　　②养生 yǎng shēng　　　③思索 sī suǒ
④上面 shàng miàn　⑤当 dàng　　　　　　⑥寝 qǐn
⑦茫然 máng rán　　⑧要诀 yào jué　　　　⑨安逸 ān yì
⑩佳肴 jiā yáo　　　⑪借鉴 jiè jiàn

作品55号

人活着,最要紧的是寻觅①到那片代表着生命绿色和人类希望的丛林,然后选一高高的枝头站在那里观览人生,消化痛苦,孕育②歌声,愉悦③世界!

这可真是一种潇洒的人生态度,这可真是一种心境爽朗的情感风貌。

站在历史的枝头微笑,可以减免许多烦恼。在那里,你可以从众生相所包含的甜酸苦辣、百味人生中寻找你自己;你境遇中的那点儿苦痛,也许相比之下,再也难以占据一席之地;你会较容易地获得从不悦中解脱④灵魂的力量,使之不致变得灰色。

人站得高些,不但能有幸早些领略到希望的曙光,还能有幸发现生命的立体的诗篇。每一个人的人生,都是这诗篇中的一个词、一个句子或者一个标点。你可能没有成为一个美丽的词,一个引人注目的句子,一个惊叹号,但你依然是这生命的立体诗篇中的一个音节、一个停顿、一个必不可少的组成部分。这足以使你放弃前嫌,萌生为人类孕育新的歌声的兴致,为世界带来更多的诗意。

最可怕的人生见解,是把多维的生存图景看成平面。因为那平面上刻下的大多是凝固⑤了的历史——过去的遗迹;但活着的人们,活得却是充满着新生智慧的,由//不断逝去的"现在"组成的未来。人生不能像某些鱼类躺着游,人生也不能像某些兽类爬着走,而应该站着向前行,这才是人类应有的生存姿态。⑥

节选自[美]本杰明·拉什《站在历史的枝头微笑》

语音提示:

①寻觅 xún mì　　　②孕育 yùn yù　　　③愉悦 yú yuè
④解脱 jiě tuō　　　⑤凝固 níng gù　　　⑥姿态 zī tài

作品 56 号

　　中国的第一大岛、台湾省的主岛台湾，位于中国大陆架的东南方，地处东海和南海之间，隔着台湾海峡①和大陆相望。天气晴朗②的时候③，站在福建沿海较高的地方④，就可以隐隐约约地望见岛上的高山和云朵。

　　台湾岛形状狭长，从东到西，最宽处只有一百四十多公里；由南至北，最长的地方约有三百九十多公里。地形像一个纺织用的梭子⑤。

　　台湾岛上的山脉纵贯南北，中间的中央山脉犹如全岛的脊梁⑥。西部为海拔近四千米的玉山山脉，是中国东部的最高峰。全岛约有三分之一的地方是平地，其余为山地。岛内有缎带般的瀑布，蓝宝石似的湖泊，四季常青的森林和果园，自然景色十分优美。西南部的阿里山和日月潭，台北市郊的大屯山⑦风景区，都是闻名世界的游览胜地。

　　台湾岛地处热带和温带之间，四面环海，雨水充足，气温受到海洋的调剂⑧，冬暖夏凉，四季如春，这给水稻和果木生长提供了优越的条件。水稻、甘蔗、樟脑是台湾的"三宝"。岛上还盛产鲜果和鱼虾。

　　台湾岛还是一个闻名世界的"蝴蝶王国"。岛上的蝴蝶共有四百多个品种，其中有不少是世界稀有的珍贵品种。岛上还有不少鸟语花香的蝴//蝶谷，岛上居民利用蝴蝶制作的标本和艺术品，远销许多国家。

节选自《中国的宝岛——台湾》

语音提示：
①海峡 hǎi xiá　　　②晴朗 qíng lǎng　　　③时候 shí hou
④地方 dì fang　　　⑤梭子 suō zi　　　⑥脊梁 jǐ liang
⑦大屯山 dà tún shān　　　⑧调剂 tiáo jì

作品 57 号

　　对于中国的牛，我有着一种特别尊敬①的感情。

　　留给我印象最深的，要算在田垄②上的一次"相遇"。

　　一群朋友郊游，我领头在狭窄③的阡陌④上走，怎料迎面来了几头耕牛，狭道容不下人和牛，终有一方要让路。它们还没有走近，我们已经预计斗不过畜牲，恐怕难免踩到田地泥水里，弄得鞋袜又泥又湿了。正踟蹰⑤的时候，带头的一头牛，在离我们不远的地方停下来，抬起头看看，稍迟疑一下，就自动走下田去。一队耕牛，全跟着它离开阡陌，从我们身边经过。

　　我们都呆了，回过头来，看着深褐色的牛队，在路的尽消失，忽然觉得自己受了很大的恩惠。

　　中国的牛，永远沉默地为人做着沉重的工作。在大地上，在晨光或烈日下，它拖着沉重的犁，低头一步又一步，拖出了身后一列又一列松土，好让人们下种⑥。等到满地金黄或农闲时候，它可能还得担当搬运负重的工作；或终日绕着石磨⑦，朝同一方向、走不计程的路。

　　在它沉默的劳动中，人便得到应得的收成⑧。

那时候，也许，它可以松一肩重担，站在树下，吃几口嫩草。偶尔⁹摇摇尾巴，摆摆耳朵，赶走飞附身上的苍蝇，已经算是它最闲适⑩的生活了。

中国的牛，没有成群奔跑的习//惯，永远沉沉实实的，默默地工作，平心静气。这就是中国的牛！

节选自小思《中国的牛》

语音提示：
①尊敬 zūn jìng　　②田垄 tián lǒng　　③狭窄 xiá zhǎi
④阡陌 qiān mò　　⑤踟蹰 chí chú　　⑥下种 xià zhǒng
⑦石磨 shí mò　　⑧收成 shōu cheng　　⑨偶尔 ǒu ěr
⑩闲适 xián shì

作品58号

不管我的梦想能否成为事实，说出来总是好玩儿①的：

春天，我将要住在杭州。二十年前，旧历的二月初，在西湖我看见了嫩柳与菜花，碧浪与翠竹。由我看到的那点儿春光，已经可以断定，杭州的春天必定会教人整天生活在诗与图画之中。所以，春天我的家应当是在杭州。

夏天，我想青城山应当算作最理想的地方。在那里，我虽然只住过十天，可是它的幽静已拴②住了我的心灵。在我所看见过的山水中，只有这里没有使我失望。到处都是绿，目之所及，那片淡而光润的绿色都在轻轻地颤动③，仿佛要流入空中与心中似的。这个绿色会像音乐，涤④清了心中的万虑。

秋天一定要住北平。天堂是什么样子，我不知道，但从我的生活经验去判断，北平之秋便是天堂。论天气，不冷不热。论吃的，苹果、梨、柿子、枣儿⑤、葡萄，每样都有若干种。论花草，菊花种类之多，花式之奇，可以甲天下。西山有红叶可见，北海可以划船——虽然荷花已残，荷叶可还有一片清香。衣食住行，在北平的秋天，是没有一项不使人满意的。

冬天，我还没有打好主意，成都或者相当得合适，虽然并不怎样暖和，可是为了水仙，素心腊梅，各色的茶花，仿佛就受一点儿寒//冷，也颇值得去了。昆明的花也多，而且天气比成都好，可是旧书铺与精美而便宜⑥的小吃远不及成都那么多。好吧，就暂这么规定：冬天不住成都便住昆明吧。

在抗战中，我没能发国难财。我想，抗战胜利以后，我必能阔起来。那时候，假若飞机减价，一二百元就能买一架的话，我就自备一架，择⑦黄道吉日慢慢地飞行。

节选自老舍《住的梦》

语音提示：
①好玩儿 hǎo wár　　②拴 shuān　　③颤动 chàn dòng
④涤 dí　　⑤枣儿 zǎor　　⑥便宜 pián yi
⑦择 zé

作品 59 号

我不由得①停住了脚步。

从未见过开得这样盛的藤萝②，只见一片辉煌的淡紫色，像一条瀑布，从空中垂下，不见其发端，也不见其终极，只是深深浅浅的紫，仿佛在流动，在欢笑，在不停地生长。紫色的大条幅上，泛着点点银光，就像迸溅③的水花。仔细看时，才知那是每一朵紫花中的最浅淡的部分，在和阳光互相挑逗④。

这里除了光彩，还有淡淡的芳香。香气似乎⑤也是浅紫色的，梦幻一般轻轻地笼罩⑥着我。忽然记起十多年前，家门外也曾有过一大株紫藤萝，它依傍⑦一株枯槐⑧爬得很高，但花朵从来都稀落⑨，东一穗⑩西一串伶仃⑪地挂在树梢，好像在察颜观色，试探什么。后来索性连那稀零的花串也没有了。园中别的紫藤花架也都拆掉，改种了果树。那时的说法是，花和生活腐化⑫有必然关系。我曾遗憾地想：这里再看不见藤萝花了。

过了这么多年，藤萝又开花了，而且开得这样盛，这样密，紫色的瀑布遮住了粗壮⑬的盘虬⑭卧龙般的枝干，不断地流着，流着，流向人的心底。

花和人都会遇到各种各样的不幸，但是生命的长河是无止境的。我抚摸了一下那小小的紫色的花舱，那里满装了生命的酒酿，它张满了帆，在这//闪光的花的河流上航行。它是万花中的一朵，也正是由每一个一朵，组成了万花灿烂的流动的瀑布。

在这浅紫色的光辉和浅紫色的芳香中，我不觉加快了脚步。

节选自宗璞《紫藤萝瀑布》

语音提示：

①不由得 bù yóu de　②藤萝 téng luó　③迸溅 bèng jiàn
④挑逗 tiǎo dòu　⑤似乎 sì hū　⑥笼罩 lǒng zhào
⑦依傍 yī bàng　⑧枯槐 kū huái　⑨稀落 xī luò
⑩穗 suì　⑪伶仃 líng dīng　⑫腐化 fǔ huà
⑬粗壮 cū zhuàng　⑭盘虬 pán qiú

作品 60 号

在一次名人访问①中，被问及上个世纪最重要的发明是什么时，有人说是电脑，有人说是汽车，等等。但新加坡的一位知名人士却说是冷气机。他解释，如果没有冷气，热带地区如东南亚国家，就不可能有很高的生产力，就不可能达到今天的生活水准。他的回答实事求是②，有理有据。

看了上述报道，我突发奇想：为什么没有记者问："二十世纪最糟糕的发明是什么？"其实二〇〇二年十月中旬，英国的一家报纸就评出了"人类最糟糕的发明"。获此"殊荣"的，就是人们每天大量使用的塑料袋。

诞生③于上个世纪三十年代的塑料袋，其家族包括用塑料制成的快餐饭盒、包装纸、餐用杯盘、饮料瓶、酸奶杯、雪糕杯等等。这些废弃物④形成的垃圾，数量多、体积大、重量轻、不降解⑤，给治理⑥工作带来很多技术难题和社会问题。

比如，散落⑦在田间、路边及草丛中的塑料餐盒，一旦被牲畜⑧吞食，就会危及健康甚至导致死亡。填埋废弃塑料袋、塑料餐盒的土地，不能生长庄稼⑨和树木，造成土地板结，而焚烧⑩处理这些塑料垃圾，则会释放出多种化学有毒气体，其中一种称为二噁英⑪的化合物，毒性极大。

此外，在生产塑料袋、塑料餐盒的//过程中使用的氟利昂⑫，对人体免疫系统和生态环境造成的破坏也极为严重。

节选自林光如《最糟糕的发明》

语音提示：

①访问 fǎng wèn　　　②实事求是 shí shì qiú shì　　③诞生 dàn shēng
④废弃物 fèi qì wù　　⑤降解 jiàng jiě　　　　　　⑥治理 zhì lǐ
⑦散落 sǎn luò　　　　⑧牲畜 shēng chù　　　　　⑨庄稼 zhuāng jia
⑩焚烧 fén shāo　　　　⑪二噁英 èr è yīng　　　　　⑫氟利昂 fú lì áng

第十章

说　话

第一节　说话的概述

一、说话的定义

所谓说话，就是用语言表达一定的意思，即说话者通过零碎的或者成段的话语传递自己的思想感情。听者则通过说话者的话语来理解、判断、接收且做出反馈。说话是人们日常社会活动中信息传递、感情交流和事务性活动开展的重要手段之一，也是一项最基本的语言技能。从语言学方面看，说话属于言语范畴，是对语言的具体运用；从语体方面看，说话属于口语语体，与书面语有很大的区别；从信息论方面看，说话具有编码、发送、接受、解码、反馈这样一个复杂的动态过程。总之，说话是心理、生理、物理活动的整合，是说话者语言能力、知识积淀、心理素质、社会经验的综合表现。

二、说话的类型

说话的类型很多，基本类型有：复述、解说、演讲、交谈、辩论等。

（一）复述

复述，简单地说，就是重复叙述。即把读过、看过、听过的语言材料通过口头语言重新叙述一遍。它的类型又分为详细复述、简要复述、创造性复述等。

（二）解说

解说，就是对事务进行说明、对事理进行解释的一种口头表达方式。它的类型按不同角度可分为不同类型。按解说对象内容分为影视解说、实物图片解说、专题展览解说、产品用途解说、科学现象解说等；按解说方式分为科学解说和艺术解说等。

（三）演讲

演讲又叫演说、讲演，是指在公众场合，说话者面对听众，借助口语阐述观点、抒发情感、介绍知识，以此影响观众态度和行为的一种社会活动。演讲按内容可分为政治演讲、学术演讲、生活演讲、商业演讲等。

(四) 交谈

交谈是两个或两个以上的人有明确目的或无目的而进行的相互交流口头信息的活动。交谈从形式上可以分为单方讲话的交谈和双方听说兼有的交谈等。

(五) 辩论

辩论是观点对立或相反的双方围绕同一问题，力求证明自己观点的正确而说服或驳倒对方的一种口语争论形式。辩论按照社会功能和目的可分为法庭辩论、外交辩论、决策辩论等；按照性质和逻辑方法可分为证明性辩论和反驳性辩论；按照形式可分为标准式辩论、盘问式辩论、解决问题式辩论等。

第二节 "说话"测试应试技巧

一、普通话水平测试"说话"的基本要求

普通话水平测试中的说话部分，以单项说话为主，主要考查应试人在没有文字凭借的情况下，说普通话的能力和所能达到的规范程度。和朗读相比，说话可以更有效地考查应试人在自然状态下运用普通话语音、词汇、语法的能力。因为判断和朗读是有文字凭借的说话，应试人并不主动参与词语和句式的选择。因而，说话最能全面体现应试人普通话的真实水平。普通话水平测试中的"说话"有以下三种基本要求：

(一) 话语自然

说话就是口语表达，但口语表达并不等于口语本身。我们口头说话，要使用语言材料，但是说话的效果并不是这些语言材料的总和。口头说的话应该是十分生动的，它和说话的环境、说话人的感情、说话的目的和动机都有很大的关系。

要做到自然，就要按照日常口语的语音、语调来说话，不要带着朗读或背诵的腔调。这并不是很高的要求，但实际做起来却是相当的困难。需要强调指出的是，进行说话准备时不要把说话材料写成书面材料，因为写出来的东西往往会被修改；也正是在修改的过程中，口语表达的特点会被改掉。

语速适当，是话语自然的重要表现。正常语速是大约 240 个音节/分钟。如果根据内容、情景、语气的要求，偶尔 10 来个音节稍快、稍慢也应视为正常。语速和语言流畅程度是成正比的，一般说来，语速越快，语言越流畅。但语速过快就容易导致闭音时口腔打不开、复元音的韵母动程不够和归音不准。语速过慢，容易导致语流凝滞，话语不够连贯。有人为了不在声、韵、调上出错，说话的时候一个字、一个字地往外挤，听起来非常生硬。因而，过快和过慢的语速我们都应该努力避免。

(二) 用词得体

口语词和书面语词的界限不易分清。一般说来，口语词指日常说话用得多的词，书面语词指书面上用得多的词。口语词和书面语词相比，有其各自的特点。应试者必须克服方言的影响，摒弃方言词汇，说话时要特别注意克服方言语气。但由于普通话词汇标准是开放的，它不断地从方言中吸收富有表现力的词汇来丰富、完善自己的词汇系统，因此普通

话水平测试允许应试人使用较为常用的新词语和方言词语。

（三）用语流畅

现代汉语的口语和书面语基本是一致的，使用的句式大体也是相同的，但是，从句式使用的经常性来看，口语和书面语仍然存在着差别，其特点是：口语句式比较松散，短句多；较少使用或干脆不用关联词语；经常使用非主谓句；较多地使用追加和插说的方法，句间关联不紧密；停顿和语气词多。

二、"说话"测试中常出现的问题和病因

"说话"要求应试人抽取题目后经过几分钟准备，进行3～4分钟独立的单向口头表达，因此说话不仅是对应试人的语言水平进行考查，同时也是对应试人的心理素质、思维能力、知识水平、应变能力等方面进行考查。应试者在"说话"测试中存在诸多问题，究其原因，主要有以下几点：

（一）心理素质差

这是应试者在测试过程中容易出现的问题，也是"说话"测试中存在的普遍问题。应试者过于强调自己的被考身份，认为测试老师水平高，自己水平不够、信心不足，从而怀疑自己的实力。这就会导致应试者产生提心吊胆，生怕出错的心理，严重者还会在说话过程中出现声音发颤、忽高忽低、忽快忽慢、怪声怪调甚至于颠三倒四的现象。

（二）日常训练有偏差

在测试过程中，不少应试者在单音节字词、多音节字词及朗读测试中能做到字正腔圆、抑扬顿挫、自然流畅，但一到"说话"项就出现结结巴巴、词不达意、语音失误等诸多问题，这在某种程度上反映了这些应试者在培训过程中有重语音基础训练、轻语言运用能力培养的现象。重复性的普通话基础 ABC 的训练占据了相当多的有限教学时段，成了教学的主要内容，这就造成了教学资源的浪费，弱化了教学效果，忽视了普通话交流与表达能力的培养，即"说话"的培训。

（三）思维障碍大

语言是交流的工具，同时也是思维的工具。"说话"的过程实际上就是把思维过程表达出来。不少应试者来自方言区，平常不太说普通话，其语言思维模式受本土方言土话影响较重。在应试中，应试者要从自己原来非常熟悉的语言模式转向另一种不太熟悉的语言模式，既要考虑语音、词汇、语法的规范，又要考虑说话的内容。在此情况下，语言和思维能力明显不够，这时往往就会出现想一句说一句，甚至较长时间说不出话来的现象。

（四）"背稿"代替"说话"

有的应试者投机取巧，为了掩饰语音失误、方言语调以及不规范的词汇和语法等现象，在测试前先拟好稿子，死抠字音，将稿子背熟，待到测试时就尽力地背出来，提供虚假的语言面貌。这尽管是一种固定腔调的背稿模式，咬文嚼字，表达单调生硬，但其结果比即兴发挥的"说话"扣分要少得多。然而这也使"说话"一项失去了口语的色彩，变成了书面化的口头测试。而书面语言标准并不能真正代表普通话整体水平，于是便出现了普

通话中的"高分低能"现象。

（五）偏题现象严重

一些应试者对说话内容的认识不够、提炼不够、分析不够、构思不够，导致说话时不知该讲什么、怎么讲，而说话时间又在3~4分钟之间。为了避免在考试的时候出现一言不发的情况，这些应试者便事先准备好一个或几个话题，考试时生搬硬套地套用混用，以不变应万变。在测试中，主考老师常常会听到不同应试者的同一话题千篇一律，他们的结尾、开头一模一样。这些应试者认为，哪怕文不对题，只要没有什么失误，只要一两句沾上边，照样可以得高分，使得话题和抽签流于形式，千人一面、万人一声，这就背离了普通话水平测试通过"说话"项目测试应试人整体语言面貌和真实水平的初衷。

（六）说话时间不足

在规定的3~4分钟内，不少应试者由于紧张、准备不充分、态度不认真等原因，在规定时间内不能完成对话题内容的表达。而一些应试者在抽到"我的父亲""我的母亲"一类的话题时，由于所述内容过于伤感或悲情，常常会泣不成声，以至于也完成不了3~4分钟的"说话"。

（七）语音、词汇、语法屡有失误

"说话"的第一个要求就是语音正确、规范，"说话"中的语音错误有相当一部分是习惯性误读。另外，方言语调、方言词汇、方言语法也有相当高的出现频率，应试者在这些方面失分也较严重。

三、解决"说话"测试中常见问题的方法和建议

（一）领会"说话"实质

"说话"其实更像谈话，所使用的语言多为交谈式的口语。一般结构较松散、短句较多、通俗流畅、关联词语用得少。它同书面语的"句式整齐、用词准确、语法严谨、修辞精妙"有区别。当然，"说话"比日常生活中的谈话要求高得多，必须围绕一个中心去说，不能随随便便结束；遣词造句必须是规范化的口语，禁用方言词汇和语法；同时还要注重表达的流畅性。

大部分应试者之所以会选择"背稿""套题"等错误的方式，主要是由于他们错误地领会了上述"说话"的实质，并不全是"投机取巧""钻空子"。他们在主观上把"说话"和演讲等同起来，认为"说话"就是考查被测人的口才，所以，才会出现忙于"准备"、疲于"应付"的现象，既耗时又耗力。所以，我们在学习的过程中，一定要好好学习，领会"说话"的实质，不要出现目标偏差，要以正确的、积极向上的态度来参加测试。

（二）培养健康心态

克服心理障碍、具备良好的心理素质是说话的前提条件，心理障碍是影响说话水平的一个重要因素。在测试中，我们常常可以看到胆怯者目光游移，语无伦次；自卑者满脸通红，声音发颤；自傲者夸夸其谈，不着边际；只有自信者才是胸有成竹，字正腔圆。

由此可见，只有自信才是语言突破的基石。语言的自信是讲出来、练出来的，交流的基础是说话，说话的前提是自信，语言自信的建立是对心理障碍的突破。

在学习过程中，我们要清楚不良心态给测试者所带来的负面影响，正确认识和评价自己，摆正自己在"说话"过程中的位置。在测试前准备要充分，要保持平衡良好的心态和较为振奋的情绪，通过自我鼓励、自我安慰、深呼吸或面带笑容与测试员打招呼等来稳定自己的情绪，做到从容不迫、游刃有余。这样有利于说话水平的正常或超常发挥。

（三）抓好基本功训练

"说话"一项的测试，是为了考查应试者在没有文字材料依托的情况下语音、词汇、语法的规范程度及自然、流畅水平。因此，在说话训练时，从语言的三要素入手，抓好基本功训练是非常有必要的。应试者不仅要注意训练语音的自然度，而且要注意训练用词、造句以及快速思维的能力。

1. 语音自然

所谓"自然"，指的是能按照日常口语的语音、语调来说话，不要带着朗诵或背诵的腔调。照常理说，这是一个不成问题的问题。谁会在日常生活中对着自己的亲朋好友朗诵呢？问题的产生是由于方言区不少人在日常生活中是讲地方话的，除非背书、读报才用普通话。许多人都是用朗诵来作为学习普通话的主要手段。再加上方言区的人大多没有机会听到规范的日常口语，久而久之，就把戏剧、朗诵的发音当作楷模来仿效。这就造成了不少人在说话时的"朗诵腔"。

2. 用词恰当

用词恰当首先是要用词规范，不用方言词语。例如：有的上海人把"用抹布擦擦桌子"说成"用揩布揩揩台子"，把"自行车"说成"脚踏车"，这就是用词不规范。除此以外，还有两点是应该注意的：

（1）多用口语词，少用书面语。

在说话时，应该尽可能多地用口语词，少用"之乎者也"之类的古语词或"基本上""一般说来"之类的书面语、公文用语。汉语书面语中保留了许多古汉语中的词语。这些词语很文雅，很精练，使用这些古语词可以使语言有庄重的色彩，但同时也会使语句减少了几分生动和亲切。因此，不适合在说话时使用。例如："诸如"常用在公文里，口头上说的话，不妨改为"比方说……"。"无须乎"也不如"不必"来得生动自然。"午后二时许"与"下午两点多钟"的意思虽然一样，但用在小型联欢会上，就不如"下午两点多钟"更为活泼。运用口语词可以使话语显得生动。

（2）不用时髦语。

社会上常常流行一种"时髦语"。前些年从北方传来"没治了""震了""盖了帽儿了""毙了"（都是"好极了"的时髦说法）。这些年又从港台传来"做骚"（表演）、"挂眯"（告别舞台）、"发烧友"（歌迷）等词语。上海地区又土生土长了"不要忒（＝太）""淘糨糊""巴子"等时髦说法。这些时髦语虽然可以风靡一时，但它们是不规范的，因而也是没有生命力的。满口时髦语不但会削弱语言的表现力，而且只能暴露出说话人素质的低下。

3. 语句流畅

在口语表达中，语句流畅与否，对表达效果影响很大。语句流畅的，好像行云流水，听起来非常容易理解，而且很有吸引力，也不易使听者产生听觉疲劳。语句不流畅的，听上去断断续续，不但不容易让人领会，而且容易使听者感觉疲劳或烦躁，效果就很差了。

要使语句流畅，应该注意以下几点：

（1）多用短句，多用单句。

在口语中，人们接收信息不像看书一样可以一目十行，句子长一点也可以一眼扫到。听话时语音信号是按线性次序连贯进入耳朵的。如果句子长了，或者结构复杂了，那么当句子末尾进入听话者脑海中时，听话人对句子的开头或许已经印象不深了。在听话人的脑子中，句子便不完整。所以，口语中的句子千万不要太长。

（2）冗余适当，避免口头禅。

口语表达时，有时为了强调某个意思，加深听众的印象，可以有目的地进行重复。例如：我们现在还可以从孙中山先生的讲话录音中听到，他在一次演讲中为了强调国人必须觉醒而一连重复了四次"醒、醒、醒、醒！"这是有计划、有目的的重复，并不是啰唆。

有些人在说话时会出现机械的无意义的重复现象。例如：有的人老是重复一句话的末尾几个音节，甚至不管这几个音节是不是一个词。这种重复时间长了，就会令人生厌；如果再加上"嗯""啊"，就成了官腔。特别是夹在句子中间的"这个""的话""就是说"等口头禅，更是一种毫无积极作用的冗余成分，会使语句断断续续，使听众感到语句很不流畅。听众听这种讲话不但得不到美的享受，反而有一种受折磨的感觉。因此，这种口头禅是讲话时应该避免的。

（3）思路清晰，符合逻辑。

语句的流畅与否在很大程度上取决于思路是否清晰。说话者说不清楚常常是因为想不清楚。当人们从思维（也有人称为"内部语言"）转换为语句（也有人称为"外部语言"）时，正确的程序应该是：

①确定说话的中心。

②确定最关键的词语。

③选定句式。

④选定第一句所使用的词语。

当然，②与③有时次序会互换。但根据心理学家的研究，确定中心和层次肯定在选定第一句所使用的词语之前。也就是说，人们在开口说第一句话之前，心中应该有一个讲话大纲。因此，第一句话、第一个词就有了依据，后面的词和句也就有了基调。这时，说话的人便可以"胸有成竹""出口成章"了。如果说话的人没有按照这个程序行事，而是边想边说，并且没有一个确定的中心，"脚踩西瓜皮，滑到哪里是哪里"，那就会出现各种各样的思维障碍。这些障碍如不能排除，就会造成说话的中断。即使最后能够排除，也会严重地影响听感，造成语句不流畅的感觉。这是我们应该尽量避免的。

4. 谋篇得法

口头表达的效果，除了语音自然、用词恰当、语句流畅之外，谋篇得法也是重要的一点。因为既然是表达，就必然有审题、选材、结构方面的问题。审题不当、跑题偏题、无的放矢是不可能说好话的。剪裁不当、当详不详就会表达不清，当简不简又会显得啰唆。结构不完整不行，结构混乱也不符合要求。在谋篇方面，需注意以下三点：

（1）审题准备。

我们可以把一段话题加以分类，找出它们的类型来。总的来说，可以把话题分为记叙和议论两大类。在各类中又可以按所记、所议的对象不同，分为记人、记事、记生活、记所爱的四种"记",以及论人、论事、论物的三种"论"。

由于题目的类型不同,它们的要求也不相同。例如:记叙,它要求中心突出、交代清楚、信息丰富。记人的,要有外貌的描述,也要有精神的描述。写事的,时间、地点、事件的发生、发展和结局要交代清楚。议论的讲话要求立论明确、发挥充分、结构完整,不能有头无尾或者虎头蛇尾。无论是立论还是驳论,都不能中途偷换话题。

(2) 剪裁合理。

在讲话时,应该选取适量的材料,所选的材料应该紧扣中心。要避免拉拉杂杂、离题万里,也要防止无话可说。我们常常听到有的人说话善于组织材料,能做到从容不迫、有条不紊;而有的人则不善于选取材料,说起话来不得要领。例如:有的学生讲自己最尊敬的老师,结果把这位老师的优点、缺点一股脑儿全讲了。讲到后来这位同学自己也犯糊涂了,说:"这位老师的许多看法我也不同意……"听他讲话的同学也糊涂了,不知道他是尊敬这位老师还是反对这位老师。这就是取材冗杂造成的后果。还有许多同学则相反,他们不善发挥,三两句话后就觉得该说的都说完了。有位学生讲《商品质量和我》,翻来覆去就是"商品质量就是企业的生命……"教师启发他说"我",他就说"商品质量就是企业的生命,这就是我的看法呀"。其实联系到"我"可以讲培养人才、质量不达标则后患无穷,也可以讲述自己遭假冒伪劣产品之害的故事。这就是剪裁毛病中的"贫乏"。

(3) 结构完整。

无论是记叙还是议论,讲话还要考虑的就是结构问题。一篇讲话要结构完整,才能给人留下深刻的印象,否则就会使人感到残缺不全,影响表达效果。

结构与话题有关,不同的话题有不同的结构。大体说来,议论性的讲话多少有点儿像即席演讲。它应该有一个小小的开场白,讲清自己所讲的话题,然后进入主体。主体部分应该摆出自己的观点。结论部分应该用简洁的语言总结,并把自己的观点强调一下以使听众留下深刻的印象。例如:一位学生谈自然现象,她选择了雨,从雨谈到水,说话时在解题部分从自然界的奥秘谈到自然的变化无穷。她接着话锋一转,谈到自然界中最平常、变化很大、对生命影响极大的水,这就引入了正题。主体部分详述水的各种姿态:上天入地、雨雪云露,水与人类生活的密切关联,她甚至谈到了相关的人生哲理。结论部分她谈到自己受到水的启示,想到要在自己的性格中学习水的能方能圆的灵活性;还要学习水的宽容性、包容性,这是讲话结构较为成功的例子。

记叙性的讲话也要解题,自然地引入了主体后,要详细地交代人物、事件的来龙去脉。信息要丰富,条理要清楚,结语部分可以用总结方式,也可以用感情交流的方式。

第三节 说话的题目

《普通话水平测试大纲》对说话题目进行了适当的调整:一是数量上减少了,由原来的 50 篇减少到现在的 30 篇;二是在内容上进行了归类调整。

1. 我的愿望(或理想)
2. 我的学习生活
3. 我尊敬的人
4. 我喜欢的动物(或植物)

5. 童年的记忆

6. 我喜爱的职业

7. 难忘的旅行

8. 我的朋友

9. 我喜爱的文学（或其他）艺术形式

10. 谈谈卫生与健康

11. 我的业余生活

12. 我喜爱的季节（或天气）

13. 学习普通话的体会

14. 谈谈服饰

15. 我的假日生活

16. 我的成长之路

17. 谈谈科技发展与社会生活

18. 我知道的风俗

19. 我和体育

20. 我的家乡（或熟悉的地方）

21. 谈谈美食

22. 我喜欢的节日

23. 我所在的集体

24. 谈谈社会公德（或职业道德）

25. 谈谈个人修养

26. 我喜欢的明星（或其他知名人士）

27. 我喜爱的书刊

28. 谈谈对环境保护的认识

29. 我向往的地方

30. 购物（消费）的感受

附录　普通话测试说话30篇例文

作文1号

我的理想

每个人都拥有自己的理想，有人想当老师，有人想当科学家，有人想当艺术家。而我的理想是成为一个明星。也许，有些人会取笑我的想法，但我不会太在意别人的看法，不管别人怎么说，我都不会动摇！

每当我看一部连续剧时，我都会很专注地看，镜头里的演员伤心的时候，眼泪一下子就从眼眶里涌了出来，我都会想，他们是怎么演出来的呢，眼泪怎么可以想流就流？原来，他们演一部戏，是那么的辛苦，导演让你笑就笑，让你哭就哭。唉，演员们想要演好一部戏是要通过刻苦的练习才会演到那种地步。这可真应了这么一句：台上三分钟，台下十年功！我想：我一定要当一名演员。

有一次，我在电脑上看到了一个电视花絮的视频，每当到了搞笑场面，演员们也会忍不住哈哈大笑起来！正是这欢乐之声，使我也情不自禁地笑了！演员们的生活可真是丰富多彩呀！

在家，我一有空闲的时间，就会不由自主对着镜子，发起神经来——"演戏"。

也许，我的梦想太不切实际了，但是，我真的很想当一名演员。只要我朝着这条路前进，不管这条路多长、多远、多险，我这棵小苗，一定能变成一棵参天大树！

作文2号

我的学习生活

我的学习生活是多姿多彩的，它给我带来无穷的乐趣。

在课堂上的学习，是有老师跟我们一起进行的。课堂气氛非常活跃，给我的学习生活增添了色彩。

除了课堂上的学习，在课外时间我的学习生活也是丰富多彩的。比如在宿舍，宿舍既是休息的地方，也是读书的好场所，尤其是午休前的时间。每天吃完午饭，同室舍友一个个像变戏法般翻出各种各样的书来读，有图书馆借来的，有书屋租来的，有自己花钱买来的，可谓来源广泛。这些书中，有教人如何维护自尊的《简·爱》，有描述刘项二人夺权争霸的《西楚霸王》，有展现一代女皇风采的《武则天》……世界名著固然精彩，包罗万象的杂志也令人爱不释手，我们看属于自己的《女友》，看描写我们的《金色年华》，还有已经与我们擦肩而过的《少男少女》；心情不佳时去寻觅《知青》，与人交往受挫时找《做人与处世》；在《大众电影》中目睹心中偶像的风采，在《科幻世界》中创造未来。

一本好书在手，一切烦恼都抛于脑后。因为有书，午休看，晚睡也看，曾无数次打手电筒躲在被窝里看，甚至不惜冒险点起蜡烛也要看，也经常因此遭到宿舍检查人员三番五次地敲门警告。读了一本好书，总是希望有人与你分享。每天晚上的"卧谈"时间，我们谈得最多的也是书。我们评中国四大名著的文学价值，论柯林斯的成名之作《白衣女人》，辩《黄埔将帅》，析《红与黑》在文学史上的地位……连作品中的主人公我们也要品头论足一番。我们谈吴三桂，评林黛玉、薛宝钗，赞武则天，骂慈禧太后，我们各抒己见，侃侃而谈，神采飞扬。

古语说：书中自有黄金屋，书中自有颜如玉。但我们读书既不求黄金屋，也不为颜如玉，我们求的是知识，一种在课堂上学不到的知识，用它来开拓我们的视野，武装我们的头脑，充实我们的精神世界。

作文 3 号

我尊敬的人

在生活中我发现一个有趣的现象，大多数人在给家里人打电话的时候，首先就是打给自己的妈妈，回到家也是先找妈妈，偶尔先看到爸爸也是要问妈妈在哪儿。而我却和大多数人不同，我遇事先想的是我爸爸，心中最依赖、最尊敬的人也是我的爸爸。

我的爸爸是一个地地道道的农民，因为常年干活，风吹日晒，所以皮肤显得略黑。一米七几的个头，不胖不瘦，身材正好。爸爸给我的感觉就是安全可靠，他为人和善，在我的认知里，爸爸和全村人都相处得很好，几乎没有得罪过别人。他不喜欢抽烟，也不爱喝酒，但是在必要的场合会吸会喝，因为不愿落人面子，但我从小到大都没见他喝醉过，非常懂得分寸。

爸爸对我不严厉，却也不溺爱。而且他做事非常认真细心，每次开学离家，都是爸爸提醒我不要忘记带什么东西，都是我自己还没想到，他就已经替我想到了。

爸爸对我影响很大，我的性格，为人处世的方法大多学习自爸爸，爸爸是我人生的导师，学习的榜样，是我最尊敬的人。

作文 4 号

我最喜欢的植物

我最喜欢的植物就是家乡的樱桃树。但是自从上了大学，离开家乡之后，就再也看不到它四季的变化了。

在我们北方，樱桃可以说是最早成熟的水果了。小的时候，我和小伙伴们最开心的便是在樱桃还未成熟的时候，漫山遍野的去寻找那些藏在绿叶下面微微泛红的樱桃了。我们每个人会拿着一个小瓶，跑到朝阳的地方去寻找我们心心念念的小樱桃，后来经验丰富了，就知道红樱桃一般都藏在浓密的树叶下边，把叶子往上一翻，就能发现，每找到一颗都如获珍宝。现在想想，小时候那么爱它，应该就是把它当成可以跟我捉迷藏的小伙伴一样，可以快乐的玩耍。

现在长大了，我更喜欢它们了，因为它们可以给家乡带来经济效益。每年樱花开放的季节，漫山遍野的绚丽樱花吸引了无数的游客前来赏花，而每年五一一过，樱桃树上就结满了红红的大樱桃，味道鲜美的大樱桃从家乡销往全国各地，成为家乡农民最重要的经济来源。因为这些樱桃树，我的家乡彻底改变了从前那种落后的面貌，乡亲们也都过上了小康生活。

这就是我最喜欢的植物，来自我家乡的樱桃树。它的花虽然不够艳丽，但它像我的乡亲一样朴实，它的果虽然不大，但味道一级棒。如果有机会，希望大家到我的家乡来，和我一起共赏它的美好，相信你们也会和我一样的爱上它。

作文 5 号

童年的记忆

在我成长的过程中,有许多有趣的事,让我现在想起来都忍俊不禁。

我三岁的时候,刚刚上幼儿园,最愿意干的事情就是学大人一样干家务,因为每次做完都可以得到大人的表扬。其实我所谓的干活也不过就是拿着抹布在桌子上乱擦,有时候还会把桌子上摆放的东西给弄掉了。还有就是拿着笤帚在地上乱划乱扫,有时也会把地上的灰尘都扬起来。但是无论我做得怎么样,大人总会夸我说:"真是爱劳动的好孩子,果然很中用。"这样的表扬让我很快乐。

那时候,爷爷总会骑着三轮车带我去小卖部买酒喝,顺便给我也买一包 QQ 糖,这包糖又会让我高兴很久。回到家之后,我就会帮爷爷奶奶递拖鞋、端茶水,当我把这些东西送到爷爷奶奶面前时,爷爷总会笑眯眯的夸我一句:"不错,真是比咱家的小狗强多了!"听到这个夸奖,我骄傲极了,小狗会看门,能防小偷,本领很大的,我比它还强,那我得有多厉害啊!那时的我觉得这简直是大人对我的最高评价了。

后来,我们家来客人的时候,客人一进门,我就拉着他们,让他们坐在客厅的沙发上,然后学着妈妈的样子一手拿着水壶,一手端着水杯倒水。妈妈看到吓了一跳,急忙跑过来接过我手里的水壶说:"这孩子总想干做不了的事。"我不服气:"我能做得好的!"客人就会笑着摸摸我的头说:"这孩子真招人喜欢,长大了一定有出息。"我听到夸奖便更得意了,骄傲地说:"就是,我长大了肯定比小狗还厉害!"话音一落,客厅里面笑声一片,我也不明就里的跟着大笑。

现在长大了,再想起这些往事,真怀念那个蠢萌蠢萌的自己。

作文 6 号

我喜爱的职业

我喜爱的职业是考古。也许很多人都会对此不解,认为这是个又苦又累又不能发财的职业。每日东奔西跑,还要日晒雨淋,被蚊虫叮咬,整日和破瓷烂瓦或者人畜尸骸相伴,即便发现宝贝,也不能纳入自己囊中。在有些人眼里,这着实不是件好差事。

然而我却并不这样认为。首先,考古这个专业是个冷门,竞争不会那么激烈;其次,它可以让我见识到许多奇珍异宝,令我大开眼界。我可以从地下陪葬品的数量以及规格中猜出墓主的身份、地位、爱好,甚至其死前发生了什么突发事件,从而证明史书记载的真实性。

或许有人会问,史书上记载的东西还会有假吗?当然,所谓"伴君如伴虎",那些史官们既要记录下何时何地发生了何等重大事件,又要注意不能完全真实地记录,以防遭到杀身之祸。故而在编纂史书时,他们有时就会将真相隐去。了解中国历史的人会发现,除司马迁的《史记》外,再没有第二个编书人敢编纂当时皇帝的史书。因而,证明史书记载的真实性,也是为了更好地还原历史面貌,揭去其神秘面纱。

最后,我喜欢考古还有一个原因,试想:一个在现场发掘的考古人员,让一件件珍贵的文物重见天日,那将是怎样激动的一种心情。如果挖掘出了一两件极有价值的文物,它们虽经岁月侵蚀,早已破损不堪,然而考古人员通过努力将它们修复完整,使其重现当年的光彩……那又将是怎样的心情!这大概只有考古人员才能说出那种兴奋与激动吧。

我是个性格内向的人，寡言少语，喜欢历史和文学。以上便是我喜欢考古这个职业的原因。是的，我热爱考古，我立志要为实现这个志向而努力。

作文 7 号

难忘的旅行

我最难忘的一次旅行是新密凤凰山之旅。这次旅行让我真真切切地感受到了人与大自然的亲近。行走于青山绿水间，我的心得到了陶冶，心灵与大自然融合在一起。

五一期间，哥哥开车带着我和姐姐一起去新密凤凰山。凤凰山到底是什么样的？难道有凤凰吗？我心里充满了向往。那天天气有点热，天空没有云朵，一片蓝色，阳光洒满大地，景物显得特别清晰。不一会儿，我们就到了凤凰山脚下。紧接着，我们需要经过像盘山公路似的路，车子左一拐右一拐，有点吓人。我望着窗外，啊！幽谷呀，这样一个似乎与世隔绝的山谷中，还住着十几户人家，真是不可思议。

到了凤凰山，首先映入眼帘的是一家农家小餐馆，里面挤满了人，也许是游客累了来休息吧，饭馆的门口有几个人在叫卖山鸡。我们又往前走，来到了一条小河边，河水很浅，有一群人在不远处戏水。他们的脸上都洋溢着笑容，你追我赶，有的人向别人洒水，还有的人在水中捉鱼虾，小孩们也互相打闹戏水，笑声融入大山中。

看到清澈的河水，我也有一种跃跃欲试的感觉，于是我和哥哥姐姐脱掉鞋子，跳入水中，和他们玩起来。即使有阳光，即使很热，我们也不在乎，因为每个人都太高兴了，融入到大自然的怀抱中了。这里的水很清，水中的鱼虾清晰可见，水浅的地方还露出几块大石头，我想这大概是为那些玩累了的游客准备的吧。

凤凰山有很多旅游景点，比如：凤凰台、莲花峰、五彩池，等等。虽然没有爬到山顶，但一路上的欣赏和玩耍足以让我们感受到美丽的自然风情，大自然的美深深地留在了我的心中。

难忘的旅行之所以难忘，不是因为浏览了多少个景点，而是从中明白了什么、感受了什么。这次游玩，我感受到了大自然的美，希望人与自然能更和谐地相处。

作文 8 号

我的朋友

说起"朋友"这个词，相信大家都不陌生，每个人一生中都会有几个特别的朋友。下面呢，我就来说说我的一个好朋友。

她有一张圆圆的脸，一双大大的眼睛，最特别的是，她有一头乌黑的长发。她性格开朗，为人正直，活泼可爱，偶尔也不缺乏幽默感，有积极乐观的心态，是一个乐观主义者。在她的身上，似乎可以看到她有着中国牛的精神，勤奋、憨厚、勇敢、乐观。

有时我就觉得我是一个幸运儿，让我遇到了这么一个好朋友，陪伴我走过了高中三年。高中三年的学习生活是很枯燥的，但是，有了这个朋友的陪伴，我过得很充实、很快乐。

俗话说：人生得一知己，足矣。

我们两个经常在一起学习，一起探讨，一起神侃，一起放松……当遇到困难时，我们总是在一起分析研究，并去解决、克服困难。我们在一起无话不谈，从天上谈到地下，从古代谈到现代，从过去谈到未来，从人生谈到宇宙……总之，我们在一起，总是有说不完的话。

高中三年，是让人成长、成熟的三年，有快乐、有悲伤，成功过，失败过，失落过，沮丧过……在经历过许多事情之后，我们两个更加珍惜彼此，更加喜欢对方。

这就是我的朋友——一个值得信赖一生的朋友。

作文 9 号

我喜欢的一种文学艺术形式

我喜欢的文学艺术形式是小说。

初中的时候，在老师的影响下，我开始看一些名著。其中当然少不了四大名著，古人精妙的文笔隔了这么多年还是深深地影响着我。但我当时最爱的是鲁迅先生的《呐喊》，我喜欢鲁迅先生犀利的语言，他的文字像是一把尖刀，深深地刺穿了麻木的国民的心。到了高中，我又渐渐喜欢上了一些哀婉的文字，那些"80 后"作家们的笔下流露出的点点哀伤，准确地点出了我们内心的脆弱，让我心生共鸣。而到了大学，空闲的时间骤然增多，也许是成长带来的改变，渐渐地，我喜欢上了更多种类型的小说。无论是中国的，还是外国的，只要好看我都会借来看。其中包括夏洛蒂·勃朗特的《简·爱》，老舍的《骆驼祥子》，司汤达的《红与黑》等。但到目前为止，我最喜欢的一本书是《汤姆叔叔的小屋》。它是第一本让我有那么多感动的书，我不禁赞叹女性作家情感的细腻。

小说伴随着我成长，给了我无尽的乐趣，小说一直是我最喜爱的文学艺术形式，我相信它会一直伴随着我，陪我成长。

作文 10 号

谈谈卫生与健康

卫生与健康是紧密相连的，这里所指的卫生主要包括两大类：一是个人卫生，一是公共卫生。

个人卫生又包括饮食卫生、心理卫生及个人环境卫生。

民以食为天，食以安为先，食品安全直接决定着人们的身体健康状况。这就要求我们注意饮食卫生，合理膳食，使自身营养搭配平衡，养成良好的饮食习惯，如不吃不清洁的食物、饭前便后要洗手等。

心理卫生也尤为重要，所以我们要保证良好的心理卫生，培养健康的心态，该"君子之腹"时决不用"小人之心"，那么心理健康也就有了保障。

注重个人环境卫生，保持个人清洁卫生。如勤换洗衣物、勤洗澡、勤剪指甲、饭前便后要洗手，经常打扫环境卫生，以及适当参加体育锻炼，以增强身体免疫力。

公共环境卫生也影响着人们的身体健康状况，良好的环境为人们提供了清新的空气和舒适的生活。但随着工业的发展，环境污染日益严重。机器运转的巨大声响是自然界优美旋律中一个最不和谐的噪音，它充斥着人们的耳朵。废水、废渣与废气连同产品一起出厂……于是，花草失去了笑容，河水不再清澈，花香为烟雾冲淡，鸟鸣被噪声淹没，人们健康的身体变得病弱，愉快的心情变得烦躁……所以在发展经济的同时，不能以牺牲环境为代价，要做到可持续发展，让保护环境、争取建设和谐社会成为人类拥护的热点，大家必须携起手来共同保护人类生存的环境。

作为一个人，要有自身的健康体魄，那么作为一个公民、一个有社会责任感的高素质的青年，我们也要注意公共卫生，走出家门，进入社会，自觉维护并以实际行动搞好公共卫生，将社会健康形象淋漓尽致地展现在世人面前。为了我们自身的健康考虑，要做好个人卫生和公共卫生的协调统一，把二者结合起来，创造一个良好的生活条件。

这就是我对卫生与健康的认识。

作文 11 号

我的业余生活

我的业余生活非常丰富，主要是我的爱好很多，另外，多种爱好令我的生活变得充实而有意义。

我喜欢爬山，因为高山幽深、稳健，我喜欢站在山顶上俯首眺望一切，山下风景尽收眼底。我喜欢站在空旷的山顶上聆听自己声音的回旋，喜欢顶着苍穹尽情发挥想象，喜欢那种欲飞的感觉……绿水青山是多么迷人呀！

我喜欢看各种各样对自己有益的书，美容、健身、时尚杂志等我都爱看，书是知识的海洋，能令我进入一个忘我的天地，让我受益无穷。

我喜欢音乐，让美妙的音乐从心田流过。开心时听音乐，令自己全身沸腾；不开心时听一听哀伤的音乐，仿佛一个人在与自己共鸣。

喜欢冲上一杯咖啡，躺在沙发上摊开一本心爱的书，任目光流连于文字之间，在温暖的灯光下，柔美的音乐缓缓弥漫在我的小房间里。此刻的我像是没有云的天空，思绪在无边的幻想里安静地流连。我渴求的，正是心里那份永恒的美丽与宁静！

我喜欢与朋友聊天，聊人生，聊各自的经历，各抒己见。寂寞时读一段故事，忧伤时送上一首老歌，快乐彼此分享。精神上的互动、心灵的交流，令我沐浴着他们的关爱，让我的生活中总是充满阳光。

我喜欢各种运动，特别喜欢健身和跳舞，在强劲的节奏里让身体每个细胞都动起来，热情奔放，展示自我，拥有自信。

我是一个平凡也很随和的人，生活上力求平淡，感情上力求简单，穿着上力求随意，饮食上力求清淡，处事上力求泰然，工作上力求最好。我希望自己在有生之年多做善事，帮助需要帮助的人，予人快乐，才能让自己更快乐。

我不是一个完美的人，但我会不断努力，不断完善自己，只要对我身心有益的东西，我都会努力去学。也许人生是一个不求尽善尽美、只求全力以赴的过程，有时结果不一定是最重要的，重要的是过程的精彩。

上天给了我一个完整无缺的身体，我就要好好把握，在有生之年多培养各种爱好，这也是自我增值的一种方式。生命是有限的，令自己的生活充满美感和音乐，才能充分享受属于自己的真正人生，才能令人生充满无限浪漫色彩。

作文 12 号

我喜欢的季节

春天万物复苏，是一个可爱的季节。因此，我最喜欢可爱的春天。春天来了，天空中飘着蓝蓝的白云，春风一吹，气候变得暖和，桃花开了，小草绿了，燕子从南方飞回，老树也吐出了新芽,冬眠的动物苏醒过来了,到处一片生机勃勃的景象。春天真是一幅多彩的画!

我喜欢春天,因为气候温和,可以除去厚厚的棉衣,到户外活动的感觉真好。

春天,百花齐放,争奇斗艳,是一个多彩的季节。

春天,到处都披上了绿色的新装,是一个希望的季节。

春天,万物复苏,所有的动物都苏醒过来了,是一个热闹的季节。

我最喜欢春天的细雨。天下起了牛毛般的细雨,它甜润了花朵,滋润了小草。这春雨,令万物苏醒;这春雨,替春天洗了一个白净净的澡;这春雨,令春天增添了许多的生机。春天是一个浪漫的季节。

我最喜欢春天的风。春天的风是微微的、舒服的、温柔的,不像秋风那么凉爽,不像冬风那么凛冽。只有春风是温和的,是让人心旷神怡的。春天是一个温柔的季节。

我最喜欢春天的雾。它随时都会在山村、城市、河流、田野出现,但无人可以知道它的"下一站"。它像一位诡秘的魔术师,把春天的景物都遮蔽了,但却遮蔽不了我对春天的喜爱。这位魔术师把春天可爱的一面遮盖了,让景物若隐若现,充满神秘感。但我却喜欢这种神秘的感觉。春天是一个梦幻的季节。

我最喜欢春天,因为春天那美景实在迷人。谁能不被春天的美景所陶醉呢?我喜欢春天,不仅是因为春天是绿色的,是美丽的,更因为春天是一年之首,只有在春天播撒希望的种子,秋天才能收获。

作文 13 号

学习普通话的体会

普通话是我国的通用语言,是我们日常交流沟通的工具。它是感情的纽带,是沟通的桥梁。普通话作为现代汉民族的共同语言,在全国范围内进行推广。作为一名学生,我有义务有责任完成这一使命。

说普通话吐字清晰,听起来文雅,也给人一种有涵养的感觉,更符合我们的学生身份。学生学习普通话是非常必要的,这能体现一个人的素质与文明,也能体现一个人的身份。但是要学好普通话,没有一个努力的过程是不可能学好的。在学习普通话的过程中,我也有了深深的体会。

首先,要重视普通话的学习。不论做任何事,我们都要百分之百用心,不能"三天打鱼两天晒网",这样不仅不能学好,反而会养成坏的习惯。重视普通话的学习,时间也是一个重要因素,每天抽一点点时间来学习,坚持不懈,这样就会取得事半功倍的效果;另外,要勤于向现代汉语老师请教,遇到不懂和难以纠正的问题及时向老师咨询,也可以向老师请教更多更好的学习方法。

其次,要多动口,多动手。学习普通话最重要的就是练习,尤其是口语练习,要敢于开口,敢于尝试,不断坚持,这样原本害羞和胆怯的感觉,就会消失得无影无踪。多动手就是要多查字典,遇到那些多音、多义的词千万不要模棱两可,一定要区别清楚,以免以后犯同样的错误。

最后,在公共场合要敢于讲普通话。在日常生活中,普通话随时随地都可以出现,衣食住行方面涉及的问题,我们要学会用普通话交流。有的时候,我们已经习惯说方言却要改说普通话时，常常会觉得害羞，不敢开口，但是语言取决于环境，在一个大家都说普通话的环境中耳濡目染，一定能练好普通话。

说好普通话是我们学习的一个重要任务，对我们以后的学习和生活会有很大的帮助。当你学会说普通话时，在别人面前就会觉得更自信，更有魅力。

让我们一起共同努力，学好普通话。

作文 14 号

谈谈服饰

服饰是人类社会生活中一个亘古不变的话题，不同的服饰，体现的民族文化和风俗习惯也不同。在川流不息的人群中，我们能看到各异的服饰，它是性格、年龄、品位、追求的体现。

穿衣打扮也是一种学问。首先我们要了解自己的体型肤色以及性格等因素，然后选择符合自己的样式、颜色以及风格。每个人都有自己的穿法，因为每个人的气质、审美观都不一样。随着潮流的变化，穿衣不只是为了防寒御暖，更是张扬个性、追求独特的一种表现方式。现在的年轻人眼光迥异，比如乞丐服，一个个洞与补丁的结合，不再是贫穷落后的象征，而是代表了随性与时尚。

我们当然也要知道什么样的场合穿什么样的衣服。适当的衣服不但能让别人看着赏心悦目，而且也能使自己的身心愉悦。在家里，穿着家居服，就会觉得很轻松；在正式场合，穿着合身的套装时，你就有了信心，能为成功做好铺垫；闲暇时，穿着清爽亮丽的运动装时，那将是青春与活力的一道亮丽风景线。

穿着打扮不一定要追求名牌、求时尚、随大流，而是要张扬自己的个性与特点。衣服与气质的完美结合，便是穿衣艺术的一种境界，漂亮的时装可以让你神采奕奕、气度非凡。同样，优雅的风度、高贵的气质，也可以赋予普通衣服以特别的魅力。因此，在选择服饰之外，更应该培养自身的气质。

我相信，选择适当的服饰永远都是爱美的人心中孜孜不倦的追求。

作文 15 号

我的假日生活

时间总是过得很快，一转眼，我就已经由当初那个不懂事的黄毛丫头变成了一名真正的大学生，在很多事情上都有了自己新的看法。就拿我的假日生活来说吧——

小时候的我，最喜欢的就是放假了，因为放假就可以睡懒觉啦，用妈妈的话说我就是一个"小懒虫"。那个时候的假日，只要每天按时完成作业，就可以看看电视，和小朋友们玩游戏，很单调但是很开心。

而现在的我，忽然就变得安静起来了，不再追求那些轻松自在的享受，而要追求一种精神的愉悦。每逢假日，我就会帮爸爸妈妈分担一些自己力所能及的家务，因为我在长大，他们却在慢慢变老。

闲暇时，读书便成了我的主旋律，书成了我的好朋友，我可以从中看到很多自己不了解的知识，对着书笑，对看书哭，把自己融入书的世界。听到这儿，你可千万别以为我是个书呆子啊，其实我还是个很活泼开朗的女孩子。无聊的时候，我会逗逗我的小金鱼，绣上几针十字绣，再陪弟弟下下棋、打打牌，别提有多快乐了。

此外呢，我还喜欢看电视。当然，我已经不再热衷于看泡沫剧了，因为我已经长大了。我还喜欢去上网、查查资料，再和好朋友聊聊天，说说最近身边发生的事儿，顿时心情变得大好。

偶尔我还会去爬爬山，呼吸一下新鲜空气，与大自然来个亲密接触，让我感觉生活是如此美好，每一天都值得珍惜！

这就是我的假日生活，虽然并不是那么丰富多彩，却让我每一天都过得很充实。

作文 16 号

我的成长之路

每个人都在成长，无论身体或是思想都会随着时间的推移而慢慢成长。回顾我的成长之路，却发现那不是我一个人走出来的路。一路上周围许多人的帮助、环境的变化、生活的点滴塑造了一个成长的我，并使我最终蜕变为一个成熟的社会个体。

上学读书几乎是每个人成长的必经之路。我经常对书籍充满感激，因为它们拯救了我。真正开始爱上阅读是在小学三年级的时候，老师给我看一些中学生杂志如《少年文艺》等，书中的一些情节字句至今我仍历历在目。从此我一发不可收拾，阅读成了我生活中不可或缺的一部分。后来我跌入人生低谷——父亲生意失败，全家流落到一个遥远而陌生的农场，我甚至开始自闭和厌世。好在阅读拯救了我，同时家人、老师和朋友的鼓励也使我走出了低谷，我终于再一次开始欢笑，接受生活。

后来又辗转到了最初认识的城市，我上了高三。作为转校生，每年需交一万元的择校费。这对于父母生意仍无着落的家庭而言是难以负担的一笔费用。我决定返回家乡就读，但这也意味着学习环境不会那么优越，并且我要重新适应。但我无从选择。考完高三第一学期的期末考，我以为是最后一次返校，不禁流下泪水。我是来和老师道别的，无论如何我不能一声不吭就走，应该感谢他们曾经的栽培之恩。在寒假，当我准备着回乡的行李时，却意外地接到老师的电话。原来他们为了让我能继续在良好的环境里接受跨入大学前的教育，为我争取到了免交择校费并免费住宿留校学习的机会。我惊愕得说不出话来，这是怎样的人道主义啊！然而令所有人惊讶的是，我流着感激的泪水拒绝了这份好意，因为我固执地认为要捍卫尊严和自由就不能活在怜悯下。从小以来我最崇敬的哥哥也在一旁劝导，但我仍无动于衷。最后他说："你是害怕肩负不起更重的期望吧？为什么你就这么缺乏自信！"这句话让我思考了整整一个春节假期。扪心自问，我的确是害怕啊！我害怕辜负别人，害怕心理的懦弱和颓废最终会击败来自他人的信任。终于我深呼一口气，提着行李回校，并受到老师和同学的亲切欢迎。他们没有用异样的眼光让我失去自尊，反而更加鼓励我前进。

经过努力和老师同学们的帮助，我虽然没有取得非常优异的成绩，却总算如愿以偿被所报考的××××大学录取。2001 年的暑假，我收到了通知书，同时也得到了政府资助贫困学生的 5 000 元助学金。当政府领导发言以表达对我们的厚爱和期望时，当学生代表表达自食其力、不怕艰难的信念时，我的心灵被一种高尚的东西震撼了。原来我离一个有用之才还很遥远，原来作为一个人，不但要爱自己，更要爱他人，而且绝不能缺少一种对国家热爱、对他人关爱的奉献精神。

成长之路是条艰难的路，然而就像某位作家所言：成长是唯一的希望。永不成长的人就不会是个完整的人，成长才是人间正道。毛主席曾经说过"人间正道是沧桑"，无论这"正道"有多少风雨、多少坎坷，到了真正成长的时候就可以收获丰硕的果实。那时候，就可以把所获得的奉献给爱你的人和你所生活的土地，自己也成为一个成熟的社会个体。

作文 17 号

谈谈科技发展与社会生活

当今社会，科技飞速发展，随着人们物质生活水平的提高，人们对于精神生活的需求自然也是越来越丰富。手机，可以说已经成为我们相互交流的一个不可或缺的工具了。对于一些人来说，手机甚至可以说是自己日常生活中的一个重要元素，充当着重要角色。

手机在人们生活中的地位不断提升，对社会带来的影响是十分深远的。在工作中，人们用手机联系客户、通知事情、分配任务、约定合作、咨询信息等，人们可以足不出户，办完自己要做的联络工作。在学习中，学生们可以利用手机上网查资料、听英语、查单词等，这些都有助于同学们更加轻松、快捷地学习。在生活中，人们用手机联络感情、约定事宜、解除险境、寻求帮助等，无论何时都可以快速解决想要解决的问题。

随着科技水平不断提高，手机的功能也不断增多，从最早的只能接打电话到现在可以上网、听歌、照相、看视频等多元化功能；形状大小也发生了变化，从最大的砖型"大哥大"到现在的超薄超小型；随着手机的普及，价格也降低了许多。手机不断更新，人们的生活也随之变化，现在人们用手机，不仅仅是接听、拨打电话，还可以上网查资料，用手机聊QQ以增加感情，交友谈心，烦躁时可以听听歌，无聊时可以看视频来丰富生活，出去玩时还可以拿手机当相机……这些都使手机真正融入了人们的生活。

手机成为我们生活的重要部分，已成为不可否认的事实，人们更加依赖手机，更加需要手机，生活也会随着手机的更新而变得更加便捷和多彩。

作文 18 号

我知道的习俗

中国是由五十六个民族组成的大家庭，而汉族则是其中人口最多的一个民族。在上下五千年的发展历程中，汉族形成并积淀了众多习俗与节日，对人民的生活有着重要影响。

众所周知，春节是我们汉族最重要的节日。盛大而隆重的气氛，彰显着人们对生活的热爱与期望。而如今，不仅在中国，全世界都可以分享这一美好盛大的节日。

除夕，是春节的前一天晚上，也就是农历的最末一天，也称"岁除"。潮汕习俗谓之"过年"。而在除夕前，人们便开始忙碌，张罗备办各式年货了：买鸡、鹅、鸭、鱼肉；添置新衣饰；购置家具、器皿；选购年画、春联等。尤其要买柑橘、青橄榄等水果，作为象征吉祥如意和迎送亲友的佳果。农历十二月二十四日是"神明"上天"述职"之时。从这日起，家家户户大扫除，用物和被帐等都得清洗，这在古时被称为"采囤"。除夕夜，全家在一起吃团圆饭，过年夜守岁的习俗十分普遍。守候新春来临，新年钟声敲响，家家户户鸣放鞭炮，庆祝除旧岁迎新年的美好时刻。

农历正月初一称"元日"，为新年之首。天方拂晓，喜炮声声，家家户户厅中大桌上，红盘盛满大吉，门前张灯结彩，晚辈向长辈敬茶祝福。早餐最好是不吃荤的，早餐后大人和小孩到亲戚家拜年，主客人互相致新年吉语，共享快乐而又难忘的时刻。

可以说，春节在人们心中已经不仅仅是一个习俗了，它更是亲情的传递和精神上的慰藉。

在生活节奏越来越快的今天，春节对于忙碌的人们，意义就更加不同寻常了。

作文 19 号

我和体育

说实在的，我从小就不怎么喜欢体育。上学时，我各科成绩都不错，唯独体育成绩一直在及格线上挣扎，可偏偏学校提出"德智体全面发展"的口号，体育不及格还不能当"三好学生"。所以，我为此付出了很多努力。我不胖，体质也不算弱，但不知道为什么体育就是不能达到优秀。我最怕跳高与长跑了，仰卧起坐相对而言好些，但也只是勉强达标。说真的，我打心底里羡慕那些轻而易举在体育课上拿高分的人！我知道他们努力过，但我付出的也不比他们少，甚至远比他们还多！可为什么成效却微乎其微呢？

尽管如此，体育锻炼还是给我带来了许多乐趣。初一时我被老师选中参加篮球比赛，记得那次比赛我们班还赢了呢！如果不是因为怕耽误学习，我就继续练下去了。后来我参加了乒乓球兴趣小组。一番折腾下来还算小有成就，能打两下子。现在觉得羽毛球也不错，有时去打打，技术有点进步。今年又因为世界杯，我对足球大感兴趣。开始爱看球赛，弄清了"点球""越位"等一些术语，真有点后悔上学时怎么没练习踢足球。

其实体育锻炼的结果怎样真的无所谓，我更加看重的是过程。最近，我常常早起晨练、跑步、做操，这对我来说有很多乐趣。同时，我也深深地体会到：没有一个健康的身体，什么都做不成。

这就是苦恼并快乐着的我的体育。

作文 20 号

我的家乡

我的家乡有很多值得我骄傲的地方，尤其是历史。河南，是一个拥有厚重的历史积淀的地方。在这里，你可以感受到商王朝古老的历史钟声，也可以看到新兴的城市——绿城郑州的鲜活魅力。

我的家乡就是河南省省会郑州市。作为河南的省会，郑州是河南的政治、经济、文化中心。郑州以前不叫郑州，它在古代被称为"管国"，在隋文帝开皇三年的时候才被改称为"郑州"。郑州位于黄河中游，历史上常常受到黄河水灾的威胁，导致经济发展缓慢。一直到十九世纪初，陇海铁路和京广铁路建成，才使郑州成了中国东西南北大动脉的纽带，郑州的经济地位才开始快速上升。

在郑州，有着很多悠久历史的证明。在河南省博物馆里面，有着许多历史悠久的文物，最远的文物甚至是新石器时代的。在博物馆里，你可以感受到远古时代的回响，也可以看到黄河文明的产生、发展、崛起。看到这些，相信你一定会为自己是一个中国人、一个河南人而自豪。

我的家乡，是一座古老而又年轻、富有活力的城市。我相信，我的家乡一定会更加繁荣昌盛，而我，也永远会为我的家乡而骄傲、自豪！

作文 21 号

谈谈美食

说到美食，就不得不谈谈各地的特色小吃。每个地方都有特色小吃，有些小吃是用来忽悠外地游客的，本地人并不爱吃，可是有些看起来不太上台面的东西，对本地人来说，却是和 WiFi 同样重要的东西。在我们河南郑州，就有一样人人都爱的小吃，那就是胡辣汤。

在郑州，早晨起来，沿着任何一个街道走，肯定都能找到卖胡辣汤的小摊子，大街上到处都飘着胡辣汤佐着油条的香味，尤其是冬天，一阵阵地白雾看着就很暖。点一碗热腾腾地胡辣汤，或者加一点儿豆腐脑做成的两掺儿，里面有羊肉、面筋、木耳、黄花菜……搭配胡辣汤的主食也很多，最常见的是油条、油馍头、水煎包、油饼、糖糕、鸡蛋饼、牛肉馅饼……

说的我直流口水，这么呼噜呼噜地吃下去，辛辣味能提神醒脑，也最能暖身子。吃完以后酣畅淋漓，有一种心火烧的感觉，精神抖擞地就去上学了。真是让人不能不爱，这就是我最爱的河南美食胡辣汤。

作文 22 号

我喜欢的节日

我最喜欢的节日是除夕。除夕之夜真是热闹极了！特别是晚上的大餐——年夜饭。饭菜特别丰富，有冷盘、热炒、油炸，还有红烧，摆满了一桌子，一进门，香味就能引出你的口水。吃过晚饭，外面的鞭炮声响起了，我和姐姐就迫不及待地冲出家门，去看夜色中燃放的五彩烟花。随着"呼"的一声，红、橙、黄、绿、青、蓝、紫，五彩缤纷，美丽极了！烟花的形状也各异，有散开菊花状，有蝴蝶飞舞型，还有像金龙一样的能快速冲上云霄。那美丽的"两只蝴蝶"，煽动着彩色的翅膀；"满天星"真像闪闪的小眼睛，好看极了！无数支烟花不断地向天上飞去，点缀着除夕的夜空，真是美不胜收。

看过烟花，伴着淡淡烟花火药味返回家去，我们开始了另一项更加重要的守岁活动，那就是中央电视台每年的春节联欢晚会。这是不能错过的视觉大餐，打开电视，和全家人坐在火炉边，吃着瓜子、花生和甜点，等待着春晚的开始。春晚的节目每年都那么精彩，一首首动听的歌曲、一个个搞笑的小品、一段段精彩的相声、一曲曲醉人的京戏……十二点整，新的一年真正开始，全国人民一起迎接新年的到来，那一刻让人激动极了！

除夕的夜晚让我们大饱口福、眼福，让我们抓住了旧年的尾巴，让我们欢快兴奋。

除夕，我最爱的节日。

作文 23 号

我所在的集体

我所在的班集体是一个充满活力、团结互助、温暖快乐的大家庭。

我们班同学大多数来自农村，一样的装束、一样的朴素、一样的乡村风俗，使我们在一起生活、学习、相处得很融洽。我们之间没有高贵贫贱之分，有的只是平等、互助和友爱。

我们的班集体是团结的，学校每学期都分年级开展体育比赛活动，有篮球赛、排球赛、足球赛、羽毛球赛等。无论是哪项比赛，只要是有我们班参加的，大家都会看到我们班男女同学在赛场旁观看，组成啦啦队。队员们出来休息，马上会有同学递上一杯矿泉水，递上擦汗的毛巾。正是因为场外同学的团结一致鼓舞了赛场上的队员们，每次比赛，我们班的男女队总会获得奖状。男同学还多次拿到了篮球赛的冠军。

当然，比赛的胜利，很大程度上取决于队员们的球技；但如果不能团结一致，赛场内的队员们彼此矛盾，不互相配合，胜利的果实还能得到吗？所以，班级团结的力量是巨大的，而我们班的团结友好是取得每次胜利的一个保障。

团结、和谐、友爱的班级风气，还让每位同学的心里都感到踏实、温暖。哪位同学有自己不能解决的问题，他（她）首先想到的是班集体，找同学们帮助共同解决；哪位同学有了困难，首先向他（她）伸出支持之手的是我们自己班的同学；哪位同学的成绩落后了，班里的同学就组织大家帮他（她）把学习赶上。

总之，我们班是一个充满活力、团结、互爱、互助、温暖、快乐的大家庭。我爱我们的这个大集体。

作文 24 号

谈谈社会公德

社会公德是最起码、最简单的公共生活准则，随着经济建设的迅速发展、精神文明建设的不断加强，以及整个社会教育水平的普遍提高，广大公民的道德意识已有了很大提高，但是一些不良现象仍然存在，比如破坏环境、破坏公物、破坏公共秩序等。

就拿电视上经常播放的一则公益广告来说吧。这则广告的内容是这样的：在一辆公共汽车上，有一位乘客漫不经心地将喝完饮料的饮料瓶扔在车厢里。车上的乘务员看见了，就赶忙走上前去，拿起饮料瓶怒气冲冲地说："这里是公共场所，你怎么乱扔东西呀？"然后不假思索地把饮料瓶往车窗外一扔。每次看到这则滑稽的广告，我都忍不住要笑起来。难道车外的公路就不是公共场所吗？可见，我们生活中有些人的环境保护意识是极其狭隘的。

还有许多破坏公共秩序、破坏公物的不良行为也是屡禁不止。我们常常会看到：有公共设施遭到破坏或被盗走；在公交车上给老弱病残孕让座的人也并不多见；乱扔垃圾、随地吐痰的现象更是随处可见。我们的社会需要一个更加良好的秩序，我们的生活呼唤一个更加和谐的环境，我们中的很多人越来越深刻地感觉到：倡导和履行社会公德刻不容缓。

只有加大社会公德的宣传力度，大力开展道德教育，不断增强人们的道德意识，让每一个公民都能自觉遵守社会公德，大家才能共同创造我们美好的家园。

作文 25 号

谈谈个人修养

修养是个人魅力的基础，是一个人综合素质的全面体现，它在我们的生活中扮演着重要的角色。

做一个文明的大学生是学校和社会对我们的基本要求。但是在当今社会里，修养不高的人却比比皆是，这无疑给社会发展带来了阻力。有些人乱扔垃圾、随地吐痰，全然将个人修养抛于脑后。还有些人竟然脏话连篇，不注意语言文明。这些行为都使自身的形象大打折扣。

一个人想要获得别人的赞赏和尊重，提高自身的修养是极其重要的。为什么有些人举手投足、一个微笑或者一声问候，甚至接听电话都能给人一种很舒服的感觉，而有些人则恰恰相反？这就是一个人的修养的体现。一个有修养的人可以博得更多的信赖和支持，会吸引更多的人与他做朋友，而他便可用更加优良的言行影响其他人。

有时，优雅和礼貌并不是做给别人看的，其实从内心深处，我们每个人都很欣赏这种美。一个人并不一定长得很美、很帅，并不一定拥有一副好嗓音，或者拥有名牌衣物，但只要稍加注意自己的言谈举止和待人接物的礼仪，我们就可以从人群中脱颖而出，这就是个人修养的最好体现了。

俊朗的外表、较好的面容仅仅是父母给的；优雅的言谈、礼貌的行为则是后天的获得。许多时候，后天的努力是可以弥补先天不足的。

因此，我们在提高经济水平的同时必须提高自己的修养，只有每个人的修养得到了提高，整个社会才算得上是真正发展。

作文 26 号

我喜欢的明星

在现在这个信息大爆炸的时代，人们开始疯狂追星，"EXO""BIGBANG""少女时代"等韩星充斥着中国年轻人的精神世界。然而，我喜欢的明星却不是他们，她像一朵皎皎的木兰花，清新、淡雅，她是《步步惊心》中的若曦，《仙剑奇侠传三》中的龙葵，她就是刘诗诗，娱乐圈的一股清流，人亦如诗，名如其人。

作为一名演员，刘诗诗认真敬业，得到诸多导演和同行的称赞。张纪中导演评价她是"拼命三娘"，拍打戏不用替身，威亚戏高难度动作一遍过。跟她搭戏的演员蒋劲夫说过："在拍摄《轩辕剑》的时候，要拍一场她从空中摔下来的戏，桌子上的钉子都外翻了，她看到了都没吭声，我在旁边吓得心惊胆战，突然觉得自己好娇气。"这种拼命的架势，也让她得到了"诗爷"的绰号。

现在的刘诗诗，每年都有作品，保持着一定的曝光量，远离各种五光十色的综艺节目，低调谦和，不炒作，在喧嚣热闹的娱乐圈，她那不加修饰的淡雅恬静实在难得。我觉得刘诗诗真的很美，袅袅婷婷，气质干净，不作不闹不博眼球，安安静静拍戏，认认真真生活。作为她的粉丝，我真心希望这样的好女孩可以越来越美，拥有属于自己的幸福人生。

作文 27 号

我最喜爱的书刊

高尔基曾说过："书籍是人类进步的阶梯。"

作为一个尚未登上人生顶峰的学生，我只有努力不懈地多读书，不断充实自己，才能让自己不断进步。

从小时候读过的《一千零一夜》《格林童话》，到上学以后的期刊《少年文艺》，这些都是我所喜爱的书刊。

初中时，我读到了《哈利波特》，这套来自英国的神奇作品让我首次领略了长篇小说的魅力，开启了我阅读的崭新体验。

到了高中时代，我开始接触到更为经典的文学作品，我读完了《西游记》《镜花缘》《基督山伯爵》《鲁宾逊漂流记》等中外名著。书中玄妙又惊险刺激的故事令我赞叹，作者出神入化的文笔使我折服，徜徉书海成为我业余生活中最美妙的时光。

现在，小说已经不能满足我的好奇心，我开始阅读《明朝那些事儿》《人类简史》等文史类的读物。书中的史实增长了我的见识，作者新颖的观点让我茅塞顿开，进入新的人生境界。

我喜欢阅读，阅读能给我的生活带来快乐，给我打开一扇通往更广阔天地的窗户。

作文 28 号

谈谈对环境保护的认识

环境保护对我们来说已不是一个完全陌生的概念，从国家的中央文件到我们身边的千家万户，我们好像无时无刻不接触着这样的一个词语——环保。

环境保护这个问题在现今这个经济快速发展的时代，已经越来越受到人们关注，也越来越敏感。环境问题是人类不合理地开发和利用自然资源所造成的，触目惊心的环境问题主要有大气污染、水质污染、噪声污染、食品污染、不适当的开发利用自然资源这五类。这些看似很抽象的概念，其实在我们身边都可以找到例子。并且，每天都发生在我们的生活中，只是有时我们浑然不知罢了。

每天走在大街上，身边到处都是随风飘飞的塑料袋和大小成堆的垃圾，还有严重的汽车尾气排放、工厂乱排放的污水、烟囱里冒着的浓浓黑烟。一个个铁一样的事实告诉我们：它们像恶魔一般无情地吞噬着人类美好的生存环境。曾经澄澈的蓝天已不再蔚蓝，变得灰暗无比，到处都被乌烟瘴气笼罩，简直让人窒息。

我们到底应该为保护环境做些什么呢？当环境问题一步步逼近我们的时候，我们应该意识到：不能让这些破坏地球生态环境的行为再进行下去了！我们每天都可以看到电视上呼吁环境保护的标语，还有各种各样的公益广告，大大小小的口号，比比皆是。可是，真正检验我们对环境保护的贡献的不是言辞，而应该是切实的行动。

保护环境，人人参与。从身边一点一滴的小事做起：杜绝身边破坏环境的事情发生，禁止乱砍伐树木，减少一次性木筷的使用，植树造林，增加绿化面积，调节空气质量……保护环境应该是每个地球公民的义务，也是留给我们子孙后代的福祉，这样才能促进人类社会的可持续发展。

举手之劳，我们能做的还有很多。让我们用自己微小但不渺小的力量为环境保护贡献一份力量吧！未来，天空一定是碧蓝的，水是清澈的，绿树成荫，鲜花遍地，鸟语花香。这样一个充满自然气息的人类家园定会在我们手中重现！

作文 29 号

我最向往的地方

我最向往的地方是素有"世界屋脊"之称的青藏高原。那里没有繁华都市的喧嚣，没有灯红酒绿的绚烂，没有车水马龙的拥堵，有的只是无际的湛蓝、满眼的青绿。

溪水潺潺，骏马驰骋。每当想到这些，心中便会无比的平静。它宛如一缕春风，吹散了心头的阴霾，吹开了紧锁的双眉，而生活中的压抑、现实的不尽如人意，此刻也都烟消云散了。傍晚，伫立在窗前，眺望祖国的西南角，那里有我的梦想，有我心驰神往的追寻。我期望着在未来的某一天，可以站在那一望无际的草原上，倾听风的吟唱，目睹"风吹草低见牛羊"的美丽。骑着白色的骏马，肆意奔跑、欢笑，做着童话般的美梦。累了，依河而坐，让疲累的双脚感受自然的清凉。如此的一切，好似梦境一般，常会让我想到陶潜的田园诗："晨兴理荒秽，带月荷锄归。"那恬静自得、与世无争的豁达，似乎可以让心灵的负荷瞬间归零。我喜欢这种宁静，喜欢这种怡然自得的舒适，喜欢闻着浓浓的土地青草气息在草原嬉戏；抑或躺在翠绿的青毯上看着蔚蓝的天空，看它演绎着怎样的云卷云舒；或者在肥沃的草地间，席地而坐，倾听放牛儿欢快的歌谣。

我就是这样的喜欢着，喜欢站在窗前，戴上耳机，听着苏打绿的《无与伦比的美丽》，梦想着我那一心向往的圣地——青藏高原。

作文 30 号

购物的感受

看到这个题目，我首先想到一个词：购物狂。而女人呢，又常被称为天生的购物狂。当然，也不能说全部，譬如我就不喜欢漫无目的地去购物。我不常购物，因为我觉得没任何目的的瞎逛简直是浪费时间。

但有些人认为购物是一种乐趣。走走看看，哪里有了新超市、哪个专柜上了新款、哪个蛋糕房几点后打半价……这些让她们觉得很快乐。或者看看周围的人，发生了哪些有趣的事，又是一番快乐滋味在心头啊！一天逛下来，她们或许感觉不到累，甚至全然是快乐的，因为在这样的休闲中她们认为收获了很多，因为这是她们喜欢做的事。

尤其是我们 00 后，买东西上万能的某宝已经是下意识的反应了。在我们来看，没有什么东西是不能网购的，没有什么交易是不能在网络上完成的。支付宝已经如空气一般进入到我们生活的每个角落。

如今，在信息发达的今天，很多人开始慢慢习惯网上购物。网购时尚、快捷，又很方便。人们足不出户就能货比三家，买到超值又新鲜的物品。很多商品在自己生活中很难买到，可是在网上，无论哪里的什么东西，都可以轻松买到，还能享受到送货上门的服务。真可谓一举多得——何乐而不为呢？

第十一章

普通话水平测试

普通话水平测试是我国现阶段普及普通话工作的一项重大举措。在一定范围内对某些岗位的人员进行普通话水平测试，并逐步实行普通话等级证书上岗制度，标志着我国普及普通话工作走上了制度化、规范化、科学化的新阶段。开展普通话水平测试工作，将大大加强和加快推广普通话工作的力度和速度，使"大力推行、积极普及、逐步提高"的方针落到实处，能极大地提高全社会的普通话水平和汉语规范化水平。

第一节　普通话水平测试大纲

根据教育部、国家语言文字工作委员会发布的《普通话水平测试管理规定》《普通话水平测试等级标准》，制定本大纲。

一、测试的名称、性质、方式

本测试定名为"普通话水平测试"（PUTONGHUA SHUIPING CESHI，缩写为PSC）。

普通话水平测试测查应试人的普通话规范程度、熟练程度，认定其普通话水平等级，属于标准参照性考试。本大纲规定测试的内容、范围、题型及评分系统。

普通话水平测试以口试方式进行。

二、测试内容和范围

普通话水平测试的内容包括普通话语音、词汇和语法。

普通话水平测试的范围是国家测试机构编制的《普通话水平测试用普通话词语表》《普通话水平测试用普通话与方言词语对照表》《普通话水平测试用普通话与方言常见语法差异对照表》《普通话水平测试用朗读作品》《普通话水平测试用话题》。

三、试卷构成和评分

试卷包括5个组成部分，满分为100分。

（一）读单音节字词（100 个音节，不含轻声、儿化音节），限时 3.5 分钟，共 10 分

1. 目的

测查应试人声母、韵母、声调读音的标准程度。

2. 要求

（1）100 个音节中，70%选自《普通话水平测试用普通话词语表》"表一"，30%选自"表二"。

（2）100 个音节中，每个声母出现次数一般不少于 3 次，每个韵母出现次数一般不少于 2 次，4 个声调出现频率大致均衡。

（3）音节的排列要避免同一测试要素连续出现。

3. 评分

（1）语音错误，每个音节扣 0.1 分。

（2）语音缺陷，每个音节扣 0.05 分。

（3）超时 1 分钟以内，扣 0.5 分；超时 1 分钟以上（含 1 分钟），扣 1 分。

（二）读多音节词语（100 个音节），限时 2.5 分钟，共 20 分

1. 目的

测查应试人声母、韵母、声调和变调、轻声、儿化读音的标准程度。

2. 要求

（1）词语的 70%选自《普通话水平测试用普通话词语表》"表一"，30%选自"表二"。

（2）声母、韵母、声调出现的次数与读单音节字词的要求相同。

（3）上声与上声相连的词语不少于 3 个，上声与非上声相连的词语不少于 4 个，轻声不少于 3 个，儿化不少于 4 个（应为不同的儿化韵母）。

（4）词语的排列要避免同一测试要素连续出现。

3. 评分

（1）语音错误，每个音节扣 0.2 分。

（2）语音缺陷，每个音节扣 0.1 分。

（3）超时 1 分钟以内，扣 0.5 分；超时 1 分钟以上（含 1 分钟），扣 1 分。

（三）选择判断，限时 3 分钟，共 10 分

1. 词语判断（10 组）

（1）目的：测查应试人掌握普通话词语的规范程度。

（2）要求：根据《普通话水平测试用普通话与方言词语对照表》，列举 10 组普通话与方言意义相对应但说法不同的词语，由应试人判断并读出普通话的词语。

（3）评分：判断错误，每组扣 0.25 分。

2. 量词、名词搭配（10 组）

（1）目的：测查应试人掌握普通话量词和名词搭配的规范程度。

（2）要求：根据《普通话水平测试用普通话与方言常见语法差异对照表》，列举 10 个名词和若干量词，由应试人搭配并读出符合普通话规范的 10 组名量短语。

（3）评分：搭配错误，每组扣 0.5 分。

3. 语序或表达形式判断（5 组）

（1）目的：测查应试人掌握普通话语法的规范程度。

（2）要求：根据《普通话水平测试用普通话与方言常见语法差异对照表》，列举 5 组普通话和方言意义相对应，但语序或表达习惯不同的短语或短句，由应试人判断并读出符合普通话语法规范的表达形式。

（3）评分：判断错误，每组扣 0.5 分。

选择判断合计超时 1 分钟以内，扣 0.5 分；超时 1 分钟以上（含 1 分钟），扣 1 分。答题时语音错误，每个错误音节扣 0.1 分；如判断错误已经扣分，不重复扣分。

（四）朗读短文（1 篇，400 个音节），限时 4 分钟，共 30 分

1. 目的

测查应试人使用普通话朗读书面作品的水平。在测查声母、韵母、声调读音标准程度的同时，重点测查连读音变、停连、语调和自然流畅程度。

2. 要求

（1）短文从《普通话水平测试用朗读作品》中选取。

（2）评分以朗读作品的前 400 个音节（不含标点符号和括注的音节）为限。

3. 评分

（1）每错 1 个音节，扣 0.1 分；漏读或增读 1 个音节，扣 0.1 分。

（2）声母或韵母的系统性语音缺陷，视程度扣 0.5 分、1 分。

（3）语调偏误，视程度扣 0.5 分、1 分、2 分。

（4）停连不当，视程度扣 0.5 分、1 分、2 分。

（5）朗读不流畅（包括回读），视程度扣 0.5 分、1 分、2 分。

（6）超时扣 1 分。

（五）命题说话，限时 3 分钟，共 30 分

1. 目的

测查应试人在无文字凭借的情况下说普通话的水平，重点测查语音标准程度、词汇语法规范程度和自然流畅程度。

2. 要求

（1）说话话题从《普通话水平测试用话题》中选取，由应试人从给定的两个话题中选定 1 个话题，连续说一段话。

（2）应试人单向说话。如发现应试人有明显背稿、离题、说话难以继续等表现时，主试人应及时提示或引导。

3. 评分

（1）语音标准程度，共 20 分。分六档：

一档：语音标准，或极少有失误。扣 0 分、0.5 分、1 分。

二档：语音错误在 10 次以下，有方音但不明显。扣 1.5 分、2 分。

三档：语音错误在 10 次以下，但方音比较明显；或语音错误在 10～15 次之间，有方音但不明显。扣 3 分、4 分。

四档：语音错误在 10～15 次之间，方音比较明显。扣 5 分、6 分。

五档：语音错误超过 15 次，方音明显。扣 7 分、8 分、9 分。
六档：语音错误多，方音重。扣 10 分、11 分、12 分。
（2）词汇语法规范程度，共 5 分。分三档：
一档：词汇、语法规范。扣 0 分。
二档：词汇、语法偶有不规范的情况。扣 0.5 分、1 分。
三档：词汇、语法屡有不规范的情况。扣 2 分、3 分。
（3）自然流畅程度，共 5 分。分三档：
一档：语言自然流畅。扣 0 分。
二档：语言基本流畅，口语化较差，有背稿子的表现。扣 0.5 分、1 分。
三档：语言不连贯，语调生硬。扣 2 分、3 分。
说话不足 3 分钟，酌情扣分：缺时 1 分钟以内（含 1 分钟），扣 1 分、2 分、3 分；缺时 1 分钟以上，扣 4 分、5 分、6 分；说话不满 30 秒（含 30 秒），本测试项成绩计为 0 分。

四、应试人普通话水平等级的确定

国家语言文字工作部门发布的《普通话水平测试等级标准》是确定应试人普通话水平等级的依据。测试机构根据应试人的测试成绩确定其普通话水平等级，由省、自治区、直辖市以上语言文字工作部门颁发相应的普通话水平测试等级证书。

普通话水平划分为三个级别，每个级别内划分出两个等次。其中：
97 分及其以上，为一级甲等；
92 分及其以上但不足 97 分，为一级乙等；
87 分及其以上但不足 92 分，为二级甲等；
80 分及其以上但不足 87 分，为二级乙等；
70 分及其以上但不足 80 分，为三级甲等；
60 分及其以上但不足 70 分，为三级乙等。

* 各省、自治区、直辖市语言文字工作部门可以根据测试对象或本地区的实际情况，决定是否免测"选择判断"测试项。如免测此项，"命题说话"测试项的分值由 30 分调整为 40 分。评分档次不变，具体分值调整如下：

1. 语音标准程度的分值，由 20 分调整为 25 分
一档：扣 0 分、1 分、2 分。
二档：扣 3 分、4 分。
三档：扣 5 分、6 分。
四档：扣 7 分、8 分。
五档：扣 9 分、10 分、11 分。
六档：扣 12 分、13 分、14 分。

2. 词汇语法规范程度的分值，由 5 分调整为 10 分
一档：扣 0 分。
二档：扣 1 分、2 分。
三档：扣 3 分、4 分。

3. 自然流畅程度，仍为 5 分

各档分值不变。

第二节　普通话水平测试等级划分和评分标准

普通话水平分为三级六等：一级甲等、一级乙等、二级甲等、二级乙等、三级甲等、三级乙等。

一级甲等：朗读和自由交谈时，语音标准，词汇、语法正确无误，语调自然，表达流畅。测试失分率在 3% 以内，也就是 97 分以上。

一级乙等：朗读和自由交谈时，语音标准，词汇、语法正确无误，语调自然，表达流畅。偶然有字音、字调失误。测试总失分率在 8% 以内，也就是 92 分以上。

二级甲等：朗读和自由交谈时，声韵调发音基本准确，语调自然，表达流畅。少数难点音（平翘舌音、前后鼻尾音、边鼻音等）有时出现失误。词汇、语法极少有误。测试总失分率在 13% 以内，也就是 87 分以上。

二级乙等：朗读和自由交谈时，个别调值不准，声韵母发音有不到位现象。难点音较多（平翘舌音、前后鼻尾音、边鼻音、fu—hu 不分、z—zh—j 不分、送气不送气、i—ü 不分，以及保留浊塞音、浊塞擦音、丢介音、复韵母单化音等），失误较多。方言语调不明显。有使用方言词、方言语法的情况。测试总失分率在 20% 以内，也就是 80 分以上。

三级甲等：朗读和交谈时，声韵母发音失误较多，难点音超出常见范围，声调调值多不准。方言语调较明显。词汇、语法有失误。测试总失分率在 30% 以内，也就是 70 分以上。

三级乙等：朗读和自由交谈时，声韵调发音失误较多，方音特征突出。方言语调明显；词汇、语法失误较多。外地人听其谈话有听不懂的情况。测试总失分率在 40% 以内，也就是 60 分以上。

第三节　普通话水平测试的方式、程序要求及机测注意事项

普通话水平测试是一种口语测试，通过使用国家普通话水平智能测试系统，在监考机的语音提示下完成。全部测试内容均以口头方式进行。普通话水平测试不是口才的评定，而是对应试人掌握和运用普通话所达到的规范程度的测查和评定。

经报名核准后，应试者应在规定的日期，凭本人的准考证和身份证，进入指定的考场，并按系统给出的试卷按程序进行测试。总时间在 15 分钟左右。

普通话考试流程图：（附 word 文件）。

普通话机测考生注意事项：

1. 考生凭准考证和身份证进入测试室，不准携带任何资料。
2. 考生进入测试室要保持安静，不要大声喧哗，有问题举手请老师解答。
3. 测试时严格按系统提示操作，除按系统要求按键外不准乱动。以免碰触设备影响测试。
4. 正确佩戴耳机，将话筒放在左侧，距嘴巴两指宽的距离。
5. 输入准考证号后要认真核对个人信息。
6. 试音成功才能正式进入测试。每人只有两次试音机会，如果发现第一次试音失败，

请举手示意监考老师处理。考生本人不要轻易进行第二次试音。

7. 测试过程中不能停顿时间过长，所有题目均横向朗读，纵向朗读不得分，不要重读、漏读、乱读，否则系统就按错处理。

8. 读题时声音适中，不能太小，不要有类似咳嗽、清嗓、自言自语等与考试内容无关的声音。注意控制时间，提前读完不要等待，立即点击下一题按钮进入下一题测试。

9. 第四题测试时，当提示音开始后，请不要等待，直接围绕所选题目说话就行，但必须说满3分钟，否则，将根据耽误时间长短相应扣分。

10. 考试结束不得擅自离开，经监考老师确认成绩有效后方可离开。

11. 测试结束考生从出口离开测试区域。

附录　普通话水平考试流程图

1. 佩戴好耳麦，麦克风应在左侧，调整麦克风与嘴的位置，点击"下一步"，进入"考生登录"页面。

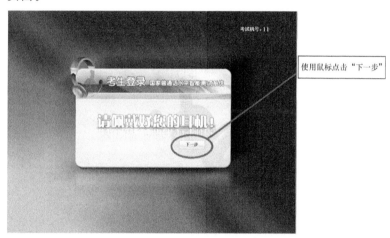

2. 请正确输入您的准考证号，准考证号的前几位系统已经自动给出，您只需要输入最后四位即可，信息确认无误后，点击"确认"按钮进入。

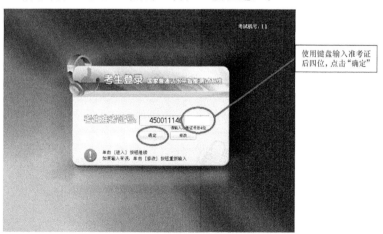

3. 认真核对个人信息,使用鼠标点击"确定",进入下一页面。

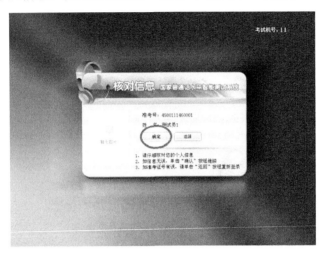

4. 等待考试指令,准备试音。

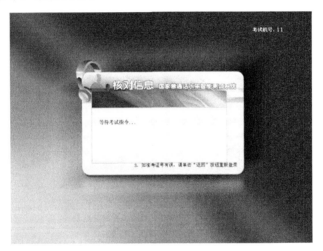

试音过程中,请大声说出自己的姓名及考号。

模拟测试题

普通话水平测试试卷一

一、读单音节字词100个（10分）

貂	死	源	剑	活	犬	梭	氦	苯	耗	墩	唱	词	略	州	逃	组	仍	滤
软	米	寡	怯	闻	享	茬	下	二	松	日	艘	蟹	云	登	块	柑	伐	缺
愁	朽	勺	黑	效	筥	皖	畔	肿	天	者	军	诚	庵	仿	牙	栋	坪	拐
僻	额	拟	民	推	陪	宰	鹿	牛	戒	凝	棒	爽	末	北	您	抖	瓮	雏
用	奎	糟	捻	驱	咧	礁	世	铃	征	坟	闭	腔	抬	抓	遵	免	波	很
蹿	窘	川	簇	损														

二、读多音节词语100个音节（20分）

其次　状况　红润　作恶　展览　宣布　底子　封锁　大娘　军事　轻音乐
保存　虽然　太平　审美　放射　解脱　伯母　转悠　功用　厚道　挨个儿
追求　虐待　责怪　天体　循环　从而　往日　男女　握手　佛教　纳闷儿
旁听　坏人　白净　下列　飞跃　穷苦　力量　传统　夸张　程序　烟卷儿
频率　画面　恰当　维生素　小丑儿

三、朗读短文（30分）

朗读作品13号《海洋与生命》

四、命题说话（请在下列话题中任选一个，共40分）

1. 我知道的风俗
2. 谈谈美食

普通话水平测试试卷二

一、读单音节字词100个（10分）

惨	眉	准	荒	锤	旱	普	风	摄	林	诊	滑	兜	死	盗	此	锚	扔	葬
边	承	颇	怀	胸	递	垄	致	山	瑟	遣	鉴	浓	我	下	屋	耍	锣	二
全	人	捐	缀	拔	劝	然	影	沟	渍	藤	训	温	攥	开	运	茧	床	刁

255

娘 脚 侯 妆 末 飞 嫩 日 榻 评 洽 港 沁 枪 名 胞 窘 扶 喜
宫 谕 宰 凝 铁 债 剖 略 昂 碘 牛 使 驹 寨 肯 酸 阁 苍 许
团 踹 鼻 友 鳌

二、读多音节词语 100 个音节（20 分）

冷水 落日 搜刮 进口 安全 开放 成果 物品 消息 强盗 毛驴儿
人群 别扭 恐龙 医学 类似 明确 亏损 恰当 平原 未曾 纳闷儿
船台 作怪 超额 男女 奋勇 逃窜 缓解 然而 窘迫 袋子 蛋黄儿
主张 纯粹 隔壁 下面 存在 特征 发表 富翁 佛经 运输 被窝儿
填充 大娘 爽快 机械化 公有制

三、朗读短文（30 分）

朗读作品 26 号《落花生》

四、命题说话（请在下列话题中任选一个，共 40 分）

1. 我所在的集体（学校、机关、公司等）
2. 学习普通话的体会

参 考 文 献

[1] 徐世荣．普通话语音知识［M］．北京：文字改革出版社，1982．
[2] 赵林森．普通话教程［M］．郑州：河南教育出版社，1985．
[3] 赵林森．口语表达训练教材［M］．北京：语文出版社，1986．
[4] 人民教育出版社中学语文室．现代汉语知识［M］．北京：人民教育出版社，1995．
[5] 杨智磊．普通话口语教程［M］．北京：中国林业出版社，1997．
[6] 朱道明．普通话教程［M］．武汉：华中师范大学出版社，1998．
[7] 邢捍国．普通话速成与口才提高［M］．天津：百花文艺出版社，1998．
[8] 宋欣桥．普通话水平测试员实用手册［M］．北京：商务印书馆，2000．
[9] 杜青．普通话语音学教程［M］．北京：中国广播电视出版社，2000．
[10] 张严明．新编普通话口语训练与测试指导［M］．北京：中国物价出版社，2001．
[11] 刘烨．疯狂普通话教程［M］．北京：中国民族音像出版社，2003．
[12] 黄青．普通话水平测试训练教程［M］．长沙：湖南人民出版社，2004．
[13] 宋宝兰．普通话水平训练与测试［M］．北京：中国广播电视出版社，2005．
[14] 刘竹茹．普通话［M］．西安：西安地图出版社，2006．
[15] 徐青．现代汉语［M］．上海：华东师范大学出版社，2006．
[16] 贾云．新编普通话教程［M］．成都：电子科技大学出版社，2007．
[17] 王华杰．普通话训练教程［M］．北京：西北大学出版社，2009．
[18] 王薇．普通话教程［M］．北京：航空工业出版社，2008．
[19] 普通话水平测试指导编写组．普通话水平测试指导［M］．广州：暨南大学出版社，2008．